配送作业管理

主　编　郑若函　杨　帆
副主编　赵东明　栾雅春

北京理工大学出版社
BEIJING INSTITUTE OF TECHNOLOGY PRESS

图书在版编目（CIP）数据

配送作业管理／郑若函，杨帆主编. -- 北京：北

京理工大学出版社，2023.12

ISBN 978-7-5763-3279-7

Ⅰ.①配…　Ⅱ.①郑…②杨…　Ⅲ.①物流配送中心

-作业管理　Ⅳ.①F252.14

中国国家版本馆 CIP 数据核字（2024）第 007229 号

责任编辑：王梦春　　文案编辑：辛丽莉
责任校对：周瑞红　　责任印制：施胜娟

出版发行 / 北京理工大学出版社有限责任公司

社　　址 / 北京市丰台区四合庄路 6 号

邮　　编 / 100070

电　　话 /（010）68914026（教材售后服务热线）

　　　　　　（010）68944437（课件资源服务热线）

网　　址 / http://www.bitpress.com.cn

版 印 次 / 2023 年 12 月第 1 版第 1 次印刷

印　　刷 / 涿州市京南印刷厂

开　　本 / 787 mm×1092 mm　1/16

印　　张 / 16.5

字　　数 / 360 千字

定　　价 / 85.00 元

前　言

党的二十大报告提出"加快发展物联网，建设高效顺畅的流通体系，降低物流成本。"在物流中，配送是个非常重要的环节。企业应不断地完善配送环节和模式，掌握先进的管理理念，从而提升经济效益和服务水平。近年来，随着教育改革的深入实施，教学条件不断地得到完善，学校与企业合作日趋紧密，学习理论和实践课程实现有效统一，使得学生在掌握理论知识的同时，也能逐步掌握实践技能。

在课程团队的不断努力下，"配送作业管理"课程已完成了从"老牌核心力量"向"新型物流课代表"的转变，在实施"教学做"一体、"课证赛"一体的教学改革后，其课程内容、任务安排、教学方式等都进行了"智慧智能型"改革。《配送作业管理》新型教材在课程改革的基础上，不断融入最新型的物流理念和方法。在对内容重新整合后，本教材将物流大赛、岗位实际工作任务进行整理，以企业的情景任务作为驱动，以适应现代企业的新岗位、新技能、新需求。教材以现代新型企业工作流程为主线，在添加思政元素的同时也融入了最新型"岗课赛证融通"的相关内容，以期培育出"能吃苦、能战斗、能团结、能发展"的物流人。

根据企业配送过程以及物流大赛配送流程的要求，本教材设置了九个教学项目：项目一"配送中心认知"，由辽宁机电职业技术学院的赵东明教授编写；项目二"订单处理作业"、项目三"配送中心进货作业"，由辽宁机电职业技术学院的杨帆老师编写；项目四"配送中心储存作业"、项目五"配送中心拣选作业"、项目六"配送中心送货作业"、项目七"配送中心辅助作业"，由辽宁机电职业技术学院的郑若函老师编写；项目八"配送中心管理业务"、项目九"配送中心设计"，由辽宁机电职业技术学院的栾雅春院长编写。另外，感谢北京极智嘉股份有限公司张晓蕊经理进行全书内容的审核。

本教材可以作为广大高职高专院校的学生用书，也可以作为社会从业者的参考用书。在本教材的编写过程中，编者参考了大量的文献和资源库的内容，在此对文献以及资源库的作者一并表示感谢。

由于编者水平有限，教材中难免有一些不当之处，敬请广大读者和专家批评指正，以期不断地对本教材进行改进、充实和完善。

编　者

目　　录

项目一　配送中心认知

职业素质导引：党的二十大报告指出"中华优秀传统文化源远流长、博大精深，是中华文明的智慧结晶，其中蕴含的天下为公、民为邦本、为政以德、革故鼎新、任人唯贤、天人合一、自强不息、厚德载物、讲信修睦、亲仁善邻等，是中国人民在长期生产生活中积累的宇宙观、天下观、社会观、道德观的重要体现，同科学社会主义价值观主张具有高度契合性。"职业素养概括地说包含4个方面：(1) 职业道德、(2) 职业思想（意识）、(3) 职业行为习惯、(4) 职业技能。前三项是职业素养中最根基的部分，而职业技能是支撑职业人生的表象内容。（物流职业资格考试内容）

【知识目标】

掌握配送的意义

了解配送的功能

掌握配送的分类以及配送的模式

掌握配送中心的概念

了解配送中心的作业流程以及功能

【技能目标】

能够识别不同的配送类型

能够设计和选择配送流程

能够对配送中心的基本工作流程进行概要讲解

【素质目标】

培养诚实守信的职业道德

培养智慧物流职业技能

提升作为"物流人"的职业兴趣

提升配送职业技能

动画1　职业素养的4个内容

课堂小互动

请根据党的二十大报告内容分析配送作业人员要具备怎样的职业道德？

任务一　　配送的理解

引例分析 > > > > > > > > > > >

李明是某物流管理专业毕业班的学生，马上要将进入实习阶段，听说很多人从事配送（distribution）相关工作，他也想要了解一下。于是李明找到了总部设在 S 市的华能零售商业有限公司，在 S 市有 30 家零售门店，在周边城市有 80 多家门店，约有员工 3 000 人，2020 年营业收入为 100 亿元人民币。

2020 年 12 月 25 日，李明旁听了华能零售商业有限公司召开的运营大会，参会代表是区域经理、门店店长以及公司管理层。讨论的内容主要是近期总部以及各个门店遇到的问题：物流成本居高不下，但是供货却不及时。希望通过会议找到问题的原因所在，并解决问题。大家在会议上争论不休，不断地找问题、不断地想办法，但是各个部门最后还是没有达成共识。

问题 1：在案例中"物流"指的是什么？

问题 2：什么是配送？配送的功能是什么？

问题 3：我们生活中有哪些配送现象，能举例说明吗？

任务资讯 > > > > > > > > > > > >

社会生活中有许多配送现象，如面向学校、写字楼的纯净水配送；面向居民的液化气、粮油配送；连锁经营的零售业总部对各个加盟连锁店铺的物品配送；生产企业的原材料、零件、部件、组件的配送等。有关配送的定义，在不同的国家和地区，在理论界、企业界都有着不同的描述。

一、配送的概念

2001 年，中国物流与采购联合会组织部分专家编写了《物流术语》一书，并作为国家标准（GB/T 18354—2001）于 2001 年 8 月 1 日开始实施。2021 年修订的《物流术语》（GB/T 18354—2021）于 2021 年 8 月颁布，于 2021 年 12 月 1 日起正式实施。其中，将配送的概念规范为"在经济合理的区域范围内，根据客户需求，对物品进行分类、拣选、集货、包装、组配等作业，并按时送达指定地点的活动"。

从配送的概念中，可以看到配送具有的含义如下。

（1）配送资源配置的作用是"最终配置"，因而是接近客户的配置，而接近客户又是经营战略至关重要的内容。美国兰德公司对《幸福》杂志所列的 500 家大公司的一项调查表明，经营战略和接受客户至关重要。这证明了这种配置方式的重要性。

（2）配送是"配"与"送"的有机结合，即将需要的商品送到客户手上。一般经济发达地区"配"的比例大，经济落后地区"送"的比例大。

（3）配送以客户要求为出发点，是从客户利益出发，以最合理方式按客户要求进行的一种活动。因此，配送企业在观念上必须明确"客户第一""质量第一"。"以最合理方式"是指过分强调"按客户要求"是不妥的，客户要求受客户本身的局限，有时实际上会损害自我或双方的利益。对配送来说必须以客户的"要求"为依据，但不能盲目，应追求合理指导客户，实现共同受益的商业原则。

（4）配送是一种"中转"形式，是从物流节点至客户的一种特殊送货形式。其特殊性表现为从事送货的是专职流通企业，而不是生产企业；是企业需要什么则送什么。要做到需要什么送什么，就必须在一定中转环节中筹集这种需要。

（5）配送是配送加工、整理、拣选、分类、配货、配装、末端运输等一系列活动的集合。

 **应用小案例**

我国新一轮家电下乡正式启动

2019年3月5日，财政部会同商务部公布新一轮家电下乡中标结果，空调、热水器、计算机等家电将大规模下乡。这一轮家电下乡中的补贴资金仍为13%，其中由中央财政负担80%，省级财政负担20%。据国务院统一部署，2009年2月1日起，家电下乡从12个省（区、市）推广到全国，在已有彩电、冰箱（含冰柜）、洗衣机、手机下乡的基础上，此次将空调、热水器、计算机纳入补贴范围，各地可从中自主选择两个品种。财政部会同有关部门测算，家电下乡财政补贴政策实施4年，预计累计会实现销售6亿台（件），拉动国内消费约16 000亿元。据统计，截至2009年2月18日，全国家电下乡产品销量已超过500万台。

微课1　配送的理解

在新一轮下乡的家电产品中，空调及计算机的市场潜力较大。在空调方面，乡村市场普及率较低，且所有下乡产品均为能效标准在3级以上的产品，还享受国家13%的财政补贴；在计算机方面，虽然目前农村网民已达8 460万人，占全国网民的28.4%，但农村因特网普及仍还不够。有报告显示，3年内，农村有望每年新增2 700万~3 600万台计算机，它将拉动100亿元规模的IT销售。在家电下乡概念扩大，引入计算机、手机等3C产品后，以IT、数码产品销售为主营业务的电子商务网站有了更大的机会。同时电子商务渠道的引入，也有利于引导农民使用因特网。但是，农村销售网点分散，物流配送不发达，家电产品下乡会让企业配送成本支出增加。因此，电子商务企业进入家电下乡流通渠道，不仅有利于解决开店成本的问题，同时其物流配送还可以直接覆盖到4~6级，甚至是6级以下市场，有利于进一步推动家电产品配送下乡，促进农村市场消费。

问题：你认为配送在我国新一轮家电产品下乡过程中有什么现实意义？

二、配送的特点

1. 配送与一般送货的区别

日本工业标准 JIS 中将配送定义为将货物从物流节点送交收货人，强调了送货的含义。但配送与送货是有区别的，配送不是一般概念的送货，也不是生产企业推销产品时直接从事的销售性送货，而是从物流节点至客户的一种特殊送货形式。表 1-1-1 所示为现代配送的特点及其与一般送货业务的区别。

表 1-1-1　现代配送的特点及其与一般送货业务的区别

项目	现代配送	一般送货业务
工作内容	对货物进行分类、配组、分装整理	没有分类、配组等理货作业
工作效率	充分利用运力，考虑货物的配载；重视运输线路优化，强调短距离，用一辆卡车向多处运送	不考虑车辆配载；不考虑科学制订运输规划、优化运输线路，卡车一次向一地单独运送货物
时间要求	送货时间准确，计划性强	时间不一定准确，计划性差
成本费用	最优	运力浪费，成本高
与其他物流环节的关系	备货、储存、配送加工、拣选、送货等作业环节统一管理	备货、储存、配送加工、拣选、送货等作业环节分割进行
市场性质	以市场需求为导向，客户需要什么送什么，以满足客户需求为前提，是一项增值服务	有什么送什么，只能满足客户的部分需求，只是销售工作的一个普通服务项目
目的	是实现企业战略的重要组成部分，是提升企业竞争力的重要手段	只是企业的一种推销手段，通过送货上门服务提高销售量
组织管理	有专职的企业物流部门（公司）或物流企业组织作为保障；组织管理水平高；有完善的信息管理系统	在生产企业中只是一项附带业务
基础设施	必须有完善的交通运输网络和设施，有将分货、配货、送货等活动有机结合起来的专业配送中心	没有具体要求
技术装备	全过程有现代化物流技术装备的保证，在规模、水平、效率、速度、质量等方面占优势	技术装备简单
行为性质	一种定制化的长期、固定的服务，并且供需双方形成的是一种战略伙伴关系	是企业销售活动中的短期促销行为，是一种偶然行为

2. 配送与物流的区别

配送作为一种特殊的物流活动形式，几乎涵盖了物流中所有的要素和功能，是物流的一个缩影或某一范围内物流全部活动的体现。但配送又不同于一般的物流要素，其区域与物流区域存在着较大差异。从与客户关系的角度看，配送与客户的关系更紧密，是"最终配置"。

从配送的定义与特点来看，现代配送是在发运、送货等业务活动基础上发展而来的，其内涵随着市场经济的发展而发生变化。生产力的发展，使商品日益丰富，消费

思考：

配送与送货的区别是什么？

需求日趋多样化、个性化，为适应新的市场环境，客户需求什么就送什么的现代配送活动应运而生。配送概念的演化反映了企业战略思想的转变，说明企业物流战略已成为企业的核心战略之一，为广大企业所接受。

三、配送的功能

思考：

储备与暂存的区别是什么？

1. 备货

备货是配送的准备工作或基础性工作。备货工作包括筹集货源、订货或购货、集货、进货及有关的质量检查、结算、交接等。配送的优势之一，就是可以集中客户的需求进行一定规模的备货。备货是配送的基础环节，同时，它也是决定配送效益高低的关键环节。如果备货不及时或不合理，成本较高，那么就会大大降低配送的整体效益。

2. 储存

配送中心是物资的集散中心，为保证客户的需要，配送中心必须广泛组织货源，集中储备，必须具备相应的仓储能力。储存有储备及暂存两种形态。

储备是按照一定时期配送活动的要求和货源的到货情况有计划地确定的，它是使配送持续运作的货源保证。它的特点是储备数量较大、储备结构较完善，视货源及到货情况，灵活地确定储备结构及储备数量。配送的储备保证有时是通过在配送中心附近单独设库解决的。

暂存是指在具体执行配送时，按拣选、配货要求，在理货场地所做的少量储存准备。由于总体储存效益取决于储存总量，所以，这部分暂存数量只会对工作方便与否造成影响，而不会影响储存的总效益，因而在数量上控制并不严格。这种形式的储存是为了适应"日配""即时配送"需要而设置的。还有一种形式的暂存，即在拣选、配货之后形成的发送货载的暂存，这个暂存主要是调节配货与送货的节奏，暂存时间不长。

3. 拣选及配货

拣选及配货是配送独特的业务活动，它不同于其他物流形式及特点的功能要素，是关系到配送是否成功的重要工作。由于每个客户对商品的品种、规格、型号、数量、质量、送达时间和地点等的要求不同，配送中心就必须按客户的要求对货物进行拣选及配货，因而必须具备现代化的物流技术装备和高水平的理货、备货能力。拣选及配货是送货向配送发展的必然要求，是不同配送企业进行竞争和提高自身经济效益的必然延伸。所以说，拣选及配货是决定整个配送系统水平的关键要素。配送中心内部拣选场景如图 1-1-1 所示。

图 1-1-1　配送中心内部拣选场景

4. 配装

当单个客户配送数量不能达到运输车辆的有效载运负荷时，就存在如何集中不同客户不同配送货物，进行搭配装载以及充分利用运能、运力的问题，这时就需要配装。通过这项工作，就可以大大提高送货水平，降低送货成本。所以，配装也是配送系统中有现代特点的功能之一，是现代配送不同于以往送货的重要区别之处。

5. 运输

配送运输与一般运输不同，它属于运输中的末端运输、支线运输，其特点是运输距离较短、规模较小、频度较高，一般使用汽车作为交通工具。

此外，与干线运输的另一个区别是配送运输的线路选择问题也是一般运输所没有的。干线运输的干线是唯一的运输线，而配送运输由于配送客户多，一般城市交通线路又较复杂，组合成最佳线路，使配装和线路有效搭配，是配送运输的特点，也是难度较大的工作。配送运输管理的重点是合理做好配送车辆的调度计划。

6. 送达服务

配好的货运到客户还不算配送工作的终结，这是因为货物送达后和客户接货往往还会出现不协调，使配送前功尽弃，如客户认为所送的货物与所要求的存在差异等。因此，要圆满地实现货物的移交，并有效地、方便地处理相关手续并完成结算，必须提高配送管理水平，严格执行订单有关要求。同时，还应讲究卸货地点、卸货方式等送达服务工作。在市场经济环境下，强调配送业务的送达服务是非常必要的，这也是配送与运输的主要区别之一。

7. 配送加工

为满足客户对物资不同形态的要求，充分利用资源，提高配送中心的经济效益，根据客户要求，在配送中心对物资进行必要的分等、分割、包装等加工也是十分必要的。在配送中，这一功能虽不具有普遍性，但往往具有重要的作用。它可以提高配送的服务质量，降低配送成本，提高配送加工的经济效益。配送加工是配送加工的一种，但配送加工有它不同于一般配送加工的特点，即配送加工一般只取决于客户要求，其加工的目的较为单一。

四、配送发展的趋势

在20世纪70年代，人们将配送理解为"送货"，许多人将之看成"无法回避、令人讨厌、费力低效的活动，甚至有碍企业的发展"。20世纪80年代以后，人们对配送的认识开始发生了深刻的变化，企业界普遍认识到配送是企业经营活动中主要的组成部分，它能给企业创造更多赢利，是企业增强自身竞争能力的重要手段。随着人们对配送活动的重视，配送方式和手段也有了很大的发展，尤其反映在以下几个方面。

1. 配送共同化

初期送货是以单独的企业为主体，为满足客户的配送要求，出现了配送企业车辆利用率低、不同配送企业之间的货物交错运输、迂回运输现象严重等情况，同时配送车辆的增加也造成了城市道路交通拥挤，给社会带来了诸多不便。

例如，日本于 20 世纪 60 年代开始的"共同配送"，就是在各个公司配送效率低、难以解决运力浪费的情况下被采用的。如果本公司就能建立起合理化的配送系统，也就没有必要考虑共同配送了。特别是经过近十年的发展，物流系统已上升到从大范围考虑配送合理化的问题了，并注重推行整个城市所有企业的共同配送。

应用小案例

共同配送

动画 2 配送的发展

西安有 A、B、C 三家连锁商业企业。A 连锁企业在西安北部的未央区，B 连锁企业在西安南部的雁塔区，C 连锁企业在西安中部的莲湖区，它们都有各自的配送中心，并面向西安市内本系统的店铺实施商品配送。在这种情况下，A 连锁企业的配送中心在向雁塔区分店配送商品时，要穿过市中心繁华地带；B、C 连锁企业要在未央区开设分店，也要从雁塔区或莲湖区的配送中心穿过市中心繁华地带，向未央区分店配送商品。这样，三家连锁企业都可能存在"重复运输"过程。

问题：三家连锁企业如何进行商品配送，才会减少或消除"重复运输"？

2. 配送计划化

初期配送强调即时配送，即完全按客户要求办事，而不是按客户的合理要求办事，也就是说配送企业并没有站在本企业经济效益的角度来考虑配送问题。而计划配送则是站在客户要求与本企业经济效益的角度综合考虑配送问题，是通过制订科学、合理的计划而不是完全按照客户要求进行配送的，是配送管理的进一步深化。计划配送有效地促进了配送合理化，不仅降低了配送成本、提高了企业的配送效率，也适时地满足了客户的需求，减少了客户配送费用的支出，深受客户的欢迎。

3. 配送区域化、网络化

近些年，配送已突破了一个城市范围在更大的范围中显示了优势。美国已开展了全球物流配送。例如，美国的可口可乐公司、沃尔玛公司在全世界范围内建立了自己的物流配送体系。日本也有不少配送活动是在全国范围或很大区域范围内进行的。例如，日本东京的三味株式会社配送系统、日本 Asica 配送系统、日本资生堂配送系统等都是日本全国性的配送系统。我国的一些大企业集团，如海尔、联想等也开始在全国范围内建立了强大的配销网络体系。

4. 配送直达化

不经过物流基地中转，在有足够批量且不增加客户库存的情况下，配送在"直达"领域中也找到了优势，因而突破了配送原有的概念且有了新的发展。对于生产资料而言，直达配送具有应用价值。

5. 配送管理电子化

随着配送规模的扩大和计算机多媒体技术、计算机网络技术、计算机数字通信技术等高科技的应用与发展，配送运行与管理电子化取得了很大的进展，这个进展突出表现在以下 3 个方面。

（1）信息传递与处理。例如，EDI、GPS、GIS、ITS 等系统的建立，条形码（barcode）、RF 等技术的应用。

（2）计算机辅助决策管理。例如，辅助进货决策、辅助配货决策、辅助选址决策等；美国 IBM 公司率先建立的配送车辆计划和配送线路的计算机软件系统；目前各企业广泛应用的 EOS、POS、DRP、ERP 系统等。

（3）计算机与其他自动化装置的操作控制。例如，无人搬运车，以及配送中心的自动拣选系统等。

6. 配送技术装备现代化

配送技术装备作为支撑配送的生产力要素，发展非常迅速。到了 20 世纪 80 年代，发达国家的配送已普遍采用了计算机系统、自动搬运系统、自动储存系统、自动拣选系统、光电识别系统、条形码、专用搬运车等新技术，这些新技术使得某些领域的工效提高了 5~10 倍。在一篇名为《日本制造行业配送系统变革》的文章中，"配送领域技术条件的核心，就是信息系统和建立在该系统上的拣选系统"这句话反映了配送发展的核心条件是信息技术与自动化技术的应用。

五、配送的分类（物流职业资格内容）

1. 按配送时间及数量分类

（1）定时配送。定时配送是按规定时间间隔进行配送，如数天或数小时进行一次，每次配送的品种及数量可按计划执行，也可在配送之前以商定的联络方式（如电话、计算机终端输入等）通知配送品种及数量。这种方式由于时间固定，易于安排工作计划，易于计划使用车辆，也易于客户安排接货力量（如人员、设备等）。但是，由于配送物品种类经常处于变化的状态，配货、装货难度较大，在要求配送数量变化较大时，也会使配送运力安排出现困难。

动画 3　定时配送的具体形式

（2）定量配送。定量配送是按规定的批量在指定的时间范围内进行的配送。这种方式配送物资的数量固定，备货工作较为简单，可以按托盘、集装箱及车辆的装载能力规定配送的数量，能有效利用托盘、集装箱等集装方式，也可做到整车配送，因此配送效率较高。由于时间无严格限定，它可以将不同客户所需物品凑整车后配送，运力利用率较高。对客户每次接货时处理同等数量的货物，有利于进行人力、物力的准备。

（3）定时定量配送。定时定量配送是按照规定的配送时间和配送数量进行配送。这种方式兼有定时、定量两种方式的优点，但特殊性强，计划难度大，适合采用的对象不多，不是一种普遍的方式。

（4）定时、定线路配送。定时、定线路配送是指在规定的运行线路上制订到达时间表，按运行时间表进行配送，客户可按规定时间接货及提出配送要求。采用定时、定线路配送方式有利于计划安排车辆及驾驶人员。在配送客户较多的地区，也可免去由于过分复杂的配送要求所造成的配送组织工作及车辆安排的困难。客户不但可以对一定线路、一定时间进行选择，又可有计划安排接货力量。但这种方式应用范围也是有限的，对客户的选择性较强，不是所有客户都能利用这种方式。

（5）即时配送。这是完全按客户提出的时间和数量要求即时进行配送的方式，是有很高灵活性的一种应急方式。采用这种方式配送的品种可以实现保险储备的零库存，即用即时配送代替保险储备。

2. 按配送组织者分类

（1）配送中心配送。配送中心配送的组织者是专职配送中心，其规模较大。配送中心专业性较强，和客户有固定的配送关系，一般实行计划配送，需配送的商品有一定的库存量，一般情况下很少超越自己的经营范围。配送中心如图 1-1-2 所示。

思考：

　　什么样的情况选择配送中心配送、仓库配送、商店配送、生产企业配送？

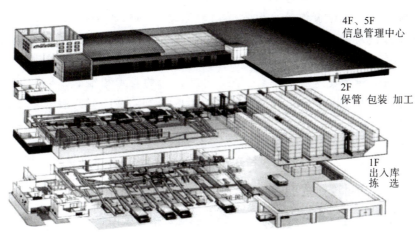

4F、5F
信息管理中心

2F
保管　包装　加工

1F
出入库
拣　选

图 1-1-2　配送中心

（2）仓库配送。仓库配送是以一般仓库为据点进行配送的形式。它可以是由仓库完全改造成的配送中心，也可以是在保持仓库原功能的前提下，增加一部分配送职能而成的新仓库。

（3）商店配送。商店配送的组织者是商业的门市网点，这些网点主要承担商品的零售业务，规模一般不大，但经营品种较齐全。除日常零售业务外，还可根据客户的要求将商店经营的品种配齐，或代客户外订、外购部分本商店平时不经营的商品和商店经营的品种一起配齐送给客户。

（4）生产企业配送。生产企业配送的组织者是生产企业，尤其是进行多品种生产的生产企业，它们可以直接由本企业进行配送而无须再将产品发运到配送中心进行配送。

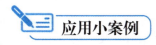

应用小案例

雅芳公司的"直达配送"

思考：

　　你能总结出配送中心配送、仓库配送、商店配送、生产企业配送的优缺点吗？

经过将近一年的考察、研究，2001 年雅芳公司最终拿出了一套称为"直达配送"的物流解决方案。雅芳公司在北京、上海、广州、重庆、沈阳、郑州、西安、武汉等城市共设立了 8 个物流中心，取消了原来在各分公司设立的几十个大大小小的仓库。

雅芳公司生产出的货物直接运输到 8 个物流中心，各地经销商、专卖店通过上网直接向雅芳总部订购货物，然后由总部将这些订货信息发到所分管的物流中心，物流中心据此将经销商所订货物拣选出来整理好，在规定的时间内送到经销商手中。其中涉及的运输、仓库管理、配送服务，雅芳公司全部交给专业的第三方物流（3PL）企业去打理。

"直达配送"项目确定以后，雅芳公司还通过招标方式选择了中国邮政物流和大通国际运输为公司提供3PL服务。2002 年 3 月，雅芳公司首先与大通国际运输在广州建立试点，随后又逐步覆盖广东其他城市，再到福建、广西、海南。2002 年 5 月，中国邮政物流开始为雅芳公司提供以北京为中心的华北地区"直达配送"业务，并逐步渗透到东北、西南等地。中国邮政物流重组了雅芳产品销售物流体系，并与雅芳公司实现了信息系统对接，还开通了网上代收货款服务。经过 3 个多月的初期运作，雅芳产品配送服务得到了国家邮政总局的肯定和雅芳公司的认可，配送准时率为 99%，物品完好率为 100%，信息反馈率为 98%，客户满意率为 99%，均达到国家邮政总局的要求。实行"直达配送"以后，雅芳产品从经销商上网订货到送达只需要 2~3 天。

问题：雅芳产品的"直达配送"的优势是什么？

小组之间互动讨论：在新时代背景下，配送发展的机遇与挑战是什么？

3. 按配送商品的种类及数量分类（物流职业资格考试内容）

（1）单（少）品种、大批量配送。工业企业需要量较大的商品，单独一个品种或几个品种就可达到较大配送量，可实行整车运输。这种商品往往不需要再与其他商品搭配，可由专业性很强的配送中心配送。由于配送量大，可使车辆满载并使用大吨位车辆，配送中心内部设置、组织、计划等工作也较简单，因此配送成本较低。但是，如果可以从生产企业将这种商品直接运抵客户，同时又不致使客户库存效益下降时，采用直送方式往往有更好的效果。

（2）多品种、少批量配送。多品种、少批量配送是按客户要求，将所需的各种物品（每种物品的需要量不大）配备齐全，凑整装车后由配送据点送达客户。这种配送作业水平要求高，配送中心设备复杂，配货送货计划难度大，要有高水平的组织工作来保证和配合。在配送方式中，这是一种高水平、高技术的方式。配送的特殊作用主要反映在多品种、少批量的配送中，这种方式也正符合现代"消费多样化""需求多样化"的新观念，所以是许多发达国家推崇的方式。

（3）配套成套配送。配套成套配送是指按企业生产需要，尤其是装配型企业生产需要，将生产每一台件所需全部零部件配齐，按生产节奏定量送到生产企业，生产企业随即可将此成套零部件送入生产线装配产品。在这种配送方式中，配送企业承担了生产企业大部分供应工作，使生产企业专注于生产。这种配送方式与多品种、少批量配送效果相同。配套成套配送如图 1-1-3 所示。

4. 按经营形式分类

（1）销售配送。销售配送是指配送企业是销售性企业，或销售企业作为销售战略的一环所进行的促销型配送。这种配送的对象往往是不固定的，客户也是不固定的，

思考：
你能在生活中找到几种配送类型吗？

整车装配线

把每辆车所需要的零部件放在一个货筐中，商品车随着生产线流转的同时，对应它的货筐也同步流转，装配工人只需要到商品车的对应货筐中就能找到其所需要的零件

零部件供应商1

配送中心

零部件供应商2

图 1-1-3　配套成套配送

配送对象和客户依据对市场的占有情况而定。配送的经营状况也取决于市场状况。配送的随机性较强而计划性较差。各种类型的商店配送一般多属于销售配送。用配送方式进行销售是提高销售数量、扩大市场占有率、获得更多销售收益的重要方式。由于是在送货服务前提下进行的活动，所以它也受到客户的欢迎。

（2）供应配送。供应配送是客户为了自己的供应需要所采取的配送形式，往往由客户或客户集团组建配送据点，集中组织大批量进货（取得批量优惠），然后向本企业配送或向本企业集团的若干企业配送。例如，商业中广泛采用的连锁商店，就常常采用这种供应配送的方式。用配送形式组织供应是保证供应水平、提高供应能力、降低供应成本的重要方式。

某企业内部供应配送传递看板如表 1-1-2 所示。

表 1-1-2　某企业内部供应配送传递看板

看板编号：9 号	供方工作地	需方工作地
零件编号：010002	6#油漆点	3#装配点
零件名称：邮箱座		
零件规格：A435		
盛装容器：2 型（黄色）货箱	出口存放处号 No. 3	入口存放处号 No. 12
供应数量：20 件		
需用时间：3 月 6 日 08 时 40 分		

（3）销售-供应一体化配送。销售-供应一体化配送是指对于基本固定的客户和基本确定的配送产品，销售企业可以在自己销售的同时，承担客户有计划供应者的职能，既是销售者同时又成为客户的供应代理人，起着客户供应代理人的作用。销售-供应一体化的配送是配送经营中的重要形式，它有利于形成稳定的供需关系（如供应链关系），有利于采取先进的计划手段和技术手段，有利于保持流通渠道的畅通稳定，

因而受到人们的关注。

（4）代存代供配送。代存代供配送是指客户将属于自己的货物委托配送企业代存代供，有时还委托代订，然后组织对客户自己的配送。这种配送在实施时不发生商品所有权的转移，配送企业只是客户的委托代理人，商品所有权在配送前后都属于客户所有，所发生的仅是商品物理位置的转移。配送企业仅从代存代供中获取收益而不能获得商品销售的经营性收益。

（5）越库配送。越库配送是指由配送企业组织，不通过配送中心实施配送，而由货源所有地直接对客户进行的配送。这种配送方式越过了配送中心一级的仓库，所以被形象地称为越库配送。

思考：

你能总结出在什么样的情况下选择销售配送、供应配送、销售-供应一体化配送、代存代供配送，以及越库配送？

六、配送的一般作业流程

配送业务的组织一般是按照功能要素展开的，配送的一般作业流程如图 1-1-4 所示。

备货　　　　储存　　　　拣选及配货　　　　配送加工

送达服务　　　　配送运输　　　　配装

图 1-1-4　配送的一般作业流程

配送的主要流程包括备货、储存、拣选及配货、配送加工、配装、配送运输、送达服务等环节。配送的一般作业流程只能说是配送活动的典型作业流程模式。在市场经济条件下，客户所需要的货物大部分都由销售企业或供需企业某一方委托专业配送企业进行配送服务，货物、商品的特性不一样，配送服务的形态也各式各样。一般认为，随着商品的日益丰富，消费需求的个性化和多样化，多品种、小批量、多批次、多客户的配送服务方式，最能有效地实现流通终端的资源配置，也是当今最具时代特色的典型配送活动形式。由于各种类型配送的服务对象繁多、配送作业流程复杂，一般将这种配送活动作业流程确定为通用、标准的流程。

拓展阅读

李宁公司高效的物流配送

李宁公司在全国共有两个一级配送中心。一个位于北京五里店，总面积为 2.5 万平方米，负责长江以北地区的产品配送；另一个位于广东三水，面积为 1.2 万平方米，负责长江以南地区的产品配送。全国共有 13 个分公司，各自下辖的仓库是二三级配送中心。集中起来，李宁公司的仓储面积共有 5 万平方米左右。为了集中网络优势促销售，李宁公司一边把全国 13 个分公司的物流储运部整合起来，设物流中心进行统一管理，一边推行按销售地入仓的做法。按销售地入仓，就是产品出厂后直接送到相应销售地的配送中心，然后通过拣选分销出去，而不再走以前的通过生产地的仓库再进入配送中心的线路。这种新做法试行一年之后，已经达到了 3 个目标。①在广东生产的产品，一部分发北京，一部分发三水，分拨距离短、速度快；②由于减少了运送环节，不仅成本降低了，而且在接到订单后的 36 h 内货物可到达所有的门店，对当地的销售反应非常及时；③整车运输的成本低于零散运输的成本，按销售地点入仓所耗费的运力实际上等同于做批发的车辆运力，由于大部分里程都是长途干线运输，因此整车价格比小批量送到门店的成本要低得多。

和其他生产企业一样，李宁公司也曾一度面临这样的现实问题：减少库存可以在很大程度上减少成本，然而减少库存要在保证安全库存量的前提下进行，即配送中心必须有一定的储存量。因为在现阶段门对门的配送还不能完全实现的情况下，不能要求经销商和专卖店担负起仓储的责任。此外，城市对交通运输的管制，也使大型车辆在特定时间内不能直接配送到门店。因此，李宁公司决定以没有原料库、成品库为目标，在可控范围内压缩库存时间。经过一段时间试行，在反思了整个物流过程的各个指标之后，李宁公司发现其货物拣配时间比不上第三方物流公司。其中主要原因是由于李宁公司在国内市场上推出新品的频率很高，现在已有 20 000 种不同款式、色码的鞋、帽、便装、套服等。在货物拣配时，要首先分清产品大类，然后再根据不同的款式、色码上架。另外，配送中心既做批发又做零售，选配货物要不断拆箱，这些都给货物拣选带来了难度。

于是，李宁公司投资改造了仓库，而且在改造过程中非常注重细节。比如为了选择合适的货架，相关人员几乎考察了所有的货架类型。他们先对商品进行了属性分析，然后请来 5 家货架厂家，根据商品属性制订不同的方案，前后修改了 1 个月最终才决定。如今走进李宁公司的仓库，人们会惊奇地发现，不同的货架在仓库里按照不同的发货需求和商品属性依次排开，成为一道独特的风景。

为加速货物运转，李宁公司继续上马新的信息系统，以实现三个目标：加快物流分拨和配送速度，降低成本；提高拣选准确性，将从收到订单到货物出库的时间大幅度压缩；进一步节省仓储面积，增加库容。经过一系列升级改造之后，李宁公司仓储拣选的各个环节被打通了，新的信息系统使李宁公司的物流更加畅通，信息传递更加快捷高效。到目前，李宁公司的物流分拨时间只有 4 天半，李宁公司物流配送绩效的优秀由此可见一斑。

七、不同类型产品的配送作业流程模式

不同的产品因其性质、形态、包装不同，采用的配送方法和配送作业流程也不一样。有些产品的配送作业不存在配货、分放、配装问题，如燃油料；有些产品则需要进行分割、捆扎等配送加工，如木材、钢材等。不同的产品有不同的配送作业流程模

式，配送活动作业环节不可能千篇一律，都有各自比较特殊的流程装备工作方法。根据产品特性，我们可以归纳出六大类型货物的配送作业流程模式。

1. 中小件杂货型产品的配送作业流程

中小件杂货型产品是指各种包装形态及非包装形态的、能够混存混装的，以及种类、品种、规格复杂多样的中小件产品，如日用百货、小件机电产品、五金工具和书籍等。中小件杂货型产品的配送作业流程如图 1-1-5 所示。

图 1-1-5　中小件杂货型产品的配送作业流程

2. 长条型及板块型产品的配送作业流程

长条型及板块型产品是指以捆装或裸装为主的，且基本是块状、板状及条形为主的产品，如黑丝金属、有色金属材料、玻璃、木材及其制品。长条型及板块型产品配送作业流程如图 1-1-6 所示。

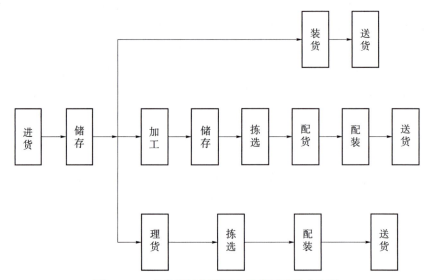

图 1-1-6　长条型及板块型产品的配送作业流程

3. 粉状类产品的配送作业流程

粉状类产品是指粉末和以散状形态存在的物品及其制品，例如，完全无包装的、批量大且易散失、风蚀、自燃的各种煤及煤制品，散装或袋装易受潮变性的水泥及与水泥性状相近的石灰等粉状材料等。粉状类产品的配送作业流程如图 1-1-7 所示。

4. 石油与化工产品的配送作业流程

石油产品主要是指石油制成品，如汽油、柴油、机油等液体燃料和易燃、易爆的液化石油气等气体状产品。石油与化工产品的配送作业流程如图 1-1-8 所示。

5. 生鲜食品、副食品的配送作业流程

生鲜食品、副食品种类非常多，形态也很复杂，对外界流通条件的要求差别很大，因此，这类产品的配送流程不是简单的一个模式可概括的。生鲜食品、副食品的一般配送作业流程如图1-1-9所示。

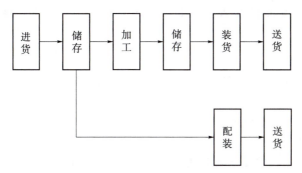

图 1-1-7 粉状类产品的配送作业流程

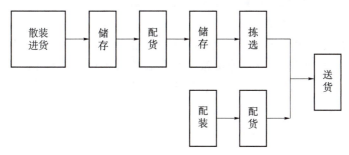

图 1-1-8 石油与化工产品的配送作业流程

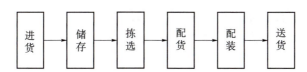

图 1-1-9 生鲜食品、副食品的一般配送作业流程

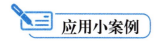 **应用小案例**

农产品的配送模式

农产品与人们的生活息息相关。对于居住在农村的居民，他们有着自己的土地，自己耕耘，可以做到自给自足。对于农产品食材，他们可以说是不存在采购难、保存难的问题。但不管是对农户还是专业的生产基地来说，他们都要将自己的产品卖出去，那么就产生了供应商和配送商之间的利益关系。

在配送过程中，尤其是夏天和冬天，在恶劣的环境下，农产品这类不易保存、易损坏的食材更需要得到保护，磕磕碰碰会导致食材不新鲜，而且会影响食材的美观，进而造成卖相不好、卖不出去的结果。

现在就来说一说，农产品食材配送分别有哪几种模式？

1. 基地直采配送模式

这种模式是由农产品栽培基地，采收好后直接打包快递给客户。这种形式的优点是流转进程较少，能确保农产品质量；缺点是种类不够丰富，偏远地区难以确保时效。

2. 仓储中心配送模式

这种模式是建立大型的仓储配送中心，在基地收好农产品，共同储存在配送中心，然后根据订单再打包快递给客户。这种模式的优点是种类丰富；缺点是时效性不好，而且建立一个配送仓储中心的成本较高。

3. 社区点配送模式

这种模式是在人口密集的社区开设配送点，然后由社区配送点负责配送周边社区。这种模式的优点是配送速度能够大幅提高，配送点一方面能够线下营业出售，另一方面能够作为周转配送点；缺点是要备货，会积压库存。

4. 农产品商户协作模式

这种模式就类似于外卖，和周边的蔬果店商讨合作，当客户下单后能够立刻委托第三方蔬果店在短时间内按照客户要求将所需农产品食材配送给客户。这种模式的优点是配送时效性强、运营成本低；缺点是质量难以把控。

问题：说明农产品有哪几种配送模式？各种模式的特点分别是什么？

思考：

比较面包、矿泉水、汽车配件、螺纹钢、煤炭制品的物理、化学性质，据此解释以下内容。

（1）面包的配送模式；（2）矿泉水的配送模式；（3）汽车配件的配送模式；（4）螺纹钢的配送模式；（5）煤炭制品的配送模式。

任务实施 > > > > > > > > > > > >

相关问题答案可在本部分正文内容中找到答案。

任务二　　配送中心认知

引 例分析 > > > > > > > > > > > >

　　李明来到华能零售商业有限公司位于S市的配送中心，随着门店数量及销售额的不断增加，原有的物流配送已经不足以满足当前企业发展的要求，为了提高企业在当地的竞争力，更好地服务门店及客户，2013年华能零售商业有限公司斥资3亿元人民币建立配送中心，该配送中心在建设规划时根据华能零售商业有限公司的具体情况分析该物流配送中心应该集超市卖场、便利以及批发业务于一体，实现多元化的配送模型。不管是从仓库布局还是业务特点来说，既体现了一个零售企业基本的业务架构，又充分展示了一个多元化企业对于配送中心合理的业务格局。

　　配送中心经理为李明介绍到一个综合性的连锁零售企业的物流配送中心，品项成千上万，其中有些品项因属性的特殊性，如大米、面粉、季节性饮料等，短期内进出货量较大而且比较沉重。如果采用常规分配货架拣选位去管理，一方面此类商品较重，整托的存放在立体货架上对于货架的承重要求较高，还存在一定的安全隐患；另一方面此类商品进出库周期短，出货量大，门店要货少则几十件，多则上百件，将其放在货架拣选位进行拣选，将会大大增加仓库高叉员的补货工作量，且拣选时的效率低下。

思考：

　　配送中心与仓库的区别是什么？

　　综合下来，此类商品存在几个比较特殊的特点。

　　（1）单次出货量较大，频次高。

　　（2）单品较重，拣选不方便且不易上架储存。

　　（3）周期短。

　　由于此类商品存在上述特点，因此，仓库作业时必须考虑以下几点问题。

　　（1）单品较重，出货量较大，该类品项对拣选员的要求较高，需要配置力气大、比较壮的拣选员。

　　（2）周期短，进行入库上架会增加仓库补货、上架的工作量，且此类商品储存在货架上，对于货架的要求较高，还存在一定安全隐患。

　　（3）单品单次货量大、频次高、较重，集货动作比较频繁。

　　（4）此类商品的出库，拣选员每次都需要搬动如面粉、大米等较重的东西，拣选的效率相对于一般品项来说会较低，因此，此类品项的拣选员考核时需要与一般品项进行区分。

　　分析下来，考虑到此类商品特殊的业务特点，为了解决此类品项在仓库作业中出现的瓶颈问题，设计规划时为此类商品划分了专门的地堆分区，且将地堆区与普通拣选分区进行划分，地堆区单独生成拣选单，单独进行拣选作业。如此划分的好处在于一方面使得地堆区与普通区的拣选作业单独拣选、单独集货，提高了地堆区的拣选效率，且避免了拣选员在拣选过程中拖着几大袋大米满仓库拣选的情况；另一方面地堆区单独进行作业，指定特定拣选员，工作量单独统计、单独考核，便于仓库管理。

问题 1：什么是配送中心？

问题 2：为什么华能零售商业有限公司要建立配送中心？

问题 3：配送中心对特殊商品是如何规划设计的？

任 务资讯 >>>>>>>>>>>>>

知识提示：
设立配送中心基本条件为：（1）高水平的装备配置；（2）高素质的人员配置；（3）高水平的物流管理。

从目前的情况来看，"配送中心"这个词汇不断出现在各个领域，有一些国家已经用标准化方式给"配送中心"以明确的定义。但是多数领域人们还是根据各自的理解使用"配送中心"一词。即使在前些年，我国流通领域对国外研究比较多的内部杂志《国外物资管理》上面，在"配送中心"一词使用上，也有差异。同一期不同的文章上面，不同作者所讲的"配送中心"，有时候并不是指同一类的事物。实际上对"配送中心"一词的界定，在国内外都还没有能够做到规范化。因此，搞清"配送中心"的含义，对于正确开展配送，正确进行配送中心的规划建设，正确地进行交流与沟通，都是非常重要的。

一、配送中心的概念

中华人民共和国国家标准《物流术语》（GB/T 18354—2021）对配送中心的定义是："具有完善的基础设施和信息网络可便捷地连接对外交通运输网络，并向末端客户提供短距离、小批量、多批次配送服务的专业化配送场所。"

图 1-2-1 所示为配送中心作业情景。

微课 2 配送中心概述

图 1-2-1 配送中心作业情景

对配送中心的认识需要注意以下几个问题。

（1）配送中心的任务之一是"货物配备"。货物配备是配送中心按照客户的要求，对货物的数量、品种、规格、质量等进行的配备。这是配送中心最主要、最独特的工作，全部由配送中心内部的现代化设施完成。

（2）配送中心的另一重要任务是"组织送货"。组织送货是指配送中心按照客户的要求，把配备好的货物定时、定点、定量地送抵客户。送货方式较多，有的由配送中心自行承担，有的利用社会运输力量完成，有的由客户自提。从我国国情来看，在开展配送的初期，客户自提的可能性是不小的，所以对于送货而言，配送中心主要是组织者而不是承担者。

（3）配送中心强调了配送活动与销售或供应等经营活动的结合，是经营的一种手段，以此排除了这是单纯的物流活动的看法。

（4）配送中心的硬件配备定位为"现代流通设施"，着眼于和以前的流通设施诸如商场、贸易中心、仓库等相区别。这个流通设施以现代装备和工艺为基础，不但处理商流，而且处理物流、信息流，是集商流、物流、信息流于一体的全功能流通设施。

（5）配送是配送加工、整理、拣选、分类、配货、配装、末端运输等一系列活动的集合。

 **应用小案例**

思考：
配送中心的作用有哪些？

"万村千乡"农家店的配送中心

"万村千乡市场工程"是我国商务部正在全国推行的建立和发展农村现代流通体系的一项工程，2005年2月起在全国进行试点。这项工程提出从2005年开始，用3年时间，在试点区域内培育出25万家左右农家店；形成以城市店为龙头、乡镇店为骨干、村级店为基础的农村现代流通体系，逐步缩小城乡消费差距，改善农村消费环境，保障农民利益；以方便消费、放心消费为目标，促进国民经济持续快速健康发展。截至2009年第1季度，全国共建成276 220家农家店，专业化的配送中心592家。

商务部2009年2月13日下发的通知提出，各地要继续推进"万村千乡市场工程"。2009年新建和改造15万家农家店和1 000个农村商品配送中心，进一步扩大农家店的覆盖面，提高网络配送能力，将农家店商品配送率提高到50%以上。通知要求，要加强农产品流通网络建设。①继续实施"双百市场工程"，支持大型鲜活农产品批发市场和县乡农贸市场升级改造；②培育"农超对接"龙头企业，支持大型连锁超市、农产品流通龙头企业与农村专业合作组织对接，建设农产品直采基地和覆盖农产品生产、加工、运输、销售全过程的冷链系统及物流配送中心；③促进"农超对接"基地品牌化经营，提升基地农产品品牌知名度和市场竞争力，强化农产品基地农民培训，提高农民进入市场的能力；④加速推进"农村商务信息服务工程"建设，为农民提供市场信息、购销对接等服务。

思考：物流配送中心的建立对我国"万村千乡市场工程"有何意义？

二、配送中心的分类（物流职业资格考试内容）

配送中心类似于一个周转站一般的存在，不同类型的周转站有不同的作用，根据市场需求的不同，配送中心的类型也是多种多样的，作为一个物流从业者，正确认识不同类型的配送中心，从而提升工作效率。

配送中心的种类有专业配送中心、柔性配送中心、供应配送中心、销售配送中心、城市配送中心、区域配送中心、储存型配送中心、流通型配送中心、加工配送中心和其他配送中心。

1. 专业配送中心

专业配送中心分为两种。一种是配送对象、配送技术属于某一专业范畴，综合该专业的多种物资进行配送，如多数制造业的销售配送中心；另一种是以配送为专业化职能，基本不从事经营的服务型配送中心。

2. 柔性配送中心

柔性配送中心是强调市场适应性，而不是向固定化、专业化方向发展的配送中心。它能根据市场和客户的需求变化而随时变化，对客户要求有很强的适应性，不一定固定供需关系，而是不断地向发展配送客户甚至改变配送客户的（有利）方向发展。

3. 供应配送中心

供应配送中心是专门为某个或某些客户（如生产制造厂、联营商店、联合公司）组织供应的配送中心。比如，为大型连锁超市组织供应的配送中心、为零件加工厂送货至制造装配厂的零件配送中心等，都属于供应型配送中心。

4. 销售配送中心

销售配送中心是以销售经营为目的、以配送为手段的配送中心，其类型又有以下几种。

（1）生产企业为销售本厂产品而建立的配送中心。优点是可以直接面向市场，了解需求，以及时地反馈信息指导生产。

（2）流通企业建立的配送中心。流通企业将建立配送中心作为经营的一种方式以扩大销售。我国目前拟建的配送中心大多属于这种类型，国外的例子也不少。

（3）流通企业和生产企业联合的协作型配送中心。

5. 城市配送中心

城市配送中心是以城市作为配送区域范围的配送中心。由于在城市范围内生产与消费较为集中、物流量大，且汽车运输发达，这种配送中心可直接配送到最终客户。所以，这种配送中心往往和零售经营相结合。

6. 区域配送中心

区域配送中心是指有较强的辐射能力和库存准备，向省（州）际、全国乃至国际范围的客户配送货物的配送中心。这种配送中心通常规模较大、客户较多、配送批量较大、经营不一。既可以配送给下一级的配送中心，也可以配送给商店、批发商和企业客户，或许还从事零星的配送，但不是主体形式。

7. 储存型配送中心

储存型配送中心是有很强储存功能的配送中心。一般来说，为了确保客户和下游配送中心的货源，这类储存型配送中心起到蓄水池作用。

8. 流通型配送中心

流通型配送中心是没有长期储存功能，仅以暂存或随进随出方式进行配货、送货的配送中心。这种配送中心的典型方式是大量货物整体购进并按一定批量送出，采用大型分货机，进货时直接进入分货机传送带，分送到各客户货位或直接分送到配送用汽车上，货物在配送中心仅作少许停滞。

9. 加工配送中心

加工配送中心是具有加工职能的配送中心。虽然许多材料都指出配送中心具有加工职能，但是加工配送中心的实例，目前并不多见。我国上海市和其他城市已开展的配煤配送，配送点中进行了配煤加工，这种配送中心与上海六家船厂联建的船板处理配送中心、原物资部北京剪板厂等都属于加工配送中心。

思考：

按照不同的角度能够将配送中心重新归类吗？

 **拓展阅读**

联华生鲜加工配送中心

建筑规模：按照区域管理模式，新建地下1层，地上4层，合计建筑面积1.4万平方米；它与6 000 m² 老车间和1.5万平方米的原7层冷冻库楼相连，共计3.5万平方米，形成包括加工、仓储和配送的生产区。新建1 500 m² 3层办公楼，与1 100 m² 的原综合楼相连成为办公区。新建近2 000 m²，与1 000多平方米的原车间相连成为职工生活区，包括食堂、浴室和职工培训场地。

整体构思：五性。

(1) 综合性：集中体现生产性物流、冷冻性物流和通过性物流的综合性；

(2) 专业性：生产上的标准化、规格化和配方化的专业性；

(3) 科学性：工艺流程上符合国际先进标准的科学性；

(4) 拓展性：面向社会承接各种订单、定牌生产，满足社会各类消费需求的拓展性；

(5) 先进性：整个生产流程自动化程度高、设备先进。

加工配送中心定位：产品加工配送、新产品研究与开发、社会批发、客户服务、专业管理与培训。

加工生产布局：新建加工车间分布于4层楼。

(1) 第1层蔬菜加工区：引进了蔬菜清洗机、切丁机、切片机、切丝机、去皮机，加工速度快且外观好；

(2) 第2层肉类加工区：使用切片、切丝、切丁、切大排机，去皮去筋膜机和肉糜流水线，它可以自动分盆，加工快、切割整齐，提升产品档次；

(3) 第3层汉堡加工区：使用普通汉堡流水线和夹心汉堡流水线，主要是为了消化肉副产品的大量辅产品，加工快、产品新颖；

(4) 第4层熟食加工区：使用西式熟食灌肠机和去肠衣机，它加工快、外形美观、质量可靠，年生产能力可达2万吨，其中肉制品达1.5万吨，生鲜盆菜和调理半

思考：

Carrefour、健之佳、苏宁、农夫山泉的配送中心分别属于何种配送中心？

成品3 000 t，西式熟食制品2 000 t。

同时分别于1~4层引进了充氮式包装机和保鲜包装机，可以实现自动称量、拣选、贴标、检测微小金属的功能，加工速度快、保鲜性能好、色泽鲜艳，便于延长保持时间。

品种结构：分为15大类，约1 200种生鲜品，首期投产305种。

市场规划：一期社会批发占比为20%，自有连锁店占比为80%；二期社会批发占比为40%，自有连锁店占比为60%。

发展历程：1995年12月，联华田林店开始经营生鲜品，当时生鲜产品配送额只有6万元/日；1996年3月18日，联华生鲜部开出为田林店配送生鲜品的第一辆货车；2000年左右，联华田林店生鲜经营已占超市总销售额的30%以上，日销量达150多万元。跨地区采购使联华超市从产品本地化拓展为全国化，并向绿色、营养、卫生、安全、便捷的生鲜消费领域发展。

10. 其他配送中心

（1）其他配送中心按配送中心的拥有者分，有制造商型配送中心、零售商型配送中心、批发商型配送中心和转运型（第三方物流）配送中心等。

（2）其他配送中心按配送货物种类分，有食品配送中心、日用品配送中心、医药品配送中心、化妆品配送中心、家电产品配送中心、电子产品配送中心、书籍产品配送中心、服饰产品配送中心和汽车零件配送中心等。

配送中心一般作业流程如图1-2-2所示。

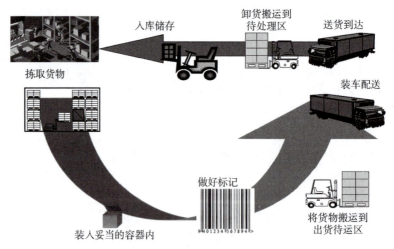

图1-2-2　配送中心一般作业流程

三、智慧物流配送

1. 智慧物流配送概念

智慧物流配送是指一种以互联网、物联网、云计算、大数据等先进信息技术为支撑，能够在物流配送各个作业环节实现系统感知、自动运行、全面分析、及时处理和

思考：
我们生活中的RFID技术有哪些？

自我调整等功能，具备自动化、智能化、可视化、网络化、柔性化等特征的现代化配送系统。智慧物流配送可以看作是以现代信息技术为支撑，有效融合了物流与供应链管理技术，使效率、效果和效益持续提升的配送活动。

2. 智慧物流配送的基本功能

（1）感知功能。运用各种先进技术能够获取配送运输、仓储、包装、装卸搬运、配送加工、信息服务等各个环节的大量信息，实现实时数据收集，使各方能准确掌握货物、车辆和仓库等信息，初步实现感知智慧。

（2）规整功能。继感知之后把采集的信息通过网络传输到数据中心，用于数据归档。建立强大的数据库，分门别类后加入新数据，使各类数据按要求规整，实现数据的联系性、开放性及动态性。并通过对数据和流程的标准化，推进跨网络的系统整合，实现规整智慧。

动画4　智能物流显神威

（3）智能分析功能。运用智能的模拟器模型等手段分析配送问题，根据问题提出假设。并在实践过程中不断验证问题，发现新问题，做到理论与实践相结合。在运行中系统会自行调用原有经验数据，随时发现物流作业活动中的漏洞或者薄弱环节，从而实现发现智慧。

（4）优化决策功能。结合特定需要，根据不同的情况评估成本、时间、质量、服务、碳排放和其他标准，评估基于概率的风险，进行预测分析，协同制订决策。提出最合理有效的解决方案，使做出的决策更加的准确、科学，从而实现创新智慧。

（5）系统支持功能。智慧物流配送的物流系统，并不是各个环节各自独立、毫不相关，而是每个环节都能相互联系。互通有无、共享数据、优化资源配置的系统，能为物流各个环节提供最强大的系统支持，使得各环节协作、协调、协同。

（6）自动修正功能。在前面各个功能的基础上，按照最有效的解决方案，系统自动遵循最快捷有效的线路运行，并在发现问题后自动修正，并且备用在案，方便日后查询。

（7）及时反馈功能。物流系统是一个实时更新的系统。反馈是实现系统修正、系统完善必不可少的环节。反馈贯穿于智慧物流系统的每一个环节，为物流相关作业者了解配送运行情况、及时解决系统问题提供强大的保障。

3. 智慧物流配送特点

（1）互联互通、数据驱动：所有物流要素实现互联互通。一切业务数字化，实现物流系统全过程透明可追溯；一切数据业务化，以数据驱动决策与执行，为物流生态系统赋能。

（2）深度协同、高效执行：跨集团、跨企业、跨组织之间深度协同。用全局优化的智能算法，调度整个物流系统中各参与方高效分工协作。

（3）自主决策、学习提升：软件定义物流实现自主决策，推动物流系统程控化和自动化发展；通过大数据、云计算与人工智能构建物流大脑，在感知中决策，在执行中学习，在学习中优化，在物流实际运作中不断升级。

图1-2-3所示为智慧配送设备——自动引导搬运车（AGV）。

课堂小互动

党的二十大报告指出："推动战略性新兴产业融合集群发展，构建新一代信息技术、人工智能、生物技术、新能源、新材料、高端装备、绿色环保等一批新的增长引擎"。查阅资料之后与大家分享知识：我国物流机器人的发展情况。

图 1-2-3　智慧配送设备——自动引导搬运车

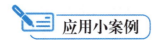 应用小案例

即时配送还可以更快吗?

在中国,和无人机配送有关的政策正在推进。2022年,深圳市规划和自然资源局编制了《深圳市物流配送站规划配建指引》(以下简称《指引》),其中提出物流配送站的建设宜考虑未来技术发展,合理预留无人车、无人机、地下管道配送等设施空间。

有了无人机的加持,深圳市定下一个小目标:社区配送 15 min 送达。

或许在 5~10 年之后,无人机配送将走进我们的日常生活,空中都是各种各样的作业无人机,在你看不见的地方,它们组成编队、翻山越岭,井然有序地执行各类物流任务。

民航局 2020 年发布的数据显示,我国无人机生产运营企业已超过 1 万家,无人机的商用飞行达到了 159 万小时,增长率在 30% 以上。

无人机的爆发式增长以及未来几十年的增长趋势,向我们描绘了一个科幻感十足的生活图景。但在当下,如何突破技术瓶颈、解决安全问题,以及开发与其相适应的商业模式,是每个入局的企业需要思考的问题。

这些年,由于无人机技术的成熟,大批无人机公司相继成立,通过天眼查 App 搜索无人机,会发现相关公司数量竟达到近 7 万家。

2018 年,在摩根士丹利发布的研报中,预测 2040 年城市空中交通(urban air mobility, UAM)市场的规模将达到 1 万亿美元,其中货运物流的份额将高达 52%。

随着电商下沉和农产品上行,为了打通物流的毛细血管,美团、顺丰、京东等企业纷纷加码布局,生鲜、日用杂货等品类加入无人机配送的商品范围,一场货运无人机的"军备竞赛"正在升级。

据悉,京东早在 2015 年就开始探索无人机送货技术,此后建立了干线、支线、终端三个层次的无人机物流配送和通航物流体系。最终将构建"空地一体化"的智慧物流网络，以满足不同应用场景下降本增效的目标。

对京东来说，由于城市地区的本地仓和自营模式已经颇为成熟，所以对无人机配送的布局更多的是想要将电商业务扩展到物流落后的农村地区。

美团则基于更加高频的外卖配送业务，希望构建"空地协同"的本地即时配送网络，致力于为客户提供 3 km、15min 的标准配送服务。目前在深圳已运营近一年，与 10 余个品牌达成合作。

顺丰的野心一点不比美团小，不仅开展了无人机同城急送业务的试运营，还看到了支线物流领域的机会。1 月 25 日，顺丰旗下大型无人机公司丰鸟科技取得支线物流无人机试运行和经营许可，将在特定场景下开展吨级大业载、长航时支线物流无人机商业试运行。

可以看到，虽然几家企业布局无人机货运的场景不一样，但都是基于自身已有业务降本增效的目标对货运无人机进行布局。

问题：配送无人机的优势有哪些？为什么现在不能普及无人机配送？

任务实施 ＞＞＞＞＞＞＞＞＞＞＞

相关问题答案可在本部分正文内容中找到答案。

实践训练　配送业务运作流程绘制

一、实践目的

配送是根据客户的要求，在物流据点内进行拣选、配货等工作，并将配好的货物适时地送交收货人的过程。专业化的配送能够简化手续、方便客户、降低成本、提高效率、并能实现企业的低库存或零库存。因此，配送是企业经营活动的重要组成部分，是企业增强竞争力的有效手段。通过本项目的实训，学生将了解配送工作的主要流程和工作内容，提高配送工作的操作技能。

二、实践任务

运用所学的配送知识，绘制一份配送业务运作流程图。

三、实践道具

无。

四、实践操作时间

1学时。

五、实践地点

物流实训室或教室。

六、实践操作指导

第一步

指导老师向学生讲解配送业务的工作流程。配送业务的工作流程如下。

流程一：接收客户订单。

流程二：订单处理。

流程三：备货。

流程四：储存。

流程五：配送加工。

流程六：理货。

第二步

学生根据指导老师的讲解绘制配送业务运作流程图。配送业务运作流程图如图1-4-1所示。

七、实践考核标准

考核内容	考核标准	分值	实际得分
配送业务运作流程图绘制	绘制的流程图内容全面、正确	40	
	流程的先后顺序正确	40	
	流程图布局合理、图面简洁	20	
合计		100	

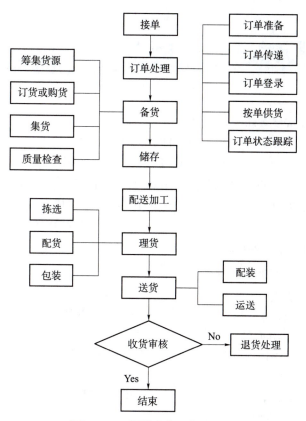

图 1-4-1 配送业务运作流程图

课后练习

一、选择题（含单选题和多选题）

1. 库存是判断配送合理与否的重要标志，具体指标有（　　　）。

A. 库存总量　　　　B. 库存周转速度　　　C. 仓库面积　　　　D. 仓库规模

2. 配送中重要的一点是必须提高而不是降低对客户的供应保证能力，这样才算做到合理，供应保证能力可以从（　　　）这几个方面进行判断。

A. 缺货次数　　　　　　　　　　B. 配送企业集中库存量

C. 即时配送的能力及速度　　　　D. 配送环境

3. （　　　）是配送的主要形式。

A. 配送中心配送　　　　　　　　B. 仓库配送

C. 生产企业配送　　　　　　　　D. 商店配送

4. （　　　）即根据企业的生产计划，尤其是装配型企业的生产计划，把生产每台产品所需要的全部零部件配齐，按照生产节奏定时送达生产企业，生产企业随即将此成套零部件送入生产线进行装配。

A. 单（少）品种、大批量配送　　B. 成套配送

C. 多品种、少批量配送　　　　　D. 即时配送

5. （　　　）是以销售经营为目的、以配送为手段的配送，是销售型企业作为战略一环所进行的促销型配送。

A. 供应配送　　　B. 生产配送　　　C. 代理配送　　　D. 销售配送

6. 配送的雏形最早出现于（　　　）。

A. 20 世纪 50 年代初期　　　　　B. 20 世纪 60 年代初期

C. 20 世纪 70 年代初期　　　　　D. 20 世纪 40 年代初期

7. （　　　）是配送业务的核心，也是备货和理货工序的延伸。

A. 送货　　　　　B. 理货　　　　　C. 分拣　　　　　D. 订货

8. （　　　）是指在核心企业（或调控中心）的统筹安排和统一调度下，各个配送企业分工协作，联合行动，共同对某一地区或某些客户进行配送。

A. 一体化配送　　B. 分离配送　　　C. 共同配送　　　D. 自营配送

9. （　　　）是配送工作的第一步，根据各个客户的需求情况，首先确定需要配送货物的种类、数量，然后在配送中心将所需货物挑选出来。

A. 送货　　　　　B. 储存　　　　　C. 订货　　　　　D. 配货

10. （　　　）是指某一类配送中心进行配送作业时所经过的程序，其中包括不设储存的配送工艺流程和带有加工工序的配送工艺流程。

A. 特殊业务流程　　B. 一般业务流程　　C. 订货业务流程　　D. 理货业务流程

11. 配送中心的进货流程包括（　　　）作业。

A. 订货　　　　　B. 验收　　　　　C. 分拣　　　　　D. 储存

二、简答题

1. 配送的功能有哪些？

2. 共同配送产生的原因有哪些？

3. 现阶段制约我国物流配送发展的主要问题是什么？

4. 配送有哪些形式？

5. 配送合理化的标志有哪些？

6. 配送中心一般的作业流程是什么？

项目学习效果评价表

知识巩固与技能提高（40分）			得分：
计分标准：得分＝系数（20/单选题个数）×正确单选题个数+系数（20/简答题个数）×正确简答题个数			
学生自评（20分）			得分：
计分标准：自测结果 A 的个数×2.5+B 的个数×1.5+C 的个数×1（此项分值上限为20分）			
专业能力	评价指标	自测结果	要求（A掌握；B基本掌握；C未掌握）
掌握配送的流程	（1）配送的定义 （2）配送作业流程 （3）了解配送流程中的每个步骤	A□ B□ C□ A□ B□ C□ A□ B□ C□	能够理解配送的含义，掌握配送流程，明确配送工作岗位内容
能够区分配送的不同类型	（1）不同种类配送方式 （2）不同种类配送特点	A□ B□ C□ A□ B□ C□	能够区分和辨别不同种类的配送，能够按照配送共同属性进行整合
了解并掌握配送中心的流程和工作	（1）了解配送中心流程 （2）了解不同类型配送中心	A□ B□ C□ A□ B□ C□	了解配送中心工作流程，能够区分不同类型配送中心的功能以及作用
了解智慧物流配送中心	（1）智慧物流的发展 （2）智慧物流设备 （3）智慧物流作业	A□ B□ C□ A□ B□ C□ A□ B□ C□	能够根据教材中的提示学习智慧物流配送，了解设备和技术，增强发展意识
职业道德思想意识	（1）认真严谨 （2）遵守职业道德 （3）团结合作	A□ B□ C□ A□ B□ C□ A□ B□ C□	专业素质、思想意识得以提升，德才兼备
小组评价（20分）			得分：
计分标准：得分＝10×A 的个数+5×B 的个数+3×C 的个数			
团队合作	A□ B□ C□	沟通能力	A□ B□ C□
教师评价（20分）			得分：
教师评语			
总成绩		教师签字	

项目二　订单处理作业

职业素质导引：随着网络时代飞速发展，我们的生活节奏也随之加快，大家都越来越喜欢在网上购物、订餐等。疫情期间，我们的物流人员也就成了高风险人群。物流人员的健康安全直接影响物流各个环节物品和人员的安全，是社会、企业疫情管控的重要环节。在配送中心作业时，员工的操作安全也是重要的环节。订单处理是配送活动的开始，本着安全第一的原则，我们在进行配送作业之前一定要了解作业安全规定，时刻把安全意识放在第一位，因为没有什么比生命和健康更重要的了。

【知识目标】

掌握配送订单的意义

了解配送订单的内容

掌握配送订货方式

掌握订单处理流程

【技能目标】

能够正确叙述订单处理的基本概念

能够按照正确的流程处理订单

能够进行订单有效性分析

能够正确进行库存分配

能够运用优先权法则

【素质目标】

培养配送服务意识

提升配送职业技能

培养诚实守信的职业道德

培养爱国意识，增强民族自豪感

> **课堂小互动**
>
> 党的二十大报告指出我们要"深化简政放权、放管结合、优化服务改革"。大家查阅资料说明：配送作业属于服务行业吗？在哪里体现？

任务一　订单处理作业的概念和流程

引 例分析 ＞＞＞＞＞＞＞＞＞＞＞

　　2021 年 1 月 5 日上午 8 点半，李明正在华能零售商业有限公司配送中心实习，看到调度接到位于××市的三个门店订单，订单内容如表 2-1-1、表 2-1-2、表 2-1-3 所示。

表 2-1-1　顺心超市采购订单

订单编号：D202101060101　　　　　　　　　　　　　　　　　　　　送货时间：2021.01.06

序号	商品名称	单位	单价/元	订购数量	金额/元	备注
1	五洲牛肉粒	箱	100	5	500	
2	泡椒花生	箱	100	4	400	
3	雪碧	箱	100	2	200	
4	可口可乐	箱	50	9	450	
5	康师傅冰红茶	箱	50	1	50	
6	百事可乐	箱	50	1	50	
7	康师傅红烧牛肉面	箱	50	2	100	
8	康师傅鲜虾鱼板面	箱	50	2	100	
9	康师傅小鸡炖蘑菇面	箱	50	2	100	
10	冰露矿泉水	箱	50	1	50	
11	恒大冰泉	箱	50	1	50	
	合计	—	—	30	2 050	

表 2-1-2　安泰超市采购订单

订单编号：D202101060102　　　　　　　　　　　　　　　　　　　　送货时间：2021.01.06

序号	商品名称	单位	单价/元	订购数量	金额/元	备注
1	五洲牛肉粒	箱	100	5	500	
2	泡椒花生	箱	100	2	200	
3	洽洽香瓜子	箱	100	1	100	
4	蜂蜜红枣茶	箱	100	3	300	
5	雪碧	箱	50	2	100	
6	可口可乐	箱	50	1	50	
7	康师傅冰红茶	箱	50	1	50	
8	百事可乐	箱	50	2	100	

续表

序号	商品名称	单位	单价/元	订购数量	金额/元	备注
9	康师傅红烧牛肉面	箱	50	1	50	
10	康师傅葱香排骨面	箱	50	2	100	
11	康师傅小鸡炖蘑菇面	箱	50	6	300	
12	康师傅香辣牛肉面	箱	50	3	150	
13	冰露矿泉水	箱	50	1	50	
14	娃哈哈矿泉水	箱	50	2	100	
	合计	—	—	20	2150	

表 2-1-3　鑫欣园超市采购订单

订单编号：D202101060103　　　　　　　　　　　　　　　　送货时间：2021.01.06

微课3　订单处理的理解

序号	商品名称	单位	单价/元	订购数量	金额/元	备注
1	五洲牛肉粒	箱	100	2	200	
2	泡椒花生	箱	100	3	300	
3	洽洽香瓜子	箱	100	2	200	
4	康师傅茉莉清茶	箱	50	4	200	
5	可口可乐	箱	50	2	100	
6	康师傅冰红茶	箱	50	2	100	
7	百事可乐	箱	50	2	100	
8	康师傅西红柿鸡蛋面	箱	50	3	150	
9	康师傅葱香排骨面	箱	50	1	50	
10	康师傅小鸡炖蘑菇面	箱	50	5	250	
11	康师傅香辣牛肉面	箱	50	1	50	
12	冰露矿泉水	箱	50	1	50	
13	娃哈哈矿泉水	箱	50	3	150	
14	恒大冰泉水	箱	50	4	200	
	合计	—	—	28	2100	

问题 1：订单中包括哪些内容？

问题 2：订单的内容是否正确？

问题 3：配送中心订单的处理流程是什么？

任务资讯 ＞＞＞＞＞＞＞＞＞＞＞＞

　　订单处理作业是实现企业客户服务目标最重要的环节之一，是配送服务质量得以保证的根本。改善订单处理过程、缩短订单处理周期、提高订单满足率和供货的准确率、提供订单处理全程信息跟踪，可以大幅提高客户服务水平与客户满意度，同时降低库存水平和配送总成本，使配送中心获得竞争优势。

知识提示：

　　如何准备订单：

　　（1）熟悉需要订单操作的物资项目。

　　（2）确认价格。

　　（3）确认项目质量要求标准。

　　（4）确认项目的需求量。

　　（5）编制订单说明书。

一、订单作业处理的概念

订单作业处理（order processing）是指有关客户和订单的资料确认、存货查询和单证处理等活动。

具体来讲，它是指从接到客户订单开始到货物送至客户为止的作业阶段，包括对客户订单进行品项数量、交货日期、客户信用度、订单金额、加工包装、订单号码、客户档案、配送货方法和订单资料输出等一系列的技术工作。

配送中心订单处理的简单模式通常为订单准备、订单传递、订单登录、按订单供货、订单处理状态追踪，如图2-1-1所示。

图2-1-1 订单处理的简单模式

二、订单处理作业的内容和流程

订单处理作业分为人工处理和以计算机网络为主体的现代信息技术处理两种形式。人工处理具有较大弹性，只适合少量的订单处理作业，一旦订单数量较多，处理将变得缓慢且易出错；而计算机处理速度快、效率高、准确可靠、成本低，适合大量的订单处理作业。目前规模较大的配送中心主要采用以计算机网络为主体的现代信息技术手段进行订单处理作业。

无论是应用人工处理方式还是以计算机网络为主体的现代信息技术处理方式，订单处理作业的内容和流程基本上都是一样的。订单处理作业的一般流程如图2-1-2所示。

一般来说，订单处理作业的内容如下。

（1）接受客户订单；

（2）客户订单确认；

（3）建立客户档案；

（4）存货查询和存货分配；

（5）拣选顺序的确定与拣选时间的确定；

（6）缺货处理和；

（7）订单资料处理输出。

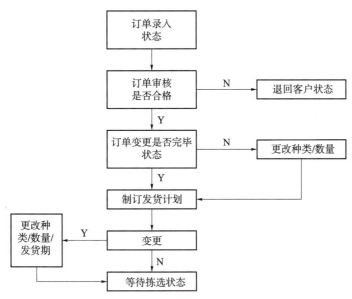

图 2-1-2 订单处理作业的一般流程

1. 接受客户订单

配送中心接受客户订货的方式主要有传统订货方式和电子订货方式两大类。

（1）传统订货方式。

传统订货方式分为厂商铺货，厂商巡货、隔天送货，口头电话订货，传真订货，邮寄订单，客户自行取货，业务员跑单接单七种形式。传统订货方式如图 2-1-3 所示。

思考：

传统的订货方式根据物流传送方向又分成几类？

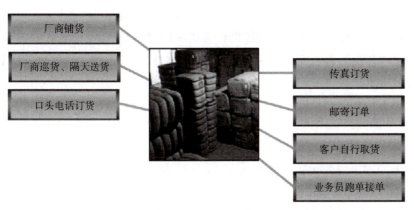

图 2-1-3 传统订货方式

拓展阅读

传统订货方式介绍

1）厂商铺货。供应商直接将商品放在货车上，挨家挨户地为客户送货，缺多少补多少。此种方式适用于周转率较快的商品或新上市的商品。

2）厂商巡货、隔天送货。供应商派巡货人员提前一天到各客户处巡查要补充的物品，隔天再予以补货。供应商的这种方法能及时掌握市场信息，但此种方式会导致人力成本的增加。

3）口头电话订货。客户将商品名称及数量，以电话口述方式订货。但因客户每天要订货的种类可能很多，而且这些商品常由不同的供应商供货，因此利用电话订货花费时间太长，且错误率高。

4）传真订货。客户将缺货信息整理成书面资料，利用传真机传给供应商。利用传真机虽可快速地订货，但有时因传送的资料不够清晰常常会增加事后确认的作业量。

5）邮寄订单。客户将订单或订货磁片、磁带邮寄给供应商。目前，由于此种方式的邮寄效率较低，已不能满足市场的需求。

6）客户自行取货。客户自行到供应商处看货、补货，此种方式一般适用于客户与供应商相距比较近的情况。客户自行取货虽可降低配送中心的配送作业量，但个别取货可能影响配送作业的连贯性。

7）业务员跑单接单。业务员到客户处推销产品，然后将订单带回公司。

不管利用何种方式订货，上述订货方式都需要人工输入资料，经常会出现重复输入、单据重复填写等情况，造成无谓的浪费。随着现代经济的发展，客户更趋于高频率的订货，且要求快速配送，传统的订货方式显然已无法满足需求，这使得新的订货方式——电子订货应运而生。

（2）电子订货方式。

电子订货方式是配送中心通过电子订货系统（electronic order system，EOS）完成订货的方式。电子订货系统是一种借助计算机和网络的信息处理技术，采用电子数据交换方式取代传统的人工书写、输入、传送的自动化订货系统。它将订货信息由书面资料转为电子资料，再由通信网络传送订单。

该方法主要有以下几种形式。

1）订货簿与终端机配合。订货人员携带订货簿及手持终端机巡视货架，若发现商品缺货就用扫描器扫描订货簿或货架上的商品条码标签，再输入订货数量。当所有订货资料都输入完毕后，订货信息将传给配送中心或直接传给供应商。

2）销售时点管理系统（point of sale，POS）。该种形式即在商品库存档内设置安全库存量，每进行一笔商品销售业务，计算机会自动扣除该商品库存，当库存低于安全存量时，即自动产生订单，经确认后通过通信网络传给配送中心或供应商。

3）订货应用系统。如果客户的信息系统里有订单处理系统，就可以将系统产生的订货资料通过 EDI 方式，在约定的时间传送出去。

电子订货对销售零售业的优点是下单快速、正确和简便；商品库存适量化，只订购所需数量，可分多次下单，完全适应多品种、小批量和高频率的订货方式；缩短交货时间，减少因交货出错的缺货概率和减少进货、验货作业。对供应商的优点是简化接单作业、缩短接单时间、减少人工处理错误，使接单作业更加快捷、正确和简便，减少了退货处理作业；满足客户多品种、小批量和高频率的订货要求；缩短了交货的前置时间。电子订货方式如图2-1-4所示。

课堂小互动

查阅资料之后与大家分享知识：我国的订单处理方式发展的现状。我国的配送中心使用哪些先进的订单处理系统？

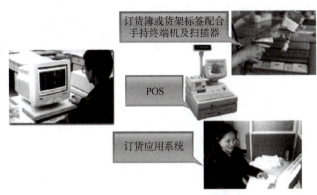

图2-1-4　电子订货方式

 **应用小案例**

沃尔玛的 ASN

预先发货清单（advance shipping notice，ASN）是指生产厂家或者批发商在发货时利用电子通信网络提前向零售商传送货物的明细清单。

沃尔玛的供应商在发货前向其传送 ASN。这样，沃尔玛事前可做好进货准备工作，省去数据的输入作业。沃尔玛在接收货物时，用扫描器读取包装箱上的物流条码，把扫描读取的信息与预先储存在计算机内的进货清单核对，判断到货和进货清单是否一致，使商品检验作业效率化。同时利用电子支付系统向供应商支付货款。在此基础上，只要把 ASN 数据和 POS 数据比较，就能迅速知道商品库存的信息。这样做，不仅为沃尔玛节约了大量事务性作业成本，而且还能压缩库存，提高商品周转率。

思考：ASN 的优势是什么？

2. 客户订单确认

订单确认包括订单需求品种、数量及日期的确认，客户信用的确认，订单形态的确认，订货价格的确认，加工包装的确认，设定订单号码。

（1）订单需求品种、数量及日期的确认。

订单需求品种、数量及日期的确认是对订货资料项目的基本确认，即检查品种、数量、送货日期等是否有遗漏、错误或不符合公司要求的情形。尤其是当送货时间有问题或出货时间已延迟时，需要与客户再次确认订单内容或更正所要求的送货时间。

表2-1-4所示为商品库存。表2-1-5所示为客户订单。

表 2-1-4　商品库存

药品名称	药品规格	单位	生产厂家
银翘解毒丸	9g×10s	盒	兰州佛慈制药股份有限公司
逍遥丸	200s（浓缩丸）	瓶	江苏康缘药业有限公司
加味逍遥丸	6g×10 袋（水丸）	盒	河北万岁药业有限公司
小儿消食片	0.3g×100s	瓶	济南宏济制药有限公司
消栓再造丸	9g×10s	盒	北京同仁堂股份有限公司
保和丸	9g×10s（大蜜丸）	盒	山西杨文水制药有限公司
盐酸氨溴索口服溶液	10ml：30mg×60 袋	盒	香港澳美制药厂
云南白药胶囊	0.25g×32s	瓶	云南白药集团股份有限公司
阿莫西林胶囊	0.25g×10s×5 板	盒	哈药集团制药总厂
小儿清热止咳口服液	10ml×6 支	盒	烟台荣昌制药有限公司

思考：
案例中客户订单包括哪些内容？

表 2-1-5　客户订单

序号	药品名称	药品规格	单位	重量/kg	体积/（mm×mm×mm）	单价/元
1	加味逍遥丸	6g×10 袋（水丸）	70 瓶	0.4	4×3×8	17
2	小儿消食片	0.3g×100s	100 盒	0.15	5×4×7	6
3	银翘解毒丸	9g×10s	80 盒	1.5	6×4×2	5.5
4	盐酸氨溴索口服溶液	10ml：30g×60 袋	20 瓶	0.36	5×7×2	29.1
5	阿莫西林胶囊	0.25g×10s×5 板	100 瓶	0.75	3×2×4	14.5
6	小儿清热止咳口服液	100ml×6 支	100 瓶	0.72	5×4×1	19.1
7	消栓再造丸	9g×10s	40 瓶	0.9	3×4×2	17

例如，客户订单中小儿清热止咳口服液单位为瓶，而库存同名货物的单位为盒，说明货物的规格不同。

（2）客户信用的确认。

无论订单通过什么方式传递到配送中心，配送系统接受订单后都要核查客户的财务状况，以确定其是否有能力支付该订单的账款。具体做法是检查客户的应收账款是否已超过其信用额度。系统一般采取以下两种途径来核查客户的信用状况。

1）输入客户代号或客户名称。输入客户代号和客户名称后，系统即开始核查客户的信用状况，若客户的应收账款已超过其信用额度，系统会给予警示，为输入人员决定是继续输入其订货资料还是拒绝为其订货提供参考。

2）输入订货资料。当输入客户的订购资料后，如果客户此次订购金额加上以前累计的应收账款金额超过信用额度，系统会将此订货资料锁定，以便主管审核。审核通过后，此订货资料才能进入下一个处理步骤。

（3）订单形态的确认。

配送中心在面对众多的交易对象时，需要根据客户的不同需求采取不同的交易及处理方式。表2-1-6所示为订单形态说明。

表2-1-6 订单形态说明

订单类别	交易形态	处理方式
一般交易订单	接单后按正常的作业程序拣选、出货、发送、收款的订单	接单后，将资料输入订单处理系统，按正常的订单处理程序处理，资料处理完后进行拣选、出货、发送、收款等作业
现销式交易订单	与客户当场直接交易，直接交货的交易订单	将订单资料输入后，因此时货已交给客户，所以，订单资料不再参与拣选、出货、发送等作业，只记录交易资料即可
间接交易订单	客户向配送中心订货，由供应商直接配送给客户的交易订单	接到间接交易订单后，将客户的出货资料传给供应商由其代配，需要将配送中心的出货单与供应商的送货单加以核对确认
合约式交易订单	与客户签订配送契约的交易订单，如签订某一期间内定时配送某数量商品的订单	接到订单后，在约定的送货日，将配送资料输入系统以便出货配送；或一开始便输入合同内容中的订货资料并设定各批次送货时间，以便使系统在约定日期自动产生送货所需的订单资料
寄库式交易订单	客户因促销、降价等市场因素先行订购一定数量的商品，根据需求再要求出货的订单	当客户要求配送寄库商品时，系统应核查客户是否确实有此项寄库商品。若有，则出此项商品，否则应加以拒绝。出货时应扣除商品的寄库量
兑换券交易订单	客户兑换券所兑换商品的订单	系统应核查客户是否确有此兑换券回收资料，按兑换券兑换的商品及兑换条件予以出货，并应扣除客户的兑换券回收资料

（4）订货价格的确认。

不同的客户、不同的订购量，可能有不同的价格。在输入价格时应核对送货单的价格与采购单的价格是否相符，若价格不符，系统会加以锁定，以便主管审核。

（5）加工包装的确认。

对于客户订购的商品，应核对是否有特殊的包装、分装或贴标等要求，对有关赠品的包装等资料也应加以确认和记录，并在订单上注明出货要求。

（6）设定订单号码。

每一个订单必须有唯一的订单号码，此号码由控制单位或成本单位来确定。它除了便于计算成本外，还有利于采购结算、配送等一切相关工作。所有工作的说明单及进度报告等都应附有此号码。

知识提示：

减缓高峰订单拥挤，订单确认作业平均化的方法如下：

（1）截止订货时间：在订货截止时间的前一小时通常会出现大量订单，为避免这种巨额的订单在某一时刻涌入，可将客户分类，对每类客户分别设定其订货截止时间，以分散高峰订货量。

（2）在账款结算日的后一天，常有大量订单出现，可设定多种结算日期，以分散高峰时段的拥挤。

3. 建立客户档案

客户档案如表 2-1-7 所示。

表 2-1-7 客户档案

客户编号	20170004						
公司名称	华润万家（××店）			助记码		HRLW	
法人代表	张××		家庭地址	××市××区××佳园 ×-×-×××			
证件类型	营业执照		证件编号	1214573963××××			
公司地址	××市××街××路××-×号		邮编	118000			
办公电话	236××××		家庭电话	×××-326××××			
电子邮箱	—		QQ账号	—			
开户银行	××银行××支行		银行账号	362541××××			
公司性质	中外合资	所属银行	零售	注册资金	1 200 万元	经营范围	日用品、食品
信用额度	200 万元	忠诚度	高	满意度	高	应收账款	199.63 万元
客户类型	重点型		客户级别	A		配送范围	××市
建档时间	2001 年 12 月		维护时间	2019 年 4 月			
WEB 主页	—						
备注：							

对客户档案的资料情况进行详细记录、更新，不但有益于交易的顺利进行，而且有益于合作机会的增加。客户档案一般包括如下内容。

（1）客户的名称、编号、等级型态（产业交易性质）；

（2）客户的信用额度；

（3）客户的销售付款及折扣率的条件；

（4）开发或负责此客户业务员；

（5）客户的配送区域；

（6）客户的付款地址；

（7）客户地点配送路径顺序；

（8）客户地点适合的车辆形态；

（9）客户的卸货特性；

（10）客户的配送要求；

（11）过期的订单处理指示。

4. 存货查询和存货分配

存货查询的目的在于确认有效库存是否能满足客户订单需求，存货查询通常称为"事先拣选"。存货资料一般包括存货种类名称、最小可管理存货单位（stock keeping unit，SKU）、号码、产品描述、库存量、已分配存货、有效存货及客户要求的送货时间等。在输入客户订货商品名称、编号时，系统应核查存档的相关资料，看此商品是否缺货。若缺货，则生成相应的采购订单，以便与客户协调可否订购替代品或允许延迟交货。

存货分配分为单一订单分配和批次分配。

单一订单分配：此种情况多为线上即时分配，即在输入订单资料时，就将存货分配给该订单。

批次分配：累积汇总数笔已输入的订单资料后，再一次分配库存。配送中心因订单数量多、客户类型等级多，且多为每天固定配送次数，通常采取批次分配以确保库存能做最佳的分配。表 2-1-8 所示为批次划分原则说明。

表 2-1-8　批次划分原则说明

批次划分原则	说明
按接单顺序	将整个接单时段划分成几个区段，若一天有多个配送梯次，可配合配送梯次将订单按接单先后顺序分为几个批次处理
按配送区域路径	将同一配送区域路径的订单汇总一起处理
按配送加工需求	将需加工处理或需相同配送加工处理的订单汇总处理
按车辆需求	若配送商品需特殊的配送车辆（如低温车、冷冻车、冷藏车等）或客户所在地、卸货地需特殊形态车辆，可汇总合并处理

确定以批次分配划分订单后，在订单的某商品总出货量大于可分配的库存量时，可按表 2-1-9 所示的原则来分配有限的库存。

表 2-1-9　有限库存分配原则说明

有限库存分配原则	说明
特殊优先权者先分配	对于一些例外的订单，如缺货补货订单、延迟交货订单、紧急订单或远期订单，这些在上次即应承诺交货的订单，或客户提前预约或紧急需求的订单，应有优先取得存货的权利。因此当存货已补充或交货期限到时，应确定这些订单的优先分配权
按客户等级划分	按客户的等级进行库存分配，将客户重要性程度高的做优先分配
按订单交易金额划分	将对公司贡献度大的订单做优先处理
按客户信用状况划分	将信用较好的客户订单作优先处理
系统定义优先顺序	接受客户订单时先将优先顺序键入而后再做分配时即可按此顺序自动取舍，也就是建立一套订单处理的优先系统

5. 拣选顺序与拣选时间的确定

拣选顺序可依据仓储货位的状况及货物存放的位置来确定，其直接影响拣选的效率。

订单拣选标准时间的计算如下。

（1）每单元拣选标准时间的计算。先计算每一单元（一件、一箱）的拣选标准时间，将它设定于计算机记录标准时间档，将各单元的拣选时间记录下来。

（2）每项拣选标准时间的计算。有了单元拣选标准时间后，即可根据每项订购数量（多少单元），再配合每项的寻找时间，计算每项拣选的标准时间。

（3）整批订单拣选标准时间的计算。根据每张订单、每批订单的订货项目，加上一些纸上作业的时间，算出整批订单的拣选标准时间。

6. 缺货处理

若现有存货数量无法满足客户需求，客户又不愿意以替代品替代，那么，应按照客户意愿而定。有些客户不允许过期交货，而有些客户允许过期交货；有些客户希望所有订货一同送达并且要参照公司政策而定；有些公司可过期向客户进行分批补交货，但有些公司因成本原因不愿意向客户分批补交货。表 2-1-10 所示为缺货处理说明。

表 2-1-10　缺货处理说明

情况类别	约束条件	处理说明
客户不允许过期交货	公司无法重新调拨	删除订单上不足额的订货，或取消订单
	重新调拨	重新调拨分配订单
客户允许不足额订单		公司政策不希望分批出货，只好删除订单上的不足额部分
客户允许不足额订货补送	等待有货时再予以补送	等待有货时再予以补送
	处理下一张订单时补送	与下一张订单合并配送
	有时限延迟交货，并一次配送	客户允许一段时间的过期交货，并要求所有订单一次配送
	无时限延迟交货，并一次配送	无论需要等多久，客户皆允许过期交货，且希望所有订货一起送达，所以等待所有订货到达再出货
客户希望所有订单一次配送，且不允许过期交货	—	取消整张订单
根据公司政策	允许过期分批补货	由于分批出货的额外成本高，所以不愿意分批补货，宁可客户取消订单，或要求客户延迟交货日期

7. 订单资料处理输出

订单资料经过上述的处理后，即可开始打印输出单据，以进行后续的作业。输出单据包括拣选单、送货单、缺货处理表等。拣选单又分为分户拣选单和品种拣选单。

（1）分户拣选单。表 2-1-11 所示为分户拣选单。此表是单一客户、多个品种，所以此表只给出 3 行供填写，实际使用的拣选单由于商品种类可能很多，可按实际需要增加行数。

表 2-1-11　分户拣选单

拣选单					客户订单编号				
客户名称									
出货时间					出货货位号				
拣选时间	年　月　日　至　年　月　日				拣选人				
核查时间	年　月　日　至　年　月　日				核查人				
序号	储位号码	商品名称	规格型号	商品编号	包装单位			数量	备注
					箱	整托盘	单件		

（2）品种拣选单。表 2-1-12 所示为品种拣选单。此表是单一商品、多个客户，实际使用时，可根据需要增加客户数量。

动画 5　订单处理作业的改善

表 2-1-12　品种拣选单

拣选单号						包装单位		储位号码	
商品名称				数量		箱	整托盘	单件	
规格型号									
商品编码									
生产厂家									
拣选时间		年　月　日　至　　年　月　日					拣选人		
核查时间		年　月　日					核查人		
序号	订单编号	客户名称	包装单位			数量	出货单位	备注	
			箱	整托盘	单件				

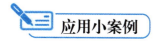 **应用小案例**

订单处理过程在零售企业中的应用

　　零售企业作为在生产者与消费者之间起中介作用的公司，其订单处理系统在设计时往往追求适度的自动化。由于有库存满足最终消费者的需求，所以零售企业通常不一定要求非常快的订货反应速度。库存在这里就作为一种缓冲，用于抵消补货周期的某些间接影响。

　　美国南方公司（The Southland Corporation）因拥有 7 800 家便利店（convenience store）而闻名于世。由于零售店内绝大部分空间都要用于售货，所以货架上的商品必须频繁得到补给。一旦货架上的某种商品缺货，店里也没有存货来补充货物，就要求订单处理系统必须方便、快捷、准确，以保证店里的货源充足。

　　每家分店都有一份针对该店印制的库存清单或订货指南（order guide），其上列明授权各分店销售的商品（authorized items）。店铺经理或工作人员先用一个手持电子订单录入器读出订货指南或货架上的条码，接着键入每种商品所需的数量后，该信息随后就通过电话线传到了南方公司的配送中心，在那里进入订单录入、订单履行系统。

　　配送中心的订单录入和订单履行系统把全天收到的订货及调整信息按商品、仓库汇总起来。在全部订单都收讫后，系统按商品、按各仓库供货区的订货量生成一张拣选单（picking list）。

　　同时，系统还监控各货架上的货量，一旦某货架上的库存量低于预先设定的临界值，系统就会生成一张大宗货物拣选单（bulk picking label），示意仓库的工作人员从托盘货物储存区提取一整箱货物，送到单品拣选区（unit picking location）。在这份大宗货物拣选单上，还标明应附在商品上的零售价格，并指明贴过价签后的商品应摆放在哪个拣选区。在单品拣选区，商品先是从货架后部补充进来的，后从货架的前部被放入塑料拣选箱或纸板物品箱里。

当大宗货物或托盘货物储存区的库存不足时，系统就会根据经济订货批量向采购人员提出理想的订货量。在采购人员审查订货量并视情况对订货规模作出调整后，系统即开始准备针对各供应商的采购订单。

系统还可以根据各分店订购货物的体积，利用可变的运输调度法安排卡车装货，调整送货线路。通过对各卡车车厢的合理配货，系统可以保证最大限度地利用载货空间，并使每条线路的行车里程最短。然后，系统按与装货次序相反的顺序打印交付收据（delivery receipt），方便各分店和货车司机清点货物。

美国南方公司从这个订单处理系统中受益匪浅，订单平均履行率在99%以上，仓库库存每22天可周转一次。

问题：美国南方公司的订单处理流程是什么？该流程有哪些优势？

任 务实施 > > > > > > > > > > > >

相关问题答案可在本部分正文内容中找到答案。

任务二　　订单有效性和客户优先权分析

引例分析 > > > > > > > > > > > >

2022 年 5 月 10 日上午 8 点半，李明正在华能零售商业有限公司配送中心实习，看到调度接到位于 R 市的三个门店订单（参照任务一）。

问题 1：这三张订单都是能够处理的订单吗？

问题 2：有效订单的依据是什么？

问题 3：配送中心需要对客户进行管理吗？为什么？

任务资讯 > > > > > > > > > > > >

一、订单有效性分析

并不是接收的所有客户订单，都要执行配送任务。那么，这又是为什么呢？因为不是所有订单都是可以操作的，所以要进行订单有效性的分析。以下引入实例进行说明，见表 2-2-1 的四张客户订单。

表 2-2-1　客户订单

德福公司采购订单

订单编号：D202205120101 　　　　　　　　　　　　　　　订货时间：2022.5.11

序号	商品名称	单位	单价/元	订购数量	金额/元	备注
1	婴儿纸尿裤	箱	100	5	500	
2	可乐年糕	箱	100	4	400	
3	农夫山泉饮用天然水 380 ml	箱	50	2	100	
4	芬达橙味汽水 600 ml	箱	50	9	450	
5	王老吉凉茶植物饮料 310 ml	箱	50	1	50	
6	雀巢优活饮用纯净水 550 ml	箱	50	1	50	
7	小茗同学冷泡冰橘绿茶 480 ml	箱	50	2	100	
8	美汁源 10%果粒橙 450 ml	箱	50	2	100	
9	脉动维生素饮料蜜桃味 600 ml	箱	50	2	100	
10	伊藤园浓味绿茶饮料 500 ml	箱	50	1	50	
11	乐虎氨基酸维生素功能饮料 250 ml	箱	50	1	50	
	合计	—	—	30	1 950	

德鄢公司采购订单

订单编号：D202205120102   订货时间：2022.5.11

序号	商品名称	单位	单价/元	订购数量	金额/元	备注
1	幸福方便面	箱	100	5	500	
2	可乐年糕	箱	100	2	200	
3	诚诚油炸花生仁	箱	100	1	100	
4	农夫山泉饮用天然水 380 ml	箱	50	1	50	
5	芬达橙味汽水 600 ml	箱	50	2	100	
6	王老吉凉茶植物饮料 310 ml	箱	50	1	50	
7	雀巢优活饮用纯净水 550 ml	箱	50	1	50	
8	小茗同学冷泡冰橘绿茶 480 ml	箱	50	2	100	
9	美汁源 10% 果粒橙 450 ml	箱	50	1	50	
10	脉动维生素饮料蜜桃味 600 ml	箱	50	2	100	
11	伊藤园浓味绿茶饮料 500 ml	箱	50	1	50	
12	乐虎氨基酸维生素功能饮料 250 ml	箱	50	1	50	
	合计	—	—	20	1 400	

德来公司采购订单

订单编号：D202205120103   订货时间：2021.5.11

序号	商品名称	单位	单价/元	订购数量	金额/元	备注
1	顺心奶嘴	箱	100	10	1 000	
2	可乐年糕	箱	100	3	300	
3	梦阳奶粉	箱	100	2	200	
4	农夫山泉饮用天然水 550 ml	箱	50	2	100	
5	百岁山饮用天然矿泉水 348 ml	箱	50	2	100	
6	恒大冰泉水 500 ml	箱	50	2	100	
7	康师傅包装饮用水 550 ml	箱	50	2	100	
8	小茗同学冷泡冰橘绿茶 480 ml	箱	50	1	50	
9	美汁源 10% 果粒橙 450 ml	箱	50	1	50	
10	脉动维生素饮料蜜桃味 600 ml	箱	50	1	50	
11	伊藤园浓味绿茶饮料 500 ml	箱	50	1	50	
12	乐虎氨基酸维生素功能饮料 250 ml	箱	50	1	50	
	合计	—	—	28	2 150	

德麟公司采购订单

订单编号：D202205120104 订货时间：2022.5.11

序号	商品名称	单位	单价/元	订购数量	金额/元	备注
1	婴儿湿巾	箱	100	7	700	
2	可乐年糕	箱	100	2	200	
3	隆达葡萄籽油	箱	100	2	200	
4	娃哈哈饮用纯净水 550 ml	箱	50	8	400	
5	龙志 3 号仙鹤尖匙	把	50	2	100	
6	清亮牙签牙线	包	50	2	100	
7	丫丫黑梳	包	50	2	100	
8	水晶刷	把	50	2	100	
9	清亮一次性雨衣	包	50	2	100	
10	机动车行驶驾驶证包装皮	包	50	2	100	
11	美目眼线贴	包	50	2	100	
12	澳娃记号笔	包	50	2	100	
13	好帮手洗澡巾	箱	50	2	100	
14	伊藤园浓味绿茶饮料 500 ml	箱	50	2	100	
15	乐虎氨基酸维生素功能饮料 250 ml	箱	50	2	100	
	合计	—	—	41	3 600	

　　在订单中，如果有的客户累计应收账款超出了信用额度，应将订单锁定，不予发货，待与客户沟通后进行下一步处理。在企业间的合作中，诚信是非常重要的，配送中心虽然允许先发货给客户，过一段时间后再结款，但是，这是有额度限制的。超出了信用额度，就要先结款，再发货。如果出现信用额度不足，那么很容易出现因订单被锁定而使供货不及时，这对企业自身来说，也是容易造成损失的。所以，无论是个人也好，企业间交易也好，都要做到诚实守信，诚信交易。

　　查阅了客户档案，表 2-2-2 所示为德福公司客户档案，在德福公司档案中，应收账款已经有 8.95 万元，加上本次订单的 2 050 元，已经超出了 9 万元的信用额度。所以，该订单应该锁定，不予发货。

表 2-2-2　德福公司客户档案

客户编号		2003020106			
公司名称		德福公司	助记码		DF
法人代表	赵××	家庭地址	××市××区××街××家园×-×××	联系方式	×××-3355××××
证件类型	营业执照	证件编号	1202134325××××	营销区域	××区

续表

公司地址	××市××区××大厦××-×-×		邮编	321×××	联系人	王××
办公电话	×××-38293647	家庭电话	×××-5346××××		传真号码	×××-3829××××
电子邮箱	—	QQ账号	—		MSN账号	—
开户银行	××银行××支行		银行账号	9372528903××××		
公司性质	民营	所属行业	零售	注册资金	300万元	经营范围	日用品、食品
信用额度	9万元	忠诚度	一般	满意度	一般	应收账款	8.95万元
客户类型	普通型		客户级别	C		
建档时间	2003年2月		维护时间	2021年6月		
WEB主页	—					

微课4 订单
有效性分析

表2-2-3所示为订单有效性分析。该表显示，德福公司除了信用额度不足外，还有货物单价错误；德来公司订单的订货日期错误；德麟公司的订单总金额错误；德鄠公司两张订单内容完全一样，连订单编号都一样，有一张订单是重复的。

表 2-2-3 订单有效性分析

订单有效性分析								
订单	客户	信用额度/万元	累计应收账款/万元	是否超出信用额度	订单金额错误	订单日期错误	订单重复	订单有效性
订单1	德福公司	9	9.155	是	否	否	否	无效
订单2	德鄠公司	190	187.14	否	否	否	否	有效
订单3	德来公司	150	142.215	否	否	是	否	无效
订单4	德麟公司	180	152.86	否	是	否	否	无效
订单5	德鄠公司	190	187.14	否	否	否	是	无效

经过分析只有一张订单是有效订单，如果给这些订单全都分配货物并发出拣选指令，会给后续的配送工作带来很多困难，给企业带来很大损失。

我们判断无效订单一般考虑如下因素：

（1）分析订单金额是否大于可用授信额度；

（2）分析订单金额是否正确；

（3）分析订单日期是否正确；

（4）分析订单数量是否大于现有库存数量；

（5）分析订单联系方式是否正确；

（6）分析订单收货地址是否正确。

二、客户优先权分析

配送中心在进行出库任务时经常会遇到库存数量不足的情况，在这种情况下，应该满足哪些客户的需求，减少哪些客户的供应呢？在这种情况下，区分客户优先权就很重要了。怎样分析客户优先权呢？以下引入实例来进行说明，如表 2-2-4 所示的客户订单。

表 2-2-4　客户订单

德福公司采购订单

订单编号：D202205120101　　　　　　　　　　　　　　　　　　　订货时间：2022.5.11

序号	商品名称	单位	单价/元	订购数量	金额/元	备注
1	婴儿纸尿裤	箱	100	5	500	
2	可乐年糕	箱	100	4	400	
3	农夫山泉饮用天然水 380 ml	箱	100	2	200	
4	芬达橙味汽水 600 ml	箱	100	9	900	
5	脉动维生素饮料蜜桃味 600 ml	箱	100	8	800	
	合计	—	—	28	2 800	
经办人：				部门主管：		

德鄢公司采购订单

订单编号：D202205120102　　　　　　　　　　　　　　　　　　　订货时间：2022.5.11

序号	商品名称	单位	单价/元	订购数量	金额/元	备注
1	婴儿纸尿裤	箱	100	12	1 200	
2	可乐年糕	箱	100	4	400	
3	农夫山泉饮用天然水 380 ml	箱	100	6	600	
4	芬达橙味汽水 600 ml	箱	100	5	500	
5	脉动维生素饮料蜜桃味 600 ml	箱	100	1	100	
	合计	—	—	30	3 000	
经办人：				部门主管：		

德来公司采购订单

订单编号：D202205120103　　　　　　　　　　　　　　　　　　　订货时间：2022.5.11

序号	商品名称	单位	单价/元	订购数量	金额/元	备注
1	顺心奶嘴	箱	100	10	1 000	
2	可乐年糕	箱	100	3	300	
3	梦阳奶粉	箱	100	2	200	
	合计	—	—	15	1 500	
经办人：				部门主管：		

德麟公司采购订单

订单编号：D202205120104   订货时间：2022.5.11

序号	商品名称	单位	单价/元	订购数量	金额/元	备注
1	婴儿湿巾	箱	100	7	700	
2	可乐年糕	箱	100	2	200	
3	隆达葡萄籽油	箱	100	2	200	
	合计	—	—	11	1 100	
经办人：				部门主管：		

现有四张有效订单，送货时间集中，查询库存发现货物分配不足。通常企业间的合作都会考虑长期合作利益的问题，配送中心会根据自己的发展战略，适当地选取一些重要指标来对客户进行衡量，以确定优先满足那些对自己更加重要的客户。表 2-2-5 所示为库存分配。表 2-2-6 所示为客户等级划分体系。

表 2-2-5 库存分配

商品名称	订单需求量				需求总量	库存数量	供需差额
	德福公司	德鄢公司	德来公司	德麟公司			
婴儿纸尿裤	5	12			17	10	−7
可乐年糕	4	4	3	2	13	10	−3
农夫山泉饮用天然水	2	6			8	10	2
芬达橙味汽水	9	5			14	10	−4
脉动维生素饮料蜜桃味	8	1			9	10	1
顺心奶嘴			10		10	10	0
梦阳奶粉		2			2	10	8
婴儿湿巾				7	7	10	3
隆达葡萄籽油				2	2	10	8

表 2-2-6 客户等级划分体系

指标 \ 公司	德福公司	德鄢公司	德来公司	德麟公司
忠诚度	一般	高	一般	一般
满意度	一般	高	较高	较高
客户类型	普通型	母公司	普通型	普通型
客户级别	C	A	C	B

微课 5 客户
优先权分析

以表 2-2-6 中的客户订单为例，如果配送中心以忠诚度、满意度、客户类型、客户级别作为客户优先权的评价标准，那么要先去查看一下各个客户的档案中对应指标是怎样的。然后根据各个指标的高低排序，赋予不同的分值。权重赋分如表 2-2-7所示。

表 2-2-7　权重赋分

权重赋分详情			
	5	4	3
忠诚度	高	较高	一般
满意度	高	较高	一般
客户类型	母公司	伙伴型	普通型
客户级别	A	B	C

再以评价标准为基础，设置各个指标的权重。忠诚度：0.4；满意度：0.3；客户类型：0.2；客户级别：0.1。然后用各个指标的权重乘以表 2-2-7 中相应的分值，得到最终评价分数。得分结果如表 2-2-8 所示。

表 2-2-8　得分结果

	权重赋分后实际得分				
	忠诚度：0.4	满意度：0.3	客户类型：0.2	客户级别：0.1	合计
德福公司	1.2	0.9	0.6	0.3	3
德鄢公司	2.0	1.5	1	0.5	5
德来公司	1.2	1.2	0.6	0.3	3.3
德麟公司	1.2	1.2	0.6	0.4	3.4

根据最终分值的高低，确定客户优先级顺序为德鄢公司、德麟公司、德来公司、德福公司。也就是说，配送中心将会减少对优先级顺序在后面的客户的送货量，优先权高的客户则不受影响。加优先权之后的库存分配如表 2-2-9 所示。

表 2-2-9　加优先权之后的库存分配

商品名称	订单需求量				需求总量	库存数量	供需差额
	德福公司	德鄢公司	德来公司	德麟公司			
婴儿纸尿裤	5	—	12	—	17	10	−7
可乐年糕	4	4	3	2	13	10	−3
农夫山泉饮用天然水 380 mL	2	6	—	—	8	10	2
芬达橙味汽水 600 mL	9	5			14	10	−4
脉动维生素饮料蜜桃味 600 mL	8	1			9	10	1
顺心奶嘴	—	—	10		10	10	0
梦阳奶粉	—	—	2		2	10	8
婴儿湿巾	—	—		7	7	10	3
隆达葡萄籽油	—	—	—	2	2	10	8

　　　4　　　　1　　　　3　　　　2

其实在选择客户优先权的评价指标时，很多不同的公司有着不同的选择。除上述指标之外，如贡献利润率、上季度（月）订单总额、信用额度、合作年限、送货距离、装卸货难度等都可以作为评价指标。

相关问题答案可在本部分正文内容中找到答案。

实践训练　订单处理作业情景实训

一、实践目的

从接到客户订单开始到准备着手拣选为止的作业阶段，称为订单处理作业。在订单处理的具体作业中，首先是接收订单，然后依次是确认货物品种、货物数量、送货日期、客户信用、订单形态、订货价格、包装形式，设定订单号码，建立客户档案；存货查询和分配存货；计算拣选的标准时间，依订单排定出货时间及拣选顺序，分配后存货不足的处理；订单资料处理输出；按订单供货；以及订单处理状态跟踪等。通过本项目的实训操作，培养并提高学生的订单处理作业操作技能。

二、实践任务

某校内物流配送中心的主要业务是为学校五个食堂进行所需物资的配送活动，这样可以更有效地控制食堂物资的来源，保证食品质量，进而保证学生及教职员工的用餐安全。目前主要配送的商品有米、面、油、蔬菜、肉类、鸡蛋、土豆、西红柿和副食调料。配送形式主要以日配为主。

假设目前配送中心有大米 300 袋、白面 250 袋、大豆油 60 桶、火腿肠 50 箱、土豆 100 kg、西红柿 50 kg、鸡蛋 30 kg、粉丝 20 kg，等等。2009 年 3 月 20 日下午各食堂下达订单 6 份，请对该订单进行处理（其中大米、白面的规格是每袋 25 kg，大豆油是每桶 5 kg，火腿肠是每箱 100 根）。具体订单见表 2-4-1。

表 2-4-1　订单

序号	客户名称	商品种类	数量	价格	送货时间	客户位置
1	A	白面	30 袋	2.6 元/kg	3 月 21 日下午 5：00 前	第一食堂
		鸡蛋	17 kg	6.1 元/kg		
		西红柿	22 kg	4.3 元/kg		
		火腿肠	5 箱	1 元/根		
		白菜	20 kg	1.2 元/kg		
		猪肉	15 kg	17 元/kg		
2	B	白面	30 袋	2.6 元/kg	3 月 21 日下午 5：00 前	第一食堂
		粉丝	15 kg	6.2 元/kg		
		土豆	60 kg	5 元/kg		
		大豆油	5 桶	6 元/kg		
		猪肉	25 kg	17 元/kg		

序号	客户名称	商品种类	数量	价格	送货时间	客户位置
3	C	大米	30 袋	2.4 元/kg	3 月 21 日下午 4:30 前	第一食堂
		白面	20 袋	2.6 元/kg		
		大豆油	10 桶	6 元/kg		
		粉丝	16 kg	6.2 元/kg		
		鸡肉	20 kg	10 元/kg		
		猪肉	25 kg	17 元/kg		
		西红柿	20 kg	4.3 元/kg		
		鸡蛋	13 kg	6.1 元/kg		
4	D	大米	30 袋	2.4 元/kg	3 月 21 日下午 4:40 前	第二食堂
		白面	20 袋	2.6 元/kg		
		大豆油	6 桶	6 元/kg		
		白菜	20 kg	1.2 元/kg		
		猪肉	15 kg	17 元/kg		
		鸡肉	20 kg	10 元/kg		
		火腿肠	2 箱	1 元/根		
5	E	猪肉	20 kg	17 元/kg	3 月 21 日下午 4:45 前	第二食堂
		白面	20 袋	2.6 元/kg		
		大豆油	10 桶	6 元/kg		
		火腿肠	10 箱	1 元/根		
		鸡肉	20 kg	10 元/kg		
		粉丝	13 kg	6.2 元/kg		
		西红柿	26 kg	4.3 元/kg		
		鸡蛋	9.5 kg	6.1 元/kg		
⋮	⋮	⋮	⋮	⋮	⋮	⋮
10	J	大米	30 袋	2.4 元/kg	3 月 21 日下午 5:00 前	第五食堂
		白面	10 袋	2.6 元/kg		
		大豆油	3 桶	6 元/kg		
		白菜	32 kg	1.2 元/kg		
		猪肉	45 kg	17 元/kg		
		鸡蛋	22 kg	6.1 元/kg		
		土豆	25 kg	5 元/kg		
		西红柿	40 kg	4.3 元/kg		

配送中心与五个食堂的位置及距离如图 2-3-1 所示。

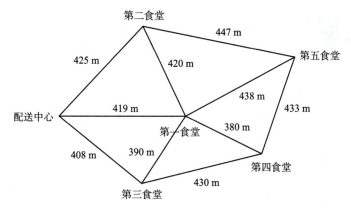

图 2-3-1　配送中心与五个食堂的位置及距离

三、实践道具
订单、拣选单、出库单、送货单。

四、实践操作时间
2 学时。

五、实践地点
物流实训室或教室。

六、实践考核标准

考核内容	考核标准	分值	实际得分
订单处理情景实训	订单内容确认仔细、无遗漏	10	
	订单编号、商品分类正确	10	
	查询准确、拣选单/采购单填写正确	10	
	出库单、送货单填写正确	10	
	配送线路图合理、科学	30	
	配载合理、科学	30	
合计		100	

课后练习

一、选择题（单选题）

1. 配送中心的业务活动是以（　　）发出的订货信息作为驱动源。

A. 生产订单　　　　B. 客户订单　　　　C. 采购订单　　　　D. 内部订单

2. 不同的订单交易形态有（　　）的订货处理方式。

A. 相同　　　　　　B. 不同　　　　　　C. 没有区别　　　　D. 差别不大

3. 接受订货是订单处理的第（　　）步。

A. 一　　　　　　　B. 二　　　　　　　C. 三　　　　　　　D. 四

4. （　　）的先后次序可能会影响所有订单的处理速度，也可能影响较重要订单的处理速度。

A. 订单录入　　　　B. 订单准备　　　　C. 订单履行　　　　D. 订单传输

5. 单处理过程的最后环节是（　　）。

A. 订单录入　　　　B. 订单准备　　　　C. 订单履行　　　　D. 订单状况报告

6. 设定订单处理的先后次序及相关程序，它们将改变所有订单处理的时间，描述的是（　　）。

A. 订单处理系统的技术水平　　　　　　B. 订单履行的准确度

C. 处理订单的先后顺序　　　　　　　　D. 订单的批处理

7. 掌握影响订单处理时间的因素，从而采取相应的措施，能够显著提高订单处理的效率和（　　）。

A. 企业利润　　　　　　　　　　　　　B. 客户服务水平

C. 订单处理的时间　　　　　　　　　　D. 减少缺货

8. （　　）是指输入所有的订单资料后，一次分配库存。

A. 单一订单分配　　B. 订单录入　　　　C. 批次分配　　　　D. 库存分配

9. 出现分配后存货不足的情况下，订单处理时按照删除订单上不足额的订货，或取消订单进行的情况是指（　　）。

A. 客户希望所有订单一次配送，且不允许过期交货

B. 客户允许不足额订货补送

C. 客户允许不足额订单

D. 客户不允许过期交货

二、简答题

1. 什么是订单处理？订单处理作业流程一般包括哪些方面？

2. 分配后存货不足的处理情况有哪些？

3. 请举例说明订单处理水平对配送的重要意义。

项目学习效果评价表

知识巩固与技能提高（40分）			得分：	
计分标准：得分＝系数(20/单选题个数)×正确单选题个数＋系数(20/简答题个数)×正确简答题个数				
学生自评（20分）			得分：	
计分标准：自测结果A的个数×2.5＋B的个数×1.5＋C的个数×1（此项分值上限为20分）				
专业能力	评价指标	自测结果	A 掌握；B 基本掌握；C 未掌握	
掌握订单处理作业流程	（1）订单定义	A□ B□ C□	能够正确确认订单内容，按正确流程进行订单处理作业	
	（2）订单内容	A□ B□ C□		
	（3）订单流程	A□ B□ C□		
能够完成订单有效性分析	（1）订单分析	A□ B□ C□	能够根据给的订单和客户档案进行完整的订单有效性分析	
	（2）客户等级分析	A□ B□ C□		
	（3）库存分析	A□ B□ C□		
职业道德思想意识	（1）认真严谨	A□ B□ C□	专业素质、思想意识得以提升，德才兼备	
	（2）遵守职业道德	A□ B□ C□		
	（3）团结合作	A□ B□ C□		
小组评价（20分）			得分：	
计分标准：得分＝10×A的个数＋5×B的个数＋3×C的个数				
团队合作	A□ B□ C□	沟通能力	A□ B□ C□	
教师评价（20分）			得分：	
教师评语				
总成绩		教师签字		

项目三　配送中心进货作业

　　职业素质导引："要做行业的先行者，就要耐得住寂寞。"从建立中国首个规模最大的第三方汽车物流自动化立体库，到打造国内最大的汽车物流无人仓，牵头申请并获得了 33 项专利技术，重庆长安民生物流股份有限公司智能设备研发经理李想，俨然成了智慧物流行业的先行者。作为新时代"物流人"的榜样，大家查阅资料阅读李想的先进事迹，思考李想的奋斗目标和进步的动力是什么？我们在工作和学习中怎样体现"爱国情怀"？你还知道哪些物流先进人物和先进事迹呢？

【知识目标】

掌握配送中心进货流程

了解配送中心进货注意事项

掌握货物检验方法

掌握智慧物流配送中心入库流程

【技能目标】

能够制订配送中心货物入库计划

能够按照正确流程进行货物入库操作

能够进行货物入库检验

能够根据配送中心的规定进行货物编号

能够进行货物储位编号

能够做货到人入库计划

能够进行智慧物流入库操作

【素质目标】

培养团队协作的能力

提升按照正确流程组织活动的能力

培养良好的物流职业素养

培养细致专注的工匠精神

> **课堂小互动**
>
> 　　小组互动讨论配送进货需要哪些岗位？需要具备哪些职业能力？

任务一　进货作业

引 例分析 >>>>>>>>>>>>

　　2021年1月10日上午，李明在华能零售商业有限公司配送中心实习。当配送中心主管正在介绍新建立的智慧型配送中心时，主管接到公司采购中心的电话，通知他有一批新采购回来的物资需要安排入库，应及时办理进货并入库。配送中心主管要求李明安排本次任务。入库任务单如表3-1-1所示。

知识提示：
　　进货作业的概念是指对物品做实体上的接收，包括从货车上将货物卸下，并检验该货物的数量及状态（数量检验、品质检验、技术检验、开箱检验等），然后将必要的信息书面化等工作。

表3-1-1　入库任务单

入库任务单编号：R10062301　　　　　　　　　　　　　　　计划入库时间：到货当日

序号	商品名称	包装规格（mm×mm×mm）	单价/（元/箱）	质量/kg	入库数量/箱
1	康师傅冰红茶	308×188×230	26	—	5
2	小当家干脆面	318×188×240	16	—	6
3	可口可乐	383×255×220	24	—	4
4	雪碧	349×212×211	22	—	4
5	康师傅小鸡炖蘑菇面	390×260×220	45	—	6
6	康师傅西红柿鸡蛋面	340×250×255	45	—	5

　　问题1：李明作为收货部暂时负责人，应该如何组织这次收货作业？
　　问题2：配送中心入库流程是什么？应该做好哪些准备？
　　问题3：在配送中心订单的处理流程是什么？需要检验吗？如何检验？
　　问题4：配送中心入库具体的流程是什么？
　　问题5：配送中心入库相应的信息处理包括哪些工作？

任 务资讯 >>>>>>>>>>>>

　　进货是商品进入配送中心的第一阶段，进货作业包括把商品做实体上的接收、接货、卸货、检验入库，然后将有关信息书面化等一系列工作。

一、进货作业的流程

　　商品进货作业是后续作业的基础和前提，进货工作的质量直接影响后续作业的质量。进货作业的流程包括以下主要环节，如图3-1-1所示。

图 3-1-1　进货作业的流程

二、进货计划

1. 进货设计原则

为让搬运者安全、有效率地卸货，使配送中心能迅速、正确地收货，在规划进货计划时要注意以下原则。

（1）尽可能将多样活动集中在一个工作站，以节省必要的空间。

（2）尽可能平衡停泊码头的配车，如按照进出货需求状况制订配车安排，不要将耗时的进货放在高峰时间。

（3）码头月台至储存区的移动尽量保持直线。

（4）依据商品相关性安排活动，使距离最小化或减少步行的机会。

（5）安排人力在高峰时间使商品能维持正常速率的移动。

（6）使用可流通的容器，以减少更换容器的动作。

（7）为方便后续存取和查询的需要，应详细记录进货信息。

（8）为小量的进货准备小车。

（9）在进出货期间尽可能省略不必要的商品搬运及储存。

2. 进货时考虑的因素

在制订进货计划时需要考虑的因素包括以下几个方面。

（1）进货对象及供应厂商总数，即一日内的供应厂商总数（平均、最多）。

（2）商品种类与数量，即一日内的进货项数（平均、最多）。

（3）进货车的种类与数量，车数/日（平均、最多）。

（4）每辆车的卸（进）货时间。

（5）商品的形状、特性，如散货、单元的尺寸及质量、包装模式、是否具有危险性、托盘叠卸的可能性、人工搬运或机械搬运、产品的保存期限等。

（6）进货场地人员数（平均、最多）。

（7）配合储存作业的处理方式。

（8）每一时刻进货车的数量调查。

3. 进货单位的转换

储存作业的处理方式，一般配送中心有托盘、箱子、小包 3 种储存方式，同样地，卡车进货也有此 3 种方式。在进货储存时要注意 3 种方式的转换，可分为 3 种状况。配送中心储存方式与卡车进货的衔接如表 3-1-2 所示。

知识提示：

配送中心进货单位可分成托盘、箱、小包 3 种方式，分别用 P、C、B 表示。一般来说，进货单位大于等于储存单位而储存单位大于等于拣选单元。

表 3-1-2　配送中心储存方式与卡车进货的衔接

分类	包装方式		采取的措施
状况 1：进货与储存都以同样的单位	进货	托盘-托盘 箱子-箱子 小包-小包　储存	进货输送机直接将商品运至储存区
状况 2：储存以小包为单位，但进货以托盘、箱子为单位；或储存以箱子为单位，但进货以托盘为单位	进货	托盘-小包 箱子-小包 托盘-箱子　储存	在进货点做卸托或拆装的动作，再拆箱将小包放至输送机上
状况 3：储存以托盘为单位，但进货以小包或箱子为单位；或储存以箱子为单位，但进货以小包为单位	进货	小包-箱子 箱子-托盘 小包-托盘　储存	小包或箱子必先堆叠至托盘上或小包必先装入箱子后再储存

此外，要切实做好进货管理，要事先制订可遵循的进货管理标准。主要的进货管理标准应包含订购量计算标准书，有关订购手续的标准，进货日期管理（进货日期跟催、进货日期变更的手续），有关订购取消及补偿手续，对进货源的货款支付标准、手续及购入合同书等。

4. 进货卸货工作

卸货是将商品由车辆搬至码头的动作，搬运时要注意车辆与月台间的间隙。一般卸货码头为了作业安全与方便起见，常采用 4 种设施来卸货：可移动式楔块、升降平台、车尾升降平台和码头吊钩。

除了使用以上 4 种设施来克服车辆与月台间的间隙外，若车辆后车厢高度与码头月台同高，则可考虑直接将车辆尾端开入月台的方式，这样车辆与月台结合得更紧密，装卸作业更方便，更能发挥对商品的保护效果。车尾升降平台如图 3-1-2 所示。

图 3-1-2　车尾升降平台

某超市进货环节的 RFID 技术应用

2005 年 6 月某超市首席信息官（chief information officer，CIO）表示，在中国 104 家超市、36 家山姆会员店和 36 个配送中心都已经使用了 RFID 技术。参与这个项目的已有 100 多个供应商，55 000 个托盘，收到贴有标签的货箱 189 万个。在配送中心的传送带上，零售商已经获得了 95% 的识读率，在分销的最后一环操作，也就是将货箱拆开放进压缩机的过程，读取率达到 98%。最大的问题还是读取整个货盘上所有货箱标签的读取率，目前只有 66%。CIO 说，2006 年 1 月某超市前 200 名供应商都将在外包装盒和托盘上使用 RFID 标签，占超市整个 RFID 线路图的 20%。

阿肯色大学最近一项长达 7 个月的研究发现，在使用 RFID 标签的商场里面的商品脱销现象减少 16%，RFID 技术在商品补充上要比传统条码技术快 3 倍。研究报告称，由于 RFID 技术的应用，人工订单已经减少大约 10%，从而也减少了存货。研究显示，在对脱销产品的及时补充方面，安装 RFID 设备的商店要比普通商店的效率高出 63%。除了提高库存产品的可视性外，通过使用 RFID，还可在整个供应链中减少库存，进而减少花费。

RFID 还改进了客户服务水平。对新鲜商品，如新鲜食品、新鲜蛋糕还有另外一些容易变质的商品，可通过有效期进行控制。30 min 之后，某超市读到的信息会反馈给供应商，和他们共享。供应商可以用同样的形式跟踪这些货物，他们也可以发现同样的问题，包括是否缺货，从而构成了一个真正进行实时跟踪的系统。

对到库商品进行理货、分类后，根据有关单据和进货信息等凭证清点到货数量，确保入库商品数量准确，同时，通过目测或借助检验仪器对商品质量和包装情况进行检查，并填写检验单据和其他检验凭证。对查出的问题应及时进行处理，以保证入库商品在数量及质量方面的准确性，避免给企业造成损失。

三、商品的编码标识（物流职业资格考试内容）

1. 商品编码的原则

商品编码的基本原则有以下几个方面。

（1）简易性。编码应将商品化繁为简，便于商品的处理。

（2）完全性。编码要使每一项商品都有一种编码代替。

（3）单一性。每一个编码只能代表一项商品。

（4）一贯性。编码要统一而有连贯性。

（5）充足性。编码所采用的文字、记号或数字，必须有足够的数量来编码。

（6）扩充弹性。为未来商品的扩展及产品规格的增加预留编码空间，使编码可按照需要来自由延伸，或随时从中插入。

（7）组织性。编码应有组织，以便存档或查询相关资料。

（8）易记性。编码应选择易于记忆的文字、符号或数字，或富于暗示及联想性。

（9）分类展开性。若商品过于复杂使得编码庞大，则应使用渐进分类的方式来做层级式的编码。

（10）机械性。编码应考虑与事务性机器或计算机的配合。

2. 商品编码的方法

商品编码的方法很多，常见的有无含义编码和有含义编码。无含义编码通常可以采用流水顺序码来编排；有含义编码是在对商品进行分类的基础上，采用序列顺序码、层次码等进行编排的。在仓库管理中可以采用以下几种编码方法进行编排。

（1）流水编码法。

流水编码法又称顺序码和延伸式编码，其编码方法是将阿拉伯数字或英文字母按顺序往下编排，示例如表3-1-3所示。流水编码的优点是代码简单、使用方便、易于延伸，对编码对象的顺序无任何特殊规定性要求；缺点是编码本身不会给出任何有关商品的其他信息。流水编码多用于账号或发票编码。

表3-1-3　流水编码法示例

商品分组	类别	形状	供应商	尺寸
商品编码	07	5	006	110

（2）分组编码法。

分组编码法是按商品特性分成多个数字组，每组代表商品的一种特性。例如，第一组代表商品类别，第二组代表商品形状，第三组代表商品的供应商，第四组代表商品的尺寸。分组编码方法的编码结构简单、容量大、便于计算机管理，在仓库管理中使用较广。例如，075006110可以描述的内容如表3-1-4所示，其编码的意义如表3-1-5所示。

表3-1-4 编码的内容

编码	商品名称
1	香皂
2	肥皂
3	洗涤剂
⋮	⋮
n	洗衣粉

表3-1-5 编码的意义

商品编码	类别	形状	供应商	尺寸	意义
075006110	07				饮料
		5			圆瓶
			006		统一
				110	110 mm×200 mm×400 mm

（3）数字分段编码法。

数字分段编码法是把数字分段，每一段代表具有共同特征的一类商品。数字分段编码法示例如表3-1-6所示。

表3-1-6 数字分段编码法示例

编码	商品名称
1	4支装牙膏
2	6支装牙膏
3	12支装牙膏
4	牙膏预留编码
5	牙膏预留编码
6	A牙膏
7	B牙膏
8	C牙膏
9	牙膏预留编码
10	牙膏预留编码
11	牙膏预留编码
12	牙膏预留编码

（4）后数位编码法。

后数位编码法是利用编码末尾数字，对同类商品进一步分类编码。后数位编码法示例如表3-1-7所示。

动画6 商品编码

表 3-1-7　后数位编码法示例

商品编码	商品名称
380	服装
390	女装
391	上衣
391.1	衬衫
391.11	白色

（5）实际意义编码法。

实际意义编码法是指根据商品的名称、质量、尺寸、分区、储位、保存期限等其他实际情况来对商品进行编码。应用实际意义进行编码的特点是通过商品编码能够迅速了解商品的内容及相关信息。例如，FO4915B1 的实际意义如表 3-1-8 所示。

表 3-1-8　实际意义编码法示例

商品编码		含义
FO4915B1	FO	food，表示食品类
	4915	尺寸为 4 mm×9 mm×15 mm
	B	B 区，商品储存区号
	1	第一排货架

（6）暗示编码法。

暗示编码法是指采用数字与文字组合进行编码，编码暗示商品的内容和有关信息。暗示编码法容易记忆，又可防止商品信息外泄。例如，BY005WB10 的暗示意义如表 3-1-9 所示。

表 3-1-9　暗示编码法示例

属性	商品名称	尺寸	颜色与形式	供应商
编码	BY	005	WB	10
含义	自行车（bicycle）	型号为 5 号	白色（white）、小孩型（boys）	供应商的代号

数字编码方法编码结构

如果采用层次编码，编码分 6 个层次，各层分别命名为大部类（客户）、部类（商品类别）、大类（具体类别）、中类（更具体类别）、小类（型号）、细类（识别码）。

例如：金立手机型号为 CK584 的货品编码为 C.1.002.0.584.A。

如果货物明细如表 3-1-10 所示。

表 3-1-10 货物明细

序号	商品描述	型号
1	LG 手机	P970
2	苹果 iPhone5	A1429
3	vivo WCDMA 数字移动电话机	vivo E5
4	三星 Galaxy Note2 手机	GT-N7108
5	苹果便携式计算机 IPAD2	A1432
6	苹果 iPhone4S（白色）	A1431
7	小米手机	2013021
8	苹果 iPhone4S（黑色）	A1431
9	帕克斯吹风机	9806
10	HTC 手机	S510e
11	联想 WCDMA 数字移动电话机	S890

公司提供了一套公司内部编码方案，如表 3-1-11 所示，以供参考。

表 3-1-11 公司内部编码方案

项目	客户	大类	中类	小类	型号	识别码
		3G 家电	日用电器	日用小家电		
				日用大家电		
			移动通信			
	常德美贸易公司	家居饰品			新旧款	
		时尚				
		赠品				
代码	C	1~6	001~010	0~9	000	A
位置	第 1 位	第 2 位	第 3~5 位	第 6 位	第 7~9 位	第 10 位
位数	1	1	3	1	3	1

思考：你能够根据提示和所学知识为表 3-1-10 的货物编码吗？

四、进货检验

1. 进货检验的目的

进货检验是商业物流工作中的一个重要环节。检验的目的是保证商品能及时、准确、安全地发运到目的地。供应商送来的商品来自各工厂和仓库，在送货过程中相互有交接关系，检验的目的之一在于与送货单位分清责任。因为在商品运输过程中，因种种原因，可能会造成商品丢失、损坏，更应供需双方当面查点交接，以便分清责任。

2. 收货检验的内容

收货检验工作是一项细致复杂的工作，一定要仔细核对，才能做到准确无误。从目前实际情况来看，有两种核对方法，即"三核对"和全核对。

"三核对"即核对商品条码（或物流条码），核对商品的件数，核对商品包装上品名、规格、细数。只有做到这"三核对"，才能达到品类相符、件数准确。在使用托盘收货时，要做到"三核对"有一定难度，故收货时采取边收边验的方法，才能保证"三核对"的执行。有的商品在进行了"三核对"后，仍会产生一些规格和等级上的差错，如品种繁多的小商品。对这类商品则要采取全核对的方法，要以单对货，核对所有项目，即品名、规格、颜色、等级、标准等，才能保证单货相符、准确无误。

3. 收货前的准备工作

在配送中心的商品集中待运过程中，往往情况变化很多，有时大量集中到达，有时零星分散到达。收货工作必须根据具体情况做好各项准备工作，才能保证现场作业顺利进行。收货前的准备工作如下。

（1）根据供应商的送货预报，在移动式计算机终端（如手掌机）内输入这些商品的条码以及本日到货的所有预报信息。送货人员要根据各种不同的来货方式，了解送货规律和利用预报资源以及掌握到的资料，安排好足够大的收货场地和叉车等搬运机械，使到达的商品能及时卸车堆放。

（2）准备好收货所需的空托盘，将商品直接卸在托盘上。

（3）预备好有关用具，避免临时忙乱。一般应准备好收货回单图章、存放单据盒（或夹子）、物流条码（或粉笔）以及包装加固的工具等。

4. 商品检验的要求和方法

商品检验是交接双方划分责任的界限，要实现把完好的商品收进来，通过配送再把完好的商品送给门店（或客户）。为此，必须经过商品条码、数量、质量、包装4个方面的检验。

（1）商品条码检验。在作业时要抓住两个关键：一个是检验该商品是否是有送货预报的商品，另一个是检验该商品的条码与商品数据库内已登录的资料是否相符。

微课6 商品检验

（2）数量检验。由于配送中心的收货工作非常繁忙，经常会几辆卡车会接连到达，逐车检验很费时间，而送货卡车又不愿久等，所以一般采取"先卸后验"的办法。即由卡车送货人员按不同的商品分别码托盘，收货员接过随货同行单据，并用移动式计算机终端核对实送数量与预报数量是否相符。当几辆卡车同时卸车时，先卸毕的先检验，交叉进行。既可节省人力，又可加快检验速度；既便于点验，又有利于防止差错。易碎流质商品在卸车时，应采取"边卸边验"的方式，采取"听声响、看异状"等手段，以便发现问题、分清责任。这既完成了数量检验又可附带完成了质量检验。数量检验，从"数量"二字的含义来说，除了检验大件外，还需检验"细数"以及散装、畸形、零星等各种商品。

细数是指商品包装内部的数量，即商品价格计算的单位，如"双""条""支""瓶""根"等数量就统称为细数。数量检验在单据与货物核对时还有"规格检验"，它是包含在数量检验范畴内的，如商品包装上的品名、规格、数量等。

例如，洗衣粉应核对牌名，同牌名不同规格的还要核对每小包的克数，以及包装的区别。

（3）质量检验。由于交接时间短促和现场码盘等条件的限制，在收货检验时，一般只能用"看""闻""听""摇""拍""摸"等感官检验方法，检验范围也只能是包装外表。

1）在检验流汁商品时，应检验包装箱外表有无污渍（包括干渍和湿渍）。若有污渍，则必须拆箱检查并调换包装。

2）在检验玻璃制品（包括部分玻璃制作的制品）时，要件件摇动或倾倒细听声响，这种检验方法是使用"听"的方法，经摇动发现破碎声响，应当场拆箱检查破碎细数和程度，以明确交接责任。

3）在检验香水、花露水等商品时，除了"听声响"外，还可以在箱子封口处"闻"一下，如果闻到香气严重刺鼻，可以判定内部商品必定有异状，即使开箱检查内部没有破碎，也至少是瓶盖密封不严。若经过较长时间储存或运输中的振动，香水、花露水等流汁商品肯定会外溢损耗。

4）在检验针棉织品等怕湿商品时，要注意包装外表应无水渍。

5）在检验有有效期的商品时，必须严格注意商品的出厂日期，并按照公司的规定把关，防止商品失效和变质。

（4）包装检验。包装检验的目的是保证商品在运行途中的安全。物流包装在正常的保管、装卸和运送中，一般不会受颠簸、挤轧、摩擦、叠压、污染等的影响。在包装检验时，应具体检查纸箱封条是否破裂、箱盖（底）摇板是否粘牢、纸箱内包装或商品是否外露、纸箱是否受潮等。

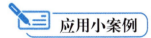 **应用小案例**

1999年10月，江西省新华书店、江西省外文书店和南昌市新华书店3家合并，组建了江西省新华书店联合有限公司。如今江西省店已经与全省11个中心门店和部分县店建立了跨地区的直营连锁经营关系，与40余家符合条件的书店建立了加盟连锁关系，还有行业外的加盟店3个，初步建立了江西省新华书店系统连锁经营体系。实施连锁经营后，江西省店的连锁门店的进货权被取消。由于信息不畅通，总店的业务部门无法了解连锁门店的实际需求与销售动态，对所配发的图书品种是否对路、数量是否恰当都不太了解，只能凭臆想办事，造成销售量下降。此外，配送不快捷、退货不及时都严重制约着连锁店的销售，有的店面日流水金额甚至只有1 000元左右。

问题：

（1）假如你是该公司的经理，你认为应该采取什么措施，使该公司从此困境中摆脱出来？

（2）结合你采取的措施，谈谈该措施实施后将对公司产生什么影响？

课堂小互动

大家讨论：怎样做到减少商品检验的失误次数？如果在商品检验环节出现失误会怎样？

任务实施 > > > > > > > > > > > >

表 3-1-12 所示为入库单，配送中心入库作业可参考之前学习内容。

表 3-1-12 入库单

日期：

时间：

编号：

序号	商品名称	包装规格/ （mm×mm×mm）	商品编码	单位	储位编码	预计进货数量	实际进货数量
1	康师傅冰红茶	308×188×230	K02030101	箱	A01202	5	5
2	小当家干脆面	318×188×240	X01010101	箱	A02303	6	6
3	可口可乐	383×255×220	L02020101	箱	A01203	4	4
4	雪碧	349×212×211	L02020201	箱	A01201	4	4
5	康师傅小鸡炖蘑菇面	390×260×220	K01020201	箱	A02301	6	6
6	康师傅西红柿鸡蛋面	340×250×255	K01020101	箱	A02302	5	5

商品编码说明：

字母为供货商代码，如 K；

第 1、第 2 位数字为大类编号，如食品 01，饮料 02；

第 3、第 4 位数字为中类编号，如果汁 01，气泡饮料 02，非气泡软饮料 03；干脆面 01，方便面 02；

第 5、第 6 位数字为小类编号，如冰红茶 01，可口可乐 01，雪碧 02；原味干脆面 01，康师傅西红柿鸡蛋面 01，康师傅小鸡炖蘑菇面 02；

第 7、第 8 位数字为细类，正常位 01；非正常位 02。

储位编码（按照四号定位法设置）说明：

字母为库区号码，如 A；

第 1、第 2 位数字为货架号，如 01；

第 3 位数字为层号，如 2；

第 4、第 5 位数字为列号，如 01。

主管：

任务二　智慧物流配送中心入库作业解决方案

引 例分析 >>>>>>>>>>>>

李明已经对配送中心的进货流程有了一个初步的了解。华能零售商业有限公司位于 S 市的配送中心现已完成一个库区的智慧配送设备设施的改建。李明想知道，如果在智慧型配送中心里，同样的入库任务单应该怎样进行安排和操作呢？入库任务单如表 3-2-1 所示。

表 3-2-1　入库任务单

入库任务单编号：R10062301　　　　　　　　　　　　　　　　　计划入库时间：到货当日

序号	商品名称	包装规格/（mm×mm×mm）	单价/（元/箱）	质量/kg	入库数量/箱
1	康师傅冰红茶	308×188×230	26	—	5
2	小当家干脆面	318×188×240	16	—	6
3	可口可乐	383×255×220	24	—	4
4	雪碧	349×212×211	22	—	4
5	康师傅小鸡炖蘑菇面	390×260×220	45	—	6
6	康师傅西红柿鸡蛋面	340×250×255	45	—	5

问题 1：智慧物流配送中心采购入库流程有哪些？

问题 2：智慧物流入库任务有哪些种类？

问题 3：智慧物流配送中心的货物检验要求是什么？

任 务资讯 >>>>>>>>>>>>

智慧物流配送中心采购入库流程

1. 预约送货

仓储入库部门在接收商家以邮件、微信、电话等形式的预约送货要求时，应要求商家提供商品送货时间、数量、产品 SKU 清单等相关内容信息。

仓储入库部门在确认预约送货要求后，应确认是否可以接收到货，并告知停靠月台，同时对预约送货计划进行生产排期，做好相应人力设备准备，保证商品正常到货入库。

2. 到库签收

商品到达后，配送中心安排人员卸货。工作人员根据商品特性、业务需求清点并签收。在送货车辆、人员到达后，将车辆停靠在指定月台做卸货准备。

卸货注意事项如下。

（1）装卸、搬运作业需符合商品包装上的储运图示标志要求，无图示标志要求的以不损坏商品外包装和使用价值为准；

（2）商品应根据 SKU、品类、保质期或库房操作需求进行卸货堆码，符合物品理化性质要求；

（3）堆码整齐、美观，商品大不压小，重不压轻，码放高度不超过 1.6 m；

（4）对潮湿、变质、残损及包装有异状的物品做好记录或按与客户的约定处理，并单独存放；

（5）其他客户特别卸货需求。

3. 清点签收

卸货完成后，收货人员清点商品数量、质量等信息，核对与商家预约送货的信息是否一致。出现不一致时，需及时将信息反馈给客户处理。

清点签收注意事项如下。

（1）检查商品实际到商品数量是否与预约数量、送货单上的数量一致；

（2）检查商品外包装是否存在穿透、破损、水渍、严重变形情况，封箱胶带是否完好；

（3）如需开箱抽检的商品，按照到货总数的 5%～20% 进行抽检，抽检商品数量、型号是否一致，保质期是否正确，商品是否存在残损。

收货单据签收应根据实际到货情况进行签收，并盖专用章。收货签收单需明确签收数量、异常备注、签收人姓名、签收日期，字体工整清晰并留档保存至少一年。清点签收如图 3-2-1 所示。

图 3-2-1　清点并签收

4. 系统收货

商品签收后，保管人员对商品进行系统收货前的整理，以提升收货质量。若商品为新品，保管人员需要在系统中录入实物信息。若客户要求对商品加工处理，保管人员则对其进行增值服务操作。完成之后，再系统收货。

理货：商品入库后需根据客户需求进行理货处理。理货过程中如出现商品数量、规格、质量等问题时，需及时将信息反馈给客户处理。

新品采样：新品商品入库必须进行新品采样操作，以维护商品基础信息。操作时应保证商品测量数据准确，可折叠的商品应折叠后再进行测量。录入系统数据时，注意尺寸等单位的转换。

增值服务：需要进行拆组套、贴码等增值服务的商品，应记录好增值服务内容、商品及数量等相关信息，以便与商家结算增值服务费。

系统收货：商品理货完成后，进行系统收货操作。

（1）启动智慧仓库管理系统，在系统界面输入登录账号、密码。

（2）进入配餐界面设置入库任务单数量、商品件数、完成比率等信息。

（3）系统建模之后进入工作站，选择 WORK 工作界面，开始货物入库操作。

（4）选择货架，释放机器人，系统界面显示机器人编号、货架信息、货位信息以及入库上架操作板，等待机器人送货架到上架工作台。

（5）单击上架操作按钮，绑定货位，选择商品或者单击上架操作按钮，绑定货位，扫描商品条码。一个容器绑定多个商品条码，要逐个对商品条码进行扫描，直至该容器绑定商品全部上架完成。任何情况下，禁止手动输入条码。

（6）将商品放入绑定货位，之后在系统中增加该商品库存数量（在结束上架任务之前，需确认此上架的商品是否超过货位边缘，纸箱是否处于闭合的状态）。

（7）货架商品入库完成之后确认信息（核实上架数量是否一致，如不一致可根据实际上架数量进行更改。单击【+】增加数量，单击【−】减少数量，也可用键盘手动输入数量。先放入商品，再输入上架数量），货架入库，释放机器人，调取新的货架进行其他商品入库上架操作。

（8）鱼丝带固定：先将鱼丝带卡扣卡在货架合适高度，然后用力按住鱼丝带卡扣，朝货架内侧推，鱼丝带卡扣处于牢固状态。在给货架安装鱼丝带时，需双手操作，其中有一只手固定住一边的鱼丝带，以免鱼丝带脱落。

（9）纠错：释放货架，在系统中单击错误商品货位，在货位取出商品，系统中减去商品件数即可。

知识提示：

本次采用机器人货架为双面货架（四层两列），货架号编码为七位字符。开始字符 A（标识机器人工作区域），货架正面编号为 F、货架背面编号为 B。例如，A000001B 为一号货架背面；货架格口（货位）号为对应货架层号和列号，如 B1A 为背面第一层第一列。

5. 系统收货的注意事项

（1）系统收货员工应使用操作人账号登录系统，严禁使用他人账号进行操作；

（2）商品收货前应对商品进行全面检查，参考残品标准对商品进行正残品的判断；

（3）在商品收货过程中应确认系统数量与实际数量一致，严禁手工输入条码进行收货；

（4）对于有保质期的商品，应仔细辨别生产/到期日期和保质期限，并按实际填写；

（5）商品入库后除客户特殊要求外，需在商品到货时间后 24 h 内完成理货、收货操作。

拓展阅读

入库管理安全要求与 6S 要求

（1）在仓库内不允许穿拖鞋和露脚指头的鞋。

（2）到货清单（收货单），纸质单据需由专人保存 1 年以上，以备收货问题追溯时进行举证。

（3）禁止现场用明火或抽烟等现象。

（4）货运人员到库内进行卸货等作业，需遵守库内安全规定。

（5）仓库内不允许穿短裤、裙子。

（6）收货完毕后，需对收货区域进行 6S 整理。

（7）卸货人员和司机不得越过垛口红线。

（8）应在监控覆盖范围内完成理货和收货作业。

入库管理特殊操作/质量要求

（1）需根据客户要求进行全检或抽检。

（2）到货签收时，如发现以下情况，需对问题商品进行开箱检查。

1）渗透性污渍（油污、潮湿等）；

2）凹陷/勒痕导致外包装开裂/变形；

3）撕裂/穿透性损伤，可见内容物（如泡沫）；

4）包装封口开裂并能够轻易打开包装；

（3）使用的容器条码状态为非占用状态，一个容器对应一个托盘或者一个 SKU（同一有效期）。

（4）对于有效期管控的商品，注意需填写生产日期和到期日期。

（5）如到货商品外包装破损严重，需和客户沟通进行处理。

（6）如遇问题，应报告组长，并寻求帮助。

（7）除商家特殊要求外，商品有效期超过 2/3 的需报备商家是否正常收货；过期商品不得正常收货。

（8）使用 RF 枪收货，需及时更新 RF 枪的系统版本。

任 务实施 >>>>>>>>>>>>>>

实操视频 1
智慧物流
配送中心商
品入库操作

智慧物流配送中心入库作业相关问题可参考之前学习的内容。

现针对表 3-2-1 所示的入库任务单，进行简单的智慧物流入库作业。

（1）入库任务单分析：在任务单上的食品和饮料类共计 6 种商品要入库，在对商品进行入库检验之后，就要进行系统收货和商品的上架操作了。

（2）在上次工作任务结束之后，为了安全起见，要关闭工作站和机器人，所以首先要打开智慧物流中心的机器人管理系统，启动工作站和机器人。

（3）进入单据管理界面，订单数量为 1，平均品项数量为 6，平均每种品项数量为 5，订单推进批次为 1。

（4）建立机器人工作任务之后进入上架工作界面。

（5）释放机器人，可看到智慧仓库内 P500 型号搬运机器人托盘升起，机器人随机选择货架，并将其搬运到上架工作区。

（6）此时可看到操作界面上显示的机器人信息、正在装载的货架信息、上架操作版，上架货物代码，系统用彩色图形表示；绑定货位之后，我们商品的上架操作有以下两种方式。

1）可用指定图形代码表示商品，如康师傅冰红茶需入库 5 箱，可用红色的方框表示，将货物放入货位之后系统数量增加。

2）可以扫描商品的条码并录入，确认货位之后，扫描条码，放入商品，系统增加数量。

（7）机器人货架货位装满之后，可以再释放另一个机器人货架进行商品上架操作，如此反复，直到完成订单为止。

实践训练　进货作业情景实训

一、实践目的

进货作业是实现商品配送的前置工作。配送中心的收货工作，涉及商品所有权的转移，商品一旦收下，配送中心将承担商品完好的全部责任。因此，进货作业质量至关重要。通常，进货作业的内容包括制订进货作业计划、卸货、检验、编码、分类、堆垛等。通过本项目的实训，使学生了解进货作业的工作内容，培养学生编制进货作业计划、进行进货检验、对进货商品进行编码和分类的基本操作技能。

二、实践任务

上海汇东配送中心，是新成立的一家配送中心，该配送中心主要经营各种鞋子、食品、家庭生活用品的销售配送业务。现中心刚刚开业，准备新进一批商品。商品名称、数量、质量、包装规格等如表 3-4-1 所示。配送中心拥有一座 3 层楼的库房，每层面积为 2 100 m²（长 60 m，宽 35 m），使用的货架长为 4.5 m，4 层 5 个格眼。请为该配送中心做好进货工作。

表 3-4-1　新进商品情况

序号	商品名称	规格	数量	质量	包装规格/（cm×cm×cm）	备注
1	红蜻蜓男皮鞋	38~43 码	180 双	4 kg/箱	90×70×80	每码 30 双，6 双/箱
2	红蜻蜓女皮鞋	31~38 码	240 双	3.6 kg/箱	90×70×80	每码 30 双，6 双/箱
3	花花公子男皮鞋	38~43 码	300 双	4 kg/箱	90×70×80	每码 50 双，6 双/箱
4	花花公子女皮鞋	31~38 码	320 双	3.6 kg/箱	90×70×80	每码 40 双，6 双/箱
5	奥康男皮鞋	38~43 码	360 双	4 kg/箱	90×70×80	每码 60 双，6 双/箱
6	奥康女皮鞋	31~38 码	160 双	3.6 kg/箱	90×70×80	每码 20 双，6 双/箱
7	华帝男皮鞋	38~43 码	240 双	4 kg/箱	90×70×80	每码 40 双，6 双/箱
8	华帝女皮鞋	31~38 码	240 双	3.6 kg/箱	90×70×80	每码 30 双，6 双/箱
9	森达男皮鞋	38~43 码	300 双	4 kg/箱	90×70×80	每码 50 双，6 双/箱
10	森达女皮鞋	31~38 码	240 双	3.6 kg/箱	90×70×80	每码 30 双，6 双/箱
11	安踏男皮鞋	38~43 码	240 双	4 kg/箱	90×70×80	每码 40 双，6 双/箱
12	安踏女皮鞋	31~38 码	320 双	3.6 kg/箱	90×70×80	每码 40 双，6 双/箱
13	金鸟男皮鞋	38~43 码	360 双	4 kg/箱	90×70×80	每码 50 双，6 双/箱
14	金鸟女皮鞋	31~38 码	160 双	3.6 kg/箱	90×70×80	每码 20 双，6 双/箱
15	踏浪男皮鞋	38~43 码	240 双	4 kg/箱	90×70×80	每码 40 双，6 双/箱
16	踏浪女皮鞋	31~38 码	240 双	3.6 kg/箱	90×70×80	每码 30 双，6 双/箱
17	护童男皮鞋	12~25 码	420 双	4 kg/箱	90×70×80	每码 30 双，10 双/箱
18	护童女皮鞋	12~25 码	420 双	4 kg/箱	90×70×80	每码 30 双，10 双/箱
19	光明牛奶	250 g/盒	120 箱	8 kg/箱	70×50×40	24 盒/箱

续表

序号	商品名称	规格	数量	质量	包装规格/（cm×cm×cm）	备注
20	蒙牛牛奶	250 g/袋	100 箱	8 kg/箱	70×50×40	30 袋/箱
21	卫岗牛奶	250 g/袋	800 箱	8 kg/箱	70×50×40	30 袋/箱
22	雪莲牛奶	250 g/袋	50 箱	8 kg/箱	70×50×40	30 袋/箱
23	老山蜂蜜	750 g/瓶	80 箱	12.5 kg/箱	60×50×40	16 瓶/箱
24	槐树蜂蜜	750 g/瓶	100 箱	12.5 kg/箱	60×50×40	16 瓶/箱
25	皇冠蜂蜜	750 g/瓶	60 箱	12.5 kg/箱	60×50×40	16 瓶/箱
26	扬农蜂蜜	750 g/瓶	80 箱	12.5 kg/箱	60×50×40	16 瓶/箱
27	白猫洗洁精	500 g/瓶	130 箱	12.5 kg/箱	60×40×30	24 瓶/箱
28	奥妙洗洁精	500 g/瓶	150 箱	12.5 kg/箱	60×40×30	24 瓶/箱
29	洁灵洗洁精	500 g/瓶	700 箱	12.5 kg/箱	60×40×30	24 瓶/箱
30	好帮手洗洁精	500 g/瓶	100 箱	12.5 kg/箱	60×40×30	24 瓶/箱
31	天元饼干	1000 g/盒	120 箱	4.3 kg/箱	65×45×35	4 盒/箱
32	统一饼干	1 000 g/盒	80 箱	4.3 kg/箱	65×45×35	4 盒/箱
33	华冠饼干	1 000 g/盒	90 箱	4.3 kg/箱	65×45×35	4 盒/箱
34	新隆饼干	1 000 g/盒	80 箱	4.3 kg/箱	65×45×35	4 盒/箱
35	明煌饼干	1 000 g/盒	120 箱	4.3 kg/箱	65×45×35	4 盒/箱
36	黑牛黑芝麻糊	680 g/袋	100 箱	7.2 kg/箱	60×45×30	10 袋/箱
37	华阳藕粉	680 g/袋	90 箱	7.2 kg/箱	60×45×30	10 袋/箱
38	维维豆奶粉	680 g/袋	150 箱	7.2 kg/箱	60×45×30	10 袋/箱
39	辉煌麦片	680 g/袋	180 箱	7.2 kg/箱	60×45×30	10 袋/箱
40	明珠核桃粉	680 g/袋	160 箱	7.2 kg/箱	60×45×30	10 袋/箱
41	力士香皂	125 g/块	100 箱	7.9 kg/箱	60×40×25	60 块/箱
42	舒肤佳香皂	125 g/块	120 箱	7.9 kg/箱	60×40×25	60 块/箱
43	中华香皂	125 g/块	80 箱	7.9 kg/箱	60×40×25	60 块/箱
44	红太阳香皂	125 g/块	50 箱	7.9 kg/箱	60×40×25	60 块/箱
45	韵达香皂	125 g/块	40 箱	7.9 kg/箱	60×40×25	60 块/箱
46	洁银牙膏	165 g/支	100 箱	10 kg/箱	60×40×30	60 支/箱
47	高露洁牙膏	165 g/支	80 箱	10 kg/箱	60×40×30	60 支/箱
48	中华牙膏	165 g/支	100 箱	10 kg/箱	60×40×30	60 支/箱
49	田七牙膏	165 g/支	90 箱	10 kg/箱	60×40×30	60 支/箱
50	亮妹牙膏	165 g/支	100 箱	10 kg/箱	60×40×30	60 支/箱
51	雕牌洗衣粉	1 000 g/袋	120 箱	12.5 kg/箱	65×45×30	12 袋/箱
52	奥妙洗衣粉	1 000 g/袋	100 箱	12.5 kg/箱	65×45×30	12 袋/箱
53	汰渍洗衣粉	1 000 g/袋	80 箱	12.5 kg/箱	65×45×30	12 袋/箱
54	柠檬洗衣粉	1 000 g/袋	70 箱	12.5 kg/箱	65×45×30	12 袋/箱
55	可口可乐	1.25 L/瓶	120 箱	15.5 kg/箱	60×45×35	12 瓶/箱
56	百事可乐	1.25 L/瓶	120 箱	15.5 kg/箱	60×45×35	12 瓶/箱

序号	商品名称	规格	数量	质量	包装规格/（cm×cm×cm）	备注
57	统一鲜橙多	1.25 L/瓶	120 箱	12.5 kg/箱	60×45×35	8 瓶/箱
58	汇源果汁	1.25 L/瓶	120 箱	12.5 kg/箱	60×45×35	8 瓶/箱
59	乐百氏纯净水	500 mL/瓶	120 箱	12.5 kg/箱	60×40×30	24 瓶/箱
60	娃哈哈纯净水	500 mL/瓶	150 箱	12.5 kg/箱	60×40×30	24 瓶/箱
61	深泉纯净水	500 mL/瓶	100 箱	12.5 kg/箱	60×40×30	24 瓶/箱
62	雪山纯净水	500 mL/瓶	140 箱	12.5 kg/箱	60×40×30	24 瓶/箱
63	海韵纯净水	500 mL/瓶	120 箱	12.5 kg/箱	60×40×30	24 瓶/箱
64	金龙鱼大豆油	5 L/桶	100 箱	20.5 kg/箱	90×60×45	4 桶/箱

三、实践道具

商品货位图、进货单、退货单。

四、实践操作时间

2 学时。

五、实践地点

物流实训室或教室。

六、实践考核标准

考核内容	考核标准	分值	实际得分
进货作业情景实训	储位分区合理、货位编号科学，分区图和货位图绘制正确	25	
	器材准备充分、无遗漏	5	
	验收项目全面，符合所进商品特性	15	
	商品编码正确	25	
	商品分类合理	15	
	堆垛方案正确	15	
合计		100	

课后练习

一、选择题（单选题）

1. 配送中心向一个客户进行专门送货，这种情况一般是针对（　　）。

　　A. 需求紧急的客户　　　　　　　B. 需求平稳的客户

　　C. 临时客户　　　　　　　　　　D. 优质的主要客户

2. 供应商直接将商品放在车上，依次给各订货方送货，缺多少补多少的方式是（　　）。

　　A. 厂商补货　　　　　　　　　　B. 厂商巡货、隔天送货

　　C. 口头电话订货　　　　　　　　D. 邮寄订单

3. 在进出货作业环节，反映进出货时间集中度控制问题的指标为（　　）。

　　A. 每人每小时处理出货量　　　　B. 进出货时间率

　　C. 站台使用率　　　　　　　　　D. 站台高峰率

4. 在配送的基本作业流程中，把商品做实体上的领取，如从火车上将商品卸下、开箱、检查其数量与质量，然后将有关信息书面化等一系列工作是（　　）。

　　A. 分拣作业　　　　　　　　　　B. 储存分派

　　C. 进货作业　　　　　　　　　　D. 内部补货作业

5. 货位编号的基本思路是储存库编号—储存区编号—货位排（列）编号—货位架编号—货位层编号—货位格编号。例如，货物标签号码 103-15-723-5，其中数字 15 代表（　　）。

　　A. 储存库　　　　B. 储存区　　　　C. 货位列　　　　D. 货料架

6. 在设计配送系统时，之所以要考虑厂商的信息化程度，是因为厂商的信息化程度会（　　）。

　　A. 影响提货或进货成本　　　　　B. 影响作业成本

　　C. 影响管理成本　　　　　　　　D. 决定所选车型

7. 配送功能的要素为（　　）。

　　A. 货物、客户、车辆、人员、线路、地点和时间

　　B. 货物、客户、运输工具、人员、线路、目的地和时间

　　C. 货物、收货人、运输成本、人员、运距、地点和时间

　　D. 货物、收货人、车辆、人员、线路、地点和时间

8. 按商品的种类和数量配送的方法有（　　）。

　　A. 企业对企业的配送　　　　　　B. 少品种或单品种、大批量配送

　　C. 连锁配送　　　　　　　　　　D. 定时定线路配送

9. 物流中心与配送中心的关系是（　　）。

　　A. 物流中心是一种特殊的配送中心　　B. 配送中心是一种特殊的物流中心

　　C. 没有关系　　　　　　　　　　D. 交叉关系

10. 配送中心的最重要特征之一是对货物进行（　　　）。

A. 搬运　　　　　　B. 检验　　　　　　C. 运输　　　　　　D. 组配

二、简答题

1. 进货的流程是什么？

2. 商品编码方法有哪些？

3. 智慧物流配送中心清点收货要注意什么问题？

4. 智慧物流配送中心系统收货流程是什么？

5. 商品分类的原则是什么？

6. 请查阅沃尔玛配送中心最新的进货作业流程，指出并分析为什么我国大多数配送企业未采用沃尔玛配送中心的进货作业处理方式。

项目学习效果评价表

知识巩固与技能提高（40分）			得分：	
计分标准：得分＝系数(20/单选题个数)×正确单选题个数＋系数(20/简答题个数)×正确简答题个数				
学生自评（20分）			得分：	
计分标准：自测结果A的个数×2.5+B的个数×1.5+C的个数×1（此项分值上限为20分）				
专业能力	评价指标	自测结果	要求（A掌握；B基本掌握；C未掌握）	
掌握进货的流程	（1）进货的定义 （2）进货作业流程 （3）了解进货检验的方法	A□ B□ C□ A□ B□ C□ A□ B□ C□	能够理解配送进货的含义，掌握配送进货流程，明确工作岗位内容	
明确商品编码原则	（1）商品编码原则 （2）商品编码方式	A□ B□ C□ A□ B□ C□	能够运用商品编码原则和商品编码方式在给定的信息中进行商品编码，能够正确地进行分类	
了解智慧智能配送中心进货要求	（1）进货流程 （2）进货检验 （3）进货具体操作	A□ B□ C□ A□ B□ C□ A□ B□ C□	能够根据教材中的提示和视频学习进行智能系统操作完成入库流程	
职业道德思想意识	（1）认真严谨 （2）遵守职业道德 （3）团结合作	A□ B□ C□ A□ B□ C□ A□ B□ C□	专业素质、思想意识得以提升，德才兼备	
小组评价（20分）			得分：	
计分标准：得分＝10×A的个数+5×B的个数+3×C的个数				
团队合作	A□ B□ C□	沟通能力	A□ B□ C□	
教师评价（20分）			得分：	
教师评语				
总成绩		教师签字		

项目四　配送中心储存作业

职业素质导引：中国文化源远流长，中国古代物流就有不小的成就。例如武安磁山发现的 7 000 年前的粮仓；洛阳含嘉仓城发现的距今有 1 500 年历史的"天下第一仓"；战国时期魏国首创重农抑商的"平籴法"；西汉武帝时期首创的"常平仓"，即用来储粮备荒以供应官需民食而设置的粮仓，这也是"平籴法"的延伸。这些古代的仓储方法多用来储存粮食，这些也能从侧面体现出古代物流发展的成就。但是不得不承认中国的物流确实有一段时间停滞不前，那么物流的发展和什么有关呢？储存一直是物流活动的中心功能，配送中心的储存也是如此。作为新时代的物流人，我们肩负着怎样的使命和责任呢？

【知识目标】

掌握配送中心储存作业的策略

了解配送中心储存作业的方法

掌握储位指派的原则

了解库存管理

掌握智慧物流配送中心盘点的相关问题

【技能目标】

能够根据配送中心要求进行储位编码

能够按照正确的方法进行货位指派

能够进行货物补货工作

能够按照要求进行货物盘点

能够在智慧星配送中心进行货物盘点工作

【素质目标】

培养良好的物流职业素养

培养智慧物流职业技能

提升刻苦钻研的职业精神

> **课堂小互动**
>
> 通过之前的学习大家讨论一下从事配送工作是否需要不断学习新的知识？

任务一　储存作业的策略和方法

引 例分析 >>>>>>>>>>>>

　　李明在华能零售商业有限公司配送中心实习时，配送中心主管正在对编号为R20221024的来自 M 商贸有限公司的入库商品进行安排和组织。入库商品已经全部检验合格；卸货并放置在收货区等待库作业；并且已经决定把入库商品储存在 M 商贸有限公司配送中心的重型货架仓库。请问应该如何储存呢？

　　储存用托盘尺寸为 1 200 mm×1 000 mm，货位尺寸为 L2 300 mm×W1 000 mm×H1 100 mm，货位条码编制规则为库区、排、列、层四号定位法，如 H1-01-01-01，代表的信息是 1 号库区第 1 排第 1 列第 1 层。这一单物品就存放在 1 号库区。入库任务单如表 4-1-1 所示。

表 4-1-1　入库任务单

入库任务单								
入库任务单编号：R20220617						计划入库时间：到货当日		
序号	商品名称	包装规格/ （mm×mm×mm）	单价/ （元·箱⁻¹）	质量/ kg	堆码 层限	生产日期	保质期	入库/箱
1	休闲黑瓜子	600×400×160	100	12	3 层	2022 年 4 月 8 日	12 个月	15
2	可乐年糕	500×400×160	100	8	3 层	2022 年 4 月 4 日	12 个月	29
3	顺心奶粉	600×300×240	100	8	3 层	2022 年 4 月 10 日	6 个月	18
4	婴儿美奶粉	400×300×160	100	13	3 层	2022 年 4 月 11 日	12 个月	40
供应商：M 商贸有限公司								

　　问题 1：如何安排储位？

　　问题 2：需要多少个储位？

　　问题 3：如何在托盘上堆码？堆成什么形状？

　　问题 4：需要多少个托盘？

　　问题 5：如何标识？

任 务资讯 >>>>>>>>>>>>

　　储存作业主要任务在于保存未来要使用或者要出货的物料。只有经常检查库存商品，才能做好库存控制。配送中心的储存与传统仓库的储存因营运模式的不同，更要注意空间运用的弹性及存量的有效控制。

一、储位管理

配送中心储存作业最重要的功能在于补充拣选作业区的商品存量。储位管理的重点也从静态储存作业的"保管"向配送作业的"动管"转移。由于区域零售点较多，且零售品项多，季节变化影响较大，各品项的出货频率差别较大，因此以 ABC 分类规定不同的拣选作业方式，并按作业区域分别进行储位管理。储位管理最主要的目的是通过一系列相关的"存"与"取"作业，支持拣选作业和配送作业。

1. 储位管理的主要内容

（1）空间的最大化使用；

（2）人力资源及设备的有效使用；

（3）维持适当的库存，所有品项皆能随时存取；

（4）商品的有效移动；

（5）保持商品的良好质量；

（6）储存作业环境的管理。

知识提示：

　　在连锁企业的配送中心中，储位管理对象包括商品和其他材料。

2. 储位管理的基本原则

（1）储位分区规划标识明确。

储存区域详细规划分区，并加以编码标识，让每一项商品均有位置可以储存。每个经过储位编码的储位必须是唯一的和边界分明的，储位规则必须具有一贯性和稳定性。

（2）有效的储位指定方式。

根据商品保管方式，确定合适的储存单位、储存策略、分配原则及其他需要考虑的要素，将商品有效地放置在先前所规划的储位上。储位指定方式可以分为手工指定和系统自动指定两种。

（3）异动要切实记录。

储位维护的目的是维持实物与账面的一致性。不管是因为拣选取出商品，还是其他作业导致的商品移动、位置或数量变化，都必须切实记录，以使账面与实物匹配。储位变更手续繁琐，是储位管理中最困难的部分，也是目前各物流中心储位管理作业成败的关键所在。

动画 7　保管区的储位管理

二、储位管理的原则与策略（物流职业资格考试内容）

1. 储位设置的基本原则

（1）按照商品特性来分类储存；

（2）大批量使用大储存区，小批量使用小储存区；

（3）能安全有效地储存于高位的商品使用高储存区；

（4）质量大、体积大的商品储存在坚固的层架底层及接近出货区；

（5）尽可能将相同或相似的商品靠近储存；

（6）滞销的商品或小的、轻的以及容易处理的商品使用较远的储存区；

（7）周转率低的商品远离进货、出货区，或储存于仓库较高的区域；

微课 7　货物的堆码

（8）周转率高的商品储存于接近出货区及较低的区域。

2. 储位的储存策略

储位的储存策略主要是制订储位的分配原则，良好的储存策略可以减少出入库移动的距离、缩短作业时间，甚至能够充分利用储存空间。常见的储存策略有以下5种。

（1）定位储存。

每一项储存商品都有固定储位，商品不能互用储位，选用定位储存的原因在于以下几个方面。

1）储存区安排需要考虑尺寸及质量的商品（不适合随机储存）。

2）商品对储存条件有严格要求，如有些商品必须控制温度。

3）易燃物必须限制储存于一定高度以满足保险标准及防火规范。

4）由管理或其他政策指出某些商品必须分开储存，如饼干、肥皂、化学原料和药品等需要保护的重要商品。

5）储存区能被记忆，容易提取。

定位储存的优点如下。

1）每种商品都有固定储存位置，拣选人员容易熟悉商品储位。

2）商品的储位可按周转率大小（畅销程度）安排，以缩短出入库搬运距离。

3）可针对各种商品的特性作储位的安排调整，将不同商品特性间的相互影响减至最小。

定位储存的缺点主要是储位必须按各项商品的最大在库量设计，因此储存区空间平时的使用效率较低。总的来说，定位储存容易管理，所需的总搬运时间较少，但需较多的储存空间。此策略较适用于厂房空间大、多种少量商品的储存。

（2）随机储存。

每一个商品被指派的储存位置都是随机产生的，而且可经常改变，也就是说，任何商品都可以被存放在任何可利用的位置。此随机原则一般是由储存人员按习惯来储存，通常可与靠近出口法则联用，按商品入库的时间顺序储存于靠近出入口的储位。

随机储存的优点：由于储位可共用，因此只需按所有库存商品最大在库量设计即可，储存区空间的使用效率较高。

随机储存的缺点如下。

1）商品的出入库管理及盘点工作的进行困难度较高；

2）周转率高的商品可能被储存在离出入口较远的位置，增加了出入库的搬运距离；

3）具有相互影响特性的商品可能相邻储存，从而造成商品的损害或危险的发生。

 拓展阅读

随机储存与定位储存比较

一个良好的储位系统中，采用随机储存能使料架空间得到最有效的利用，因此储位数目可得以减少。

思考：

你能根据教材内容总结出储存策略的优缺点和适用性吗？

模拟研究显示，随机储存与定位储存比较，可节省35%的移动储存时间，但较不利于商品的拣选作业。因此，随机储存较适用于厂房空间有限，需尽量利用储存空间的情况，存放种类少或体积较大的商品。若能运用计算机协助随机储存的记忆管理，将仓库中每项商品的储存位置交由计算机记录，则不仅进出货查询储存区位置时可使用，也能借助计算机来调配进货储存的位置空间，根据显示的各储存存区储位剩余空间配合进商品项作安排。

随机储存时储位剩余空间大小可随时与进货、出货、退货资料配合更改。

1）进货：该商品进货量→加至商品库存→扣减储位剩余空间。

2）出货：该商品出货量→由商品库存扣减→增加储位剩余空间。

3）退货：该商品维修入库量→加至商品库存→扣减储位剩余空间。

（3）分类储存。

所有的储存商品按照一定特性加以分类，每一类商品都有固定储存的位置，而同属一类的不同商品又按一定的法则指派储位。分类储存通常按产品相关性、流动性、产品尺寸、质量、产品特性分类。

分类储存的优点如下。

1）便于畅销品的存取，具有定位储存的各项优点；

2）各分类的储存区可根据商品特性再做设计，有助于商品的储存管理。

分类储存的缺点是储位必须按各项商品最大在库量设计，因此储存区空间平均的使用效率低。

分类储存与定位储存相比更具有弹性，但也有与定位储存同样的缺点，因而较适用于以下情况。

1）产品相关性大者，经常被同时订购；

2）周转率差别大者；

3）产品尺寸相差大者。

（4）分类随机储存。

每一类商品有固定存放的储存区，但在各类的储存区内，每个储位的指派都是随机的。分类随机储存的优缺点如下。

分类随机储存的优点是具备分类储存的部分优点，又可节省储位数量提高储存区的利用率。

分类随机储存的缺点是商品出入库管理及盘点工作的进行难度较高。分类随机储存兼具分类储存及随机储存的特色，需要的储存空间量介于两者之间。

（5）共同储存。

在确定知道各商品的进出仓库时刻，不同的商品可共用相同储位的方式称为共同储存。共同储存在管理上虽然较复杂，但是所需的储存空间及搬运时间却更经济。共同储存还有一种含义就是将各种储存策略综合起来运用。

三、储位分配原则

储存策略是储存区规划的大原则，必须配合储位分配原则才能决定储存作业运作的模式。储位分配原则可归纳为如下几项。

1. 以周转率为基础的原则

按照商品在仓库的周转率（销售量除以存货量）来排定储位。首先按照周转率由大到小排列，再将此序列分为若干段，通常分为 3~5 段。同属于一段中的商品列为同一级，依照定位储存或分类储存的储存策略，指定储存区域给每一级的商品。周转率越高应当离出入口越近。

当进货口与出货口不相邻时，可根据进、出货次数来调整存货空间。表 4-1-2 所示为 8 种商品进出仓库的情况。当出入口分别在仓库的两端时，可依照商品进仓及出仓的次数比率指定其储存位置，进出口分离的储位指派如图 4-1-1 所示。

表 4-1-2　8 种商品进出仓库的情况

产品	进货量	进仓次数	出货批量	出仓次数	进仓次数/出仓次数
A	40 托盘	40	1.0 托盘	40	1.0
B	200 箱	67	3.0 箱	67	1.0
C	1 000 箱	250	8.0 箱	125	2.0
D	30 托盘	30	0.7 托盘	43	0.7
E	10 托盘	10	0.1 托盘	100	0.1
F	100 托盘	100	0.4 托盘	250	0.4
G	800 箱	200	2.0 箱	400	0.5
H	1 000 箱	250	4.0 箱	250	1.0

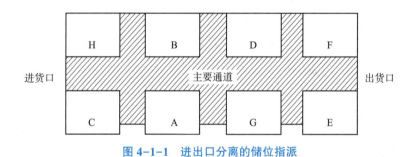

图 4-1-1　进出口分离的储位指派

2. 产品相关性原则

商品相关性大者在订购时经常被同时订购，所以应尽可能存放在相邻位置。

3. 产品同一性原则

同一物品储存在同一保管位置。这种将同一物品保管在同一位置的管理方式，在管理效果上是能够期待的。

4. 产品类似性原则

将类似产品比邻保管。此原则由产品同一性原则的观点而来。

5. 产品互补性原则

互补性高的物品也应存放在邻近位置，以便缺料时可迅速用另一品项替代。

6. 产品相容性原则

相容性低的产品绝不可以放置在一起，以免损害品质，如烟、香皂、茶不可放在一起。

7. 先入先出的原则

先保管的物品先出库。这种原则一般适用于寿命周期短的商品，如感光纸、软片、食品等。

8. 叠高的原则

将物品像堆积木般叠高。从配送中心整体的有效保管的观点来看，提高保管效率是必然之事，而利用栈板等工具来将物品堆高是一种有效的方法。

9. 面对通道的原则

物品正面面对通道来保管，物品上可识别的标号、名称让作业员更加容易、更为简单地辨识。为了使物品的储存、取出能够容易且有效率地进行，物品就必须面对通道保管，这也是使配送中心内作业能流畅进行及活性化的基本原则。

10. 产品尺寸原则

在仓库布置时，考虑物品单位大小及相同物品所形成的整体形状，以便提供适当空间满足某一特定需要。所以在储存物品时，必须要有不同大小位置之变化，用以容纳一切不同大小和不同的容积的物品。

11. 质量特性原则

按照物品质量的不同决定储存物品的高低位置。

12. 产品特性原则

物品特性不仅涉及物品本身的危险及易腐蚀，同时也可能影响其他的物品，因此这是在物流中心布局时必须考虑的因素。现列举五种有关商品特性的储存方法。

（1）易燃物的储存：须储存在具有高度防护作用的建筑物内的有适当防火设备的空间。

（2）易窃物品的储存：须装在有加锁的笼子、箱、柜或房间内。

（3）易腐物品的储存：要储存在冷冻、冷藏或其他特殊的设备内。

（4）易污物品的储存：可使用帆布套等覆盖。

（5）一般物品的储存：要储存在干燥及管理完善的库房，以备客户需要随时提取。

13. 住居表示原则

所谓住居表示原则，就是指把储存物品的位置给予明确表示的原则。此原则的主要目的在于将存取单纯化，并能减少错误。尤其在临时人员、高龄作业人员多的配送中心，此原则更为必要。

四、储位系统

1. 储位经过编码后在管理上具有的功能

储位经过编码后在管理上具有如下功能。

（1）确定储位资料的正确性。

（2）提供计算机中相应的记录位置以供识别。

（3）提供进出货、拣选、补货等人员存取商品的位置依据，以便商品进出、上架及查询，节省重复寻找商品的时间，且能提高工作效率。

> **思考：**
> 任务中的商品的储位指派可采用哪些原则？为什么？

（4）提高调仓、移仓的工作效率。

（5）可以利用计算机进行处理、分析。

（6）因记录正确，可迅速储存或拣选。

（7）方便盘点。

（8）可让仓储及采购管理人员了解储存空间，以控制商品存量。

（9）可避免商品因胡乱堆放而导致过期报废，并可有效掌握存货，降低库存量。

2. 储位编码的方法

微课8 货物
与储位的编码

一般储位编码的方法有下列四种。储位编码类型说明如表4-1-3所示。由于商品特性不同，所适合的储位编码方式也不同，必须按照保管商品的储存量、流动率、保管空间布置以及所使用的保管设备做出选择。不同的编码方法对于管理的难易程度也有影响。

表4-1-3　储位编码类型说明

编码类型	说明
区段方式	先把储存区分割为几个区段，再对每个区段编码。这种编码方式是以区段为单位的，每个号码所代表的储存区较大，因此适用于容易单位化装载的商品，以及量大或保管周期短的商品。ABC分类中的A、B类商品很适合这种编码方式。商品以物流量大小来决定其所占的区段大小；以进出货频率来决定其配置顺序
商品群类别方式	将一些相关商品进行集合后，区分成几个商品群，再对每个商品群进行编码。这种编码方式适用于按商品群类别储存及品牌差距大的商品，如服饰、五金等
地址式	利用储存区域中的现成参考单位（如建筑物第几栋、区段、排、行、层、格等），依照其相关顺序进行编码。该方式为目前物流中心使用最多的编码方式，但由于储位体积有限，只适合一些量少或单价高的商品储存使用，如ABC分类中的C类商品
坐标式	利用空间概念来编排储位，由于其储位切割细小，在管理上比较复杂，适用于流通率很小、长时间储存的商品

3. 储存方式

（1）地板堆积储存。

地板堆积储存是使用地板为支撑的储存，堆叠时可通过倚靠墙来提高其稳定性，即使袋装物也能容易地储存，但除非采用人工或较传统的机械作业，否则不易提取。

地板堆积储存方式有行列堆积和区域堆积两种。

行列堆积：在行列堆积之间留下足够的空间使得任何托盘提取时都不受阻碍。当储存区域中只剩下少数托盘时，将托盘转移至小批量储位，再储存大批量产品。

区域堆积：指行与行之间的托盘堆积不留存任何空间。此方式能节省空间，但只限于储存大批量产品。提取时托盘互相连接，容易发生危险，需小心作业。

（2）货架储存。

货架储存的两种方式如表4-1-4所示。

表 4-1-4　货架储存的两种方式

储存方式	说明
两面开放货架	这种储存方式的货架前后两面皆可用于储存与拣取，其设计弹性较高，且配合"先入先出"的原则
单面开放货架	只有单面可供储存及拣取，因而在系统设计上较无弹性，难以实现"先入先出"的原则，但多采用背对背式排列，所以使用空间较小

货架储存的优点如下。

1）不论存或取皆较便利；

2）适合品项数量不多且不宜地板堆积的情况；

3）欲做选择性提取（如先入先出）时，采用货架储存较有利（地板堆积储存较难）；

4）货架除适合规则性商品的储存外，也适合不规则形状物的储存，但不能超出储存范围。

如今最常用的货架储存形式有以下几种。

1）托盘货架——单面；

2）流力货架——双面；

3）驶入式货架——单面、双面。

（3）储物柜。

储物柜应背对背，若有可能，最好靠墙放置，因靠墙放置可以提供良好的位置来储存形状不规则的物品以及需长时间储存的物品。小批量及较主要的品项置于储物柜中央（较活泼）位置，以利于拣取；厚重、体积大的品项尽量堆放于货架或储物柜的最下方（不活泼）；质轻、体积大的品项尽量堆放于较上方的位置。

（4）自动仓库。

自动仓库的类型如表 4-1-5 所示。

表 4-1-5　自动仓库的类型

类型	种类
单位负载式自动仓库	单宽巷道、单深钢架单宽巷道、双深钢架单宽巷道、双深钢架、双叉牙双宽巷道、附台车式高架吊车
小货架式	料盒式 AS/RS、塑胶箱式 AS/RS、水平旋转式货架、垂直旋转式货架、移动式货架

 应用小案例

地板堆积储存模式实用案例

入库通知：

今收到供货商发来入库通知单，计划到货日期为明天上午 10:00，内容如下：

品名：五金工具

包装规格：500 mm×300 mm×1 200 mm

包装材质：松木

单体毛质量：50 kg

包装标识：限高 4 层

数　量：3 600 箱

注：

仓库高度：4.8 m

地面载荷：2 000 kg/m

垛宽限制：5.0 m

垛型：重叠堆码

考虑：五距

问题：垛长、垛宽、垛高各多少箱？储位面积为多少？

任务实施 ＞＞＞＞＞＞＞＞＞＞＞＞

根据表 4-1-1 入库任务单的内容，首先要确定的就是这 4 种货物，需要多少个托盘呢？再来了解一下储位的具体情况。如图 4-1-2 所示，预包装食品类货架分为 3 层 6 列，货位承重≤500 kg，货架层高均为 1 100 mm，1 排 6 列 3 层，双货位。

货位参考尺寸：第 1 层 L1 125 mm×W1 000 mm×H1 100 mm

第 2 层 L1 125 mm×W1 000 mm×H1 100 mm

第 3 层 L1 125 mm×W1 000 mm×H1 100 mm

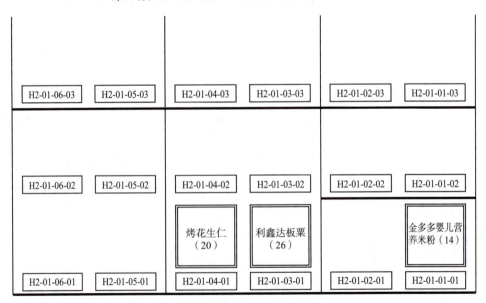

图 4-1-2　货位图示

于是我们根据入库单和货架信息得到以下数据，如表 4-1-6 所示。其中，ABC 分类是根据货物动量计算得到；每层码放箱数是由货物组托示意图得到；共需码放层数是根据每层码放箱数和总数量得到；总质量为货物总质量加托盘质量得到；总高度为货物实际码放层数加托盘、操作空间得到。其中，可乐年糕、婴儿美奶粉的共需码放层数超出堆码层数极限，婴儿美奶粉的总质量超出货位承重极限。故可乐年糕和婴儿美奶粉需要分两个托盘盛装。4 种货物共需 6 个托盘。

表 4-1-6　入库货物信息

序号	商品名称	包装规格/ （mm×mm×mm）	ABC 分类	质量 /kg	堆码 层限	入库 /箱	每层码 放箱数	共需码 放层数	总质量（含 托盘)/kg	总高度（含托 盘、操作空间）
1	休闲黑瓜子	600×400×160	B	12	3 层	15	5	3	210	780
2	可乐年糕	500×400×160	A	8	3 层	29	6	5	262	780
3	顺心奶粉	600×300×240	B	8	3 层	18	6	3	174	1 020
4	婴儿美奶粉	400×300×160	C	13	3 层	40	9	5	550	780

下面为货物安排货位，可乐年糕为 A 类货物，分两托盘，放入货架第 1 层，同类货物就近存放。休闲黑瓜子为 B 类，放入货架第 2 层，与相似产品烤花生仁临近存放。顺心奶粉为 B 类货物，放入货架第 2 层，与相似产品金多多婴儿营养米粉相邻存放。婴儿美奶粉为 C 类货物，放出货架第 3 层。放入货物之后的货位图如图 4-1-3 所示。

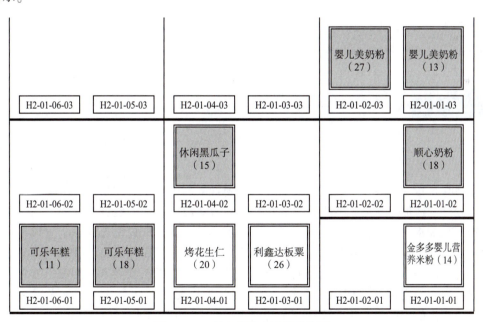

图 4-1-3　放入货物之后的货位图

任务二　库存作业管理

2021年2月6日上午，李明在华能商业有限公司配送中心实习时，仓储主管给了李明一个任务，要他确定一下商品M的库存计划。李明不太清楚具体应该怎么计算，但是他决定先学习一下有关库存控制的知识。

某单位2020年全年对商品M的需求量如表4-2-1所示，已知最大订货提前期为4个月，每箱产品的保管费用为3元，每次订货的成本为30元，试求商品M的订货点和订货批量。

表4-2-1　某单位2020年全年对商品M的需求量

月	1	2	3	4	5	6
需求量/箱	174	161	175	165	172	171
月	7	8	9	10	11	12
需求量/箱	165	170	163	174	160	166

一、库存的概念

库存是指为今后按预定目的使用而处于闲置或非生产状态的物品。广义的库存还包括处于制造加工状态和运输状态的物品。一般情况下，人们设置库存的目的是防止短缺，就像水库里储存的水一样。另外，它还具有保持生产过程连续性、分摊订货费用、快速满足客户订货需求的作用。在企业生产中，尽管库存是出于种种经济考虑而存在的，但是库存也是一种无奈的结果。它是由于人们无法预测未来的需求变化，才不得已采用的应付外界变化的手段，也是因为人们无法把所有的工作都做得尽善尽美，才产生的一些人并不想要的冗余与囤积——不和谐的工作沉淀。

 拓展阅读

库存控制的意义

库存具有调节生产和销售的作用，不适当的库存管理往往会造成有形或无形的损失。尤其对于流通速度极快，但客户订货无法事前掌握的配送中心来说，库存控制工

作更加不易，其重要性也就更不容忽视。而所谓库存控制是希望将商品的库存量保持在适当的标准之内，以免库存过多造成资金积压、增加保管困难或库存过少导致浪费仓库容量、供不应求的情况。

因此，库存控制具有两项重要意义。一项是确保库存能配合销售情况和交货要求，为客户提供满意的服务；另一项是设立库存控制基准，以最经济的订购方式与控制方法来提供营运所需要的供货。

二、配送中心库存控制的内容与方法

从进货与存货这两个角度考虑，配送中心库存控制的内容，主要是库存水平的确定和经济订货批量的确定。

1. 库存水平的确定

储存费用和缺货费用是一对矛盾体，配送中心进行库存管理最直接的目标就是使这两项费用之和最小。

（1）储存费用。

储存费用一般包括如下几项。

1）保管费用。即占用仓库场地所需的费用；

2）保险费用。即为存货支付的防范火、水、盗窃等发生的费用，以及商品储存过程中发生的质量、品种减少所引起的费用；

3）削价损失。即产品因季节、市场变化而降价所带来的损失；

4）折旧损失。即商品因使用或非使用因素变旧而折价所带来的损失。

为保持库存需要投入资金，为此资金支付的利息计入储存费用；根据我国的财税政策为库存缴纳的税金等也应计入储存费用。

（2）缺货费用。

存货过多，会引起大量的储存费用；存货过少，会发生缺货现象，同样给配送中心造成费用及损失。当缺货情况发生时，忠实的客户会再来配送中心订货，或订购可替代的产品，这时配送中心不发生缺货费用；而另一些客户可能转向其他配送中心订货，甚至于不再与配送中心发生业务联系。据统计，永久失去客户的机会占比为25%。失去客户后，重新开发新客户而支付的费用也计入缺货费用。

（3）安全库存。

为了避免商品缺货，配送中心一般都设有安全库存，通常用边际分析法来确定最佳的安全库存水平。

拓展阅读

安全库存实际应用

以某一企业为例来说明。

第一方案，假设该企业向批发商按 10 的倍数订购商品，当增加 10 件额外的库存时，就会增加边际储存费用 1 200 元（设商品年储存费用率为该商品价值的 25%）。但是由于全年都保持了 10 件的安全库存，可防止全年发生缺货 12 次。已知平均每次缺货损失费用为 324.05 元，则防止 12 次缺货可节省缺货费用 3 888.60 元（324.05×12）。第二方案，企业全年保持 20 件的安全库存，使储存费用增加 1 200 元，但可以防止全年缺货 16 次，节省的缺货费用为 5 184.80 元（324.05×16）。根据计算得出，最佳的安全库存量为 60 件，此时增加 10 件安全库存的储存费用为 1 200 元，可以使全年缺货减少 4 次，节省缺货费用 1 296.20 元（324.05×4）。如果安全库存量从 60 件增加到 70 件，增加 10 件的储存费用仍为 1 200 元，而能减少的缺货费用仅为 972.15 元（324.05×3）。因此，企业愿意每年有 4 次或 3 次缺货，使增加的边际储存费用同可以减少的缺货费用相互抵消，这样得大于失或得失相当。

2. 经济订货批量的确定

动画 8 经济
订购批量

在库存管理过程中，配送中心只有使库存保持最低的必要水平，才能使储存费用与缺货费用之和最小。由两种费用之间存在着交替损益现象可知存在着使这两种费用的总和为最小的库存量，对应于该库存量的订货量就是经济订货批量。按经济订货批量订货，可以使企业的储存费用和订货费用之和最小。其中，储存费用与订货数量成正比，而订货费用与订货次数成正比，与每次订货数量大小无关。

拓展阅读

海信的"零库存"五板斧

这里所说的"零库存"并非真的是零，而是指沉淀为零，否则就不存在仓库了。海信的零库存五板斧具体是指以下 5 个方面。

（1）严格控制采购。在海信的仓库管理中，有许多强制性规定，如进口材料在生产前一个月才能购进来，国产材料只能提前 5 天进来，避免形成库存，占压资金。

（2）严格控制生产。生产车间有严格的领退料制度，当天用不完的必须退回，以便及时掌握资金占用情况。这样就减少了生产线上的库存边角，使库存更加清晰。

（3）控制市场销售，实现市场稳定的外部环境。"零库存"管理的前提是必须有一个稳定的市场。要把市场做稳，先要有自己的网络，每一个网点都是可以由海信控制的。有了自己控制的网络还不行，还得保证这是有效网络，保证在一定时间内销售能达标。

（4）信息系统的支持。海信电视各销售公司为实现联网，投入了大笔资金。联网以后，每天海信电视在全国的销售量，总部当天就能统计出来。无论多晚，无论在哪里，总部当天都能知道这个数字。掌握了这些数字以后，总部的计算器就开始发挥作用了，就能计算出这个月进了多少料、能干多少、订单有多少、产品结构应该是什么比例。

（5）销售网络的控制。如何对外设机构进行控制关系到实际库存的清晰度。例如，像 A 市场这样的外设机构，由海信自己控制的 1 个月能卖 100 台以上的网点必须有 100 个以上。与海信自己控制网络相反的一种做法是不搞自己的市场开发，而是搞批发，迎合对方赚钱的口味，固定价格批发给他们，多卖钱是他们的。正是因为这些稳定的市场网点，才使海信对库存的预测是准确的。

在这个案例里提到的零库存也只是指没有库存沉淀，产品基本做到按订单生产，或者说按照比较准确的销售预测进行生产，也就是说在生产环节可能实现零库存。但在其他的环节，比如零部件储备问题上未必可以做到，起码采购本身有个提前期是必需的，所以说"零库存"的概念是存在的，是企业降低库存的一个努力方向，但目前只是一种设想。

三、ABC 库存控制策略

ABC 库存控制策略又叫重点管理法、ABC 分类法。它以某类库存物资品种数占物资总品种数的百分数和该类物资金额占库存物资总金额的百分数大小为标准，将库存物资分为 A、B、C 3 类进行分级管理。ABC 分类法简单易行、效果显著，在现代库存管理中已被广泛使用。

ABC 分类的基础源于帕累托分析（Pareto analysis）。1951 年，美国通用电气公司董事长迪基对公司所属某厂的库存物资进行调查分析后发现上述原理适用于储存管理。它将库存物资按所占资金的比例分成三类，并分别对其采取不同的管理办法和采购、储存策略。

1. ABC 分类法的原理

仓库保管的物资品种繁多，有些物资的价值较高，对企业的发展影响较大，或者对储存的要求较高，而多数被储存的物资价值较低，对储存的要求不是很高。如果对所有的物资均采取相同的管理方法，则会投入过多的人力、资金，效果却事倍功半。如何在管理中重点突出，做到事半功倍，这是应用 ABC 分类法的目的。简言之，为了使有限的时间、资金、人力、物力等能得到更有效的利用，应对库存物资进行分类，将管理的重点放在重要的物资上，并依据其重要程度的不同，分别进行不同的管理，这就是 ABC 分类法的基本思想。

 拓展阅读

20/80 原则

20/80 原则是 ABC 分类法的指导思想。它告诉人们，不同的因素在同一活动中起着不同的作用，在资源有限的情况下，注意力显然应该放在起着关键性作用的因素上。ABC 分类法正是在这种原则指导下，对库存物资进行分类，以找出占用大量资金的少数库存物资，并加强对它们的控制和管理；对那些占用少量资金的大多数物资，则实行较简单的控制与管理。

一般地，将价值比例为 65%～80%、数量比例为 5%～20% 的物资划为 A 类；将价值比例为 15%～20%、数量比例为 20%～30% 的物资划为 B 类；将价值比例为

5%~15%、数量比例为 70%~80% 的物品划为 C 类。ABC 分类法并不局限于 3 类，可以增加，但有关经验表明，最多不要超过 5 类，过多的种类反而会增加控制成本。

2. ABC 分类的依据

ABC 分类的依据是库存中各品种物资每年消耗的金额，即年消耗量乘以它的单价。将年消耗金额高的划归为 A 类，次高的划归为 B 类，低的划归为 C 类。对具体划分标准及各类物资在总消耗金额中应占的比例并没有统一的规定，要根据各企业、各仓库库存品种的具体情况和企业经营者的意图来确定。ABC 分类法应用举例如表 4-2-2 所示。

表 4-2-2　ABC 分类法应用举例

产品序号	产品数量	单价/元	占用资金/元	占用资金比例/%	产品数量所占比例/%	分类
1	10	400	4 000	40	6	A
2	10	300	3 000	30	6	A
3	20	75	1 500	15	12	B
4	20	50	1 000	10	12	B
5	20	5	100	1	12	C
6	20	5	100	1	12	C
7	20	5	100	1	12	C
8	25	4	100	1	14	C
9	25	4	100	1	14	C
合计	—	—	10 000	100	100	—

（1）A 类物资。

A 类物资是指产品数量累计比例约占库存物资品种总数的 5%~20%，而平均资金占用额累计为 60%~80% 的物资。表 4-2-2 中产品序号为 2 的 A 类物资产品数量比例为 12%，占用资金比例为 30%。

（2）B 类物资。

B 类物资是指产品数量累计比例约占库存物资品种总数的 20%~30%，而平均资金占用额累计也为 20%~30% 的物资。表 4-2-2 中产品序号为 3 的 B 类物资产品数量比例为 24%，占用资金比例为 15%。

（3）C 类物资。

C 类物资是指产品数量累计比例约占库存物资品种总数的 60%~80%，而平均资金占用额累计为 15% 以下的物资。表 4-2-2 中产品序号为 6 的 C 类物资产品数量比例为 60%，占用资金比例为 1%。

这三类物资重要程度不同。A 类物资最重要，B 类物资次之，C 类物资最不重要。这就为库存控制工作中抓住重点、照顾一般，提供了数量上的依据。

3. ABC 分类法的一般步骤

（1）收集资料。

按分析对象和分析内容收集有关资料。应收集的资料包括每种库存物资的平均库

动画 9　ABC
分类法

存量和每种物资的单价等。

（2）处理资料。

对收集来的资料进行整理，按要求计算和汇总。用平均库存乘以单价，计算各种物资的平均资金占用比例。

（3）绘制 ABC 分析表。

根据表 4-2-2 的计算结果画出 ABC 分析图，如图 4-2-1 所示。

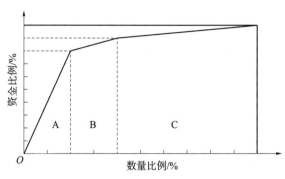

图 4-2-1　ABC 分析图

4. ABC 分类法的管理准则

在对库存物资进行过 ABC 分类之后，就应根据企业的经营策略对不同类别的库存物资进行不同的管理，有选择性地对库存进行控制，减轻库存管理的压力。

任务实施　＞＞＞＞＞＞＞＞＞＞＞＞

某单位去年全年对商品 M 的需求量见表 4-2-1，已知最大订货提前期为 4 个月，每箱产品的保管费用为 3 元，每次订货的成本为 30 元，试求商品 M 的订货点和经济订货批量。

针对主管给出的任务，李明同学决定按经济订货批量来进行订货。于是他整理了一下相关信息。由各月需求表得出月平均需求量为 168 箱，而最大提前期为 4 个月，那么订货点为 672 箱。当然，他也建议主管，为了预防送货不及时的情况，还需要预留一定的安全库存。

月平均需求量 =（174+161+175+165+172+171+165+170+163+174+160+166）/12

　　　　　　　 = 2 016/12 = 168 箱

订货点 = 168×4 = 672 箱

经济订货批量 $= \sqrt{\dfrac{2DS}{H}} = \sqrt{\dfrac{2 \times 2\,016 \times 30}{3}} = 201$ 箱

经济订货批量等于 201 箱。

任务三　智慧物流配送中心盘点作业解决方案

任务布置 > > > > > > > > > > >

华能商业有限公司配送中心的仓储主管告诉李明仓库内要定期进行盘点工作。那么，怎样来组织盘点活动呢？对于智慧物流配送中心，盘点作业的解决方案是什么？

任务资讯 > > > > > > > > > > >

在配送中心里，由于商品的不断进出库，经长期的累积会出现库存账面数量与实际数量产生差异的情况；同时也可能出现某些商品由于存放过久、养护不当，导致质量受到影响，难以满足客户需求的情况。为了有效地控制商品数量，而对各库存场所的商品进行数量清点的作业，称之为盘点作业。

一、智慧物流配送中心盘点作业安全要求

> **知识提示：**
> 如果盘点时，系统提示商品与货架实际商品不符。可告知现场问题处理人员进行处理。

智慧物流配送中心盘点作业安全要求如下。

（1）员工仓库内不允许穿拖鞋、露脚指头的鞋。

（2）禁止现场用明火或抽烟等现象。

（3）电动叉车工必须佩戴安全帽，作业时穿反光马甲。

（4）员工指甲保持干净整洁，禁止指甲太长刮到商品。

（5）禁止在库内嬉戏打闹。

（6）禁止在计算机上安装其他网络软件。

（7）禁止人站在液压车上滑行。

（8）禁止人站立在托盘上。

（9）如果全部脚掌着地（不踮脚）时手部拿不到商品中部高度，应使用小梯子，并且只能一人站于梯子上。

（10）完成作业后，按要求清理工作站，复原所有工具的定点摆放位置。

二、智慧物流普通盘点作业操作流程

智慧物流普通盘点作业操作流程如下。

（1）登录系统网址；

（2）登录自己的账号、密码；

（3）单击"库存管理"；

（4）单击"库存盘点"；

（5）单击右上角"＋"，可根据提示信息查询盘点单状态；

（6）单击"新增"，创建新盘点单。图 4-3-1 所示为创建普通盘点单界面。

图 4-3-1　创建普通盘点单界面

盘点类型——普通盘点单；按 SKU/按货架——此选项可选择；货主——选择需要盘点的货主名称。仓库——选择需要盘点的货物；盘点方式——明盘/盲盘；明盘——系统会提示库位商品名称、数量；盲盘——系统只提示库位商品名称，不显示商品数量，需要人为盘点后手动输入数量；在空格内输入 SKU 或者货架号，用英文逗号隔开，货架号只需填写货架号数字，如 P000416 就填写 416，如 C001240 就填写 1240；单击"添加 SKU/添加货架"；单击"保存"。

三、智慧物流异动盘点与随机盘点操作流程

1. 异动盘点

异动盘点：在此时间段库存商品数量有过变化的货架/库位。

（1）异动类型——可选择全部/上架/拣选；

（2）仓库——选择所在仓库；

（3）选择时间——选择异动开始时间/结束时间；

（4）盘点方式——明盘/盲盘；

（5）单击"保存"。

图 4-3-2 所示为异动盘点界面。

图 4-3-2　异动盘点界面

2. 随机盘点

随机盘点：可随机选择 SKU 或者货架进行盘点。

（1）按 SKU/按货架——此项可选择；

（2）货主——选择所在仓库的客户名称；

（3）仓库——选择所在的仓库；

（4）数量——根据需求输入盘点的 SKU/货架数量；

（5）单击"保存"。

图 4-3-3 所示为随机盘点界面。

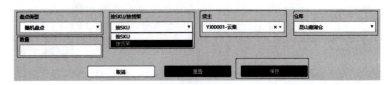

图 4-3-3　随机盘点界面

3. 盘点差异调整

（1）登录系统后台—异常处理—盘点异常；

（2）按"Ctrl+F"组合键，输入盘点单号，找到刚操作的盘点单；

（3）勾选盘点单，单击"调整"，根据系统提示，确认调整；

（4）调整差异>2 个，需现场主管确认；

（5）单击"强制完成"，此盘点单=无效调整；

（6）步骤（3），适用于盘点时有库存差异的调整操作，如盘点时无差异，不需要操作此步骤；

（7）调整差异需在盘点完成后立即调整，不可延误。

4. 智慧物流盘点注意事项

（1）盘点员工应使用操作人账号登录系统，严禁使用他人账号进行操作；

（2）盘点过程中应对商品进行六面检查。若发现残品，则填写问题卡，记录残品货位、商品信息和数量，交由问题组处理；

（3）盘点过程中扫描商品应拿离货位进行扫描，严禁手动输入商品条码；

（4）清点货位商品数量时将商品全部取出货架，逐个清点数量，根据实际数量输入。清点完成后，商品按照上架规则码放整齐，放回原货位；

（5）质量人员应对盘点过程进行监督，对盘点问题进行原因分析，并要求相应责任部门给予相应改善方案。

任 务实施 ＞ ＞ ＞ ＞ ＞ ＞ ＞ ＞ ＞ ＞ ＞ ＞ ＞

配送中心内部盘点作业可参照之前内容。

智慧物流配送中心盘点作业操作步骤如下。

（1）输入客户名、密码（登录自己的账号）。

（2）工作站类型——盘点。

（3）单击"登录"。

（4）在空格内粘贴已复制的盘点单号（指定盘点单盘点），或者单击"自动获取"，系统自动获取盘点单号。

（5）等待货架到达工作站。

（6）根据系统提示库位及商品明细和数量，扫描商品条码。

（7）将商品取出货架，逐个清点数量。

（8）输入实际盘点数量。

（9）单击"完成"，完成该库位的盘点工作。

（10）盘点过程中如遇到残品，记录残品货位、商品信息、数量。对于缠绕膜商品，正确固定缠绕膜，避免缠绕膜悬挂。

（11）如该货架还有盘点工作，重复步骤（7），继续盘点。保持工位清洁，不可有杂物进入黄黑线以内机器人区域，非许可不得进入黄黑线区域，以免阻挡机器人及货架行进。

实践训练　库存盘点单证的制作

一、实践目的

盘点是指对库存物资进行仔细核对，清点实际库存数，查对账面数的业务活动，亦称物资清查或物资盘存。盘点的目的是确保库存资产不受损失。通过检查、核对各项物资的实有数与账面结余是否相符，弄清经过频繁收发后物资数量是否准确，做到有物必有账、账物相符、账账相符，堵塞漏洞，纠正差错；明确存货水平，以便及时处理和补充；弄清物资质量是否发生变化，以便采取措施改进储存方法，提高储存质量。通过本项目的实训，使学生熟悉盘点的工作过程，掌握账、卡、物数目核对的技能，学会盘点单证的制作方法。

二、实践任务

上海××配送中心2021年3月18日对第6仓库的商品进行了盘点，该库主要存放食品，具体商品名称及数量如表4-4-1所示。此次盘点由甲、乙、丙3人负责，第一盘由甲负责，第二盘由乙负责，丙负责终盘复核。甲盘点后，得出的结论是库存商品数量与账面相符，只发现有6袋奶粉外包装破裂，这6袋奶粉分别是味全奶粉2袋，雀巢奶粉1袋，蒙牛奶粉2袋，光明奶粉1袋；乙二盘后，发现黑牛麦片少了2袋，如意麦片少了5袋，双汇火腿肠有4袋过期了；丙终盘复核后，得出的结论与乙相同。请根据上述信息，填制盘点单、盘点调整表和盘存卡。

表4-4-1　上海××配送中心第6仓库现存商品一览表

序号	商品名称	商品编码	存放位置	数量	单价
1	黑牛麦片	000571.1	第6排货架	540袋	18元/袋
2	辉煌麦片	000571.2	第7排货架	600袋	16元/袋
3	口佳麦片	000571.3	第8排货架	600袋	16元/袋
4	如意麦片	000571.4	第9排货架第1~5格眼	300袋	14元/袋
5	燕喜麦片	000571.5	第9排货架第9~16格眼	350袋	13元/袋
6	味全奶粉	000572.1	第1排货架	700袋	28元/袋
7	雀巢奶粉	000572.2	第2排货架	650袋	32元/袋
8	蒙牛奶粉	000572.3	第3排货架	482袋	26元/袋
9	光明奶粉	000572.4	第4排货架	516袋	27元/袋
10	双汇火腿肠	000573.1	第5排货架第1~6格眼	316袋	15元/袋

三、实践道具

盘点单、盘点调整表和盘存卡。

四、实践操作时间

2学时。

五、实践地点

物流实训室或教室。

六、实践考核标准

考核内容	考核标准	分值	实际得分
库存商品盘点单证的制作	盘点单填写正确	30	
	盘点调整表填写正确	40	
	盘存卡填写正确	30	
合计		100	

课后练习

一、选择题（单选题）

1. 储存商品的作业方法不包括（　　）。

A. 保管作业组织结构　　　　　　　　B. 检验方法

C. 商品保管技术　　　　　　　　　　D. 装卸操作技术

2. 入库数据登录注记包括①扫描条码标识（或人工键入）；②装盘；③贴条码标识；④人工预检，按顺序为（　　）。

A. ①③②④　　　B. ②④③①　　　C. ④②③①　　　D. ①④②③

3. 商品入库中经扫描确认货物种类和数量输入的程序称为（　　）。

A. 核销　　　　　B. 跟踪　　　　　C. 监控　　　　　D. 登录

4. 注记完成的货物托盘表明货物（　　）。

A. 将从托盘卸下　　　　　　　　　　B. 进入储存位置

C. 已被安排储存　　　　　　　　　　D. 获得储存货位

5. 商品分类时，仓库一般按商品（　　）分类。

A. 自然属性　　　B. 流向　　　　　C. 流量　　　　　D. 自然条件

6. 物品储存规划的方法是（　　）。

A. 分区　　　　　B. 分类　　　　　C. 定位保管　　　D. A、B 和 C

7. （　　）不属于商品编码方法。

A. 数字法　　　　　　　　　　　　　B. 实际意义编码法

C. 外形尺寸法　　　　　　　　　　　D. 暗示编码法

8. 商品存放位置的四组数字表示法包括①格号；②库房编号；③货架层数编号；④货架编号，按顺序为（　　）。

A. ①③②④　　　B. ③②④①　　　C. ②④③①　　　D. ①④②③

9. 一般高流量的储存货物可以安排在（　　）。

A. 距离主通道较远的位置　　　　　　B. 货架的较高层

C. 搬运距离最短的位置　　　　　　　D. 离装卸设施最近的位置

10. 堆垛商品不要求（　　）。

A. 包装完好　　　　　　　　　　　　B. 已清除外表沾污和尘土

C. 数量质量查清　　　　　　　　　　D. 所有权关系明确

11. 用四号定位方法表示 2 号库房，5 号料架，7 层，3 号料位，可以表示为（　　）。

A. E2G3　　　　　B. B5C7　　　　　C. B5G3　　　　　D. B3G5

12. 库存管理是在（　　）之间的均衡选择。

A. 最小储存与最低专用　　　　　　　B. 最大储存与最小成本

C. 正常供应与最低成本　　　　　　　D. 超额供应能力与正常成本

13. 定期或临时对库存商品的实际数量进行核查清点的作业，被称作（　　　）。

A. 清点　　　　　　　B. 盘点　　　　　　　C. 定期检查　　　　　D. 账货核对

二、简答题

1. 储位分配的策略有哪些？

2. 储位安排的原则是什么？

3. ABC 分类法的管理策略是什么？

4. 盘点作业流程是什么？

项目学习效果评价表

知识巩固与技能提高（40分）			得分：
计分标准：得分＝系数（20/单选题个数）×正确单选题个数+系数（20/简答题个数）×正确简答题个数			
学生自评（20分）			得分：
计分标准：自测结果A的个数×2.5+B的个数×1.5+C的个数×1（此项分值上限为20分）			
专业能力	评价指标	自测结果	要求（A掌握；B基本掌握；C未掌握）
掌握储位分配策略	（1）储位分配策略 （2）储位分配原则 （3）储位编码方法	A□ B□ C□ A□ B□ C□ A□ B□ C□	能够理解储位分配策略、掌握储位分配原则，能够进行储位编码
了解库存管理	（1）库存管理的方法 （2）ABC分类法	A□ B□ C□ A□ B□ C□	能够掌握并且介绍库存管理的方法，能够运用ABC分类法进行计算
了解智慧盘点作业	（1）盘点流程 （2）智慧盘点作业	A□ B□ C□ A□ B□ C□	能够根据教材中的提示和视频学习进行智慧物流系统操作，完成盘点作业
职业道德思想意识	（1）认真严谨 （2）遵守职业道德 （3）团结合作	A□ B□ C□ A□ B□ C□ A□ B□ C□	专业素质、思想意识得以提升，德才兼备
小组评价（20分）			得分：
计分标准：得分＝10×A的个数+5×B的个数+3×C的个数			
团队合作	A□ B□ C□	沟通能力	A□ B□ C□
教师评价（20分）			得分：
教师评语			
总成绩		教师签字	

项目五　配送中心拣选作业

职业素质导引: 从茶马古道、丝绸之路,到现在的"一带一路",纵观历史长河,我国的物流经历了长久的发展。近几年,无论是国家还是企业对物流都尤为重视。特别是无人机、无人仓的运用,"全国范围内 24 h 到达、全球范围内 72 h 到达"不再是梦想,更有很多城市实现了"小时达"。中国物流的脉络涉及千家万户,其中,大数据、AI、科学的库存管理、高效的物流和配送统筹,让资源利用更高效,物流人为中国经济的腾飞贡献着力量。作为配送中心最为重要的作业,拣选作业也需要与先进的方法和先进的设备相结合。大家查阅资料看一看我国先进物流的代表设备有哪些?

【知识目标】

掌握配送拣选作业的意义

了解不同配送拣选作业的内容

掌握配送拣选的策略

掌握配送加工的作用

了解配送包装的作用

【技能目标】

能够正确选择配送拣选方式

能够正确选择拣选策略

能够进行订单拣选操作

能够正确进行配送加工合理化处理

能够根据客户要求进行配送包装

【素质目标】

培养创新创业意识

培养爱国意识,增强民族自豪感

培养智慧物流职业技能

培养良好的物流职业素养

> **课堂小互动**
>
> 党的二十大报告指出"坚持百花齐放、百家争鸣,坚持创造性转化、创新性发展"。大家讨论:随着新的技术、新的方法的出现,大家知道学习新知识的重要性。那么对于未来的配送技术你有什么新的建议和想法呢?

引 例分析 >>>>>>>>>>>>>

2021 年 6 月 10 日上午 8 点半，李明正在华能商业有限公司配送中心实习，系统管理员进入管理系统，屏幕上的光标在不断闪动，提示有门店单据进入，需要处理。

8:30—9:00，市内 10 家门店的订单进入，这些订单的特点是品项不多但集中，每个品项数量平均，送货时间差异不大；

9:00—9:30，省内 8 家门店发来订单，这些订单的特点是品项多，每个品项数量不均衡，送货时间也有较大差异；

10:00—10:45，市内 10 家门店发来订单，这些订单的特点是品项种类不一致，每个品项数量不一致，送货时间也不一致；

11:00—11:30，省内 10 家门店和省外 8 家门店发来订单，这些订单的特点是品项较多，每个品项数量不均衡，送货时间、地点差异大。

面对这些订单状况，系统管理员需要考虑不同的因素，采用不同的拣选策略，应用不同的拣选方式，调度不同的拣选人员，才能完成这些订单的拣选工作，最终满足门店需求。

问题 1：拣选策略有哪些？

问题 2：如何选择合适的拣选方式？

问题 3：如何提高拣选效率？

任 务资讯 >>>>>>>>>>>>>

配货拣选，又称拣货，它是配送中心根据客户订单上的商品名称、数量和储存仓位地址，将商品从货垛或货架上取出，搬运到理货场所的作业。

一、配送中心拣选作业的流程

配送中心的一般拣选作业流程如图 5-1-1 所示。

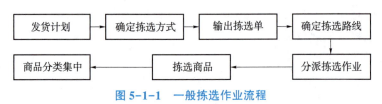

图 5-1-1　一般拣选作业流程

1. 发货计划

发货计划是根据客户的订单编制而成的。订单是指客户根据其用货需要向配送中心发出的订货信息。配送中心接到订货信息后需要对订单的资料进行确认，并进行存货查询和单据处理，根据客户的送货要求制订发货日程、编制发货计划。

2. 确定拣选方式

拣选通常有订单分别拣选、批量拣选及复合拣选三种方式。订单分别拣选是指按每份订单来拣选；批量拣选是指多张订单累计成一批，汇总数量后形成拣选单，然后根据拣选单的指示一次拣选商品，再进行分类；复合拣选则充分利用以上两种方式的特点，并将其综合运用于拣选作业中。

3. 输出拣选单

拣选单是配送中心运用计算机将客户订单资料进行处理后，生成并打印出的拣选单。拣选单上标明储位，并按储位顺序来排列商品编码，作业人员据此拣选可以缩短拣选路径，提高拣选作业效率。拣选单样式如表 5-1-1 所示。

表 5-1-1　拣选单样式

拣选单号码：				拣选时间：				
客户名称：				拣选人员：				
				审核人员：				
				出货日期：　　年　月　日				
序号	储位编号	商品名称	商品编码	包装单位			拣选数量	备注
				托盘	箱	小包		

4. 确定拣选线路及分派拣选作业

配送中心根据拣选单所指示的商品编码、储位编号等信息，能够明确商品所处的位置，确定合理的拣选线路，安排拣选人员进行拣选作业。

5. 拣选商品

拣选的过程可以由人工或自动化设备完成。通常小体积、小批量、搬运质量在人力范围内且出货频率不是特别高的商品，可以采取手工方式拣选；对于体积大、质量大的货物可以利用升降叉车等搬运机械辅助拣选；对于出货频率很高的货物可以采用自动拣选系统。

6. 商品分类集中

经过拣选的商品可根据不同的客户或送货线路分类集中。有些需要进行配送加工的商品还需要根据加工方法进行分类，加工完毕后再按一定的方式分类出货。多品种分类出货的工艺过程较复杂，难度也较大，容易发生错误，必须在统筹安排形成规模效应的基础上，提高作业的精确性。在物品体积小、质量轻的情况下，可以采取人工拣选，也可以利用机械辅助拣选，或利用自动拣选系统自动将拣选出来的货物进行分类与集中。

二、配送中心拣选作业的方式

1. 拣选的基本原则

拣选作业使用自动化设备的还占少数，大多是靠人工密集作业，因此在拣选系统中，工业工程方法的应用相当普遍，该方法可使生产力有效地提高。一般需掌握下述7个基本原则。

(1) 不要等待——零闲置时间；

(2) 不要拿取——零搬运（多利用输送带、无人搬运车）；

(3) 不要走动——动线的缩短；

(4) 不要思考——零判断业务（不依赖熟练工）；

(5) 不要寻找——储位管理；

(6) 不要书写——免纸张；

(7) 不要检查——利用条码由计算机来检查。

2. 拣选作业的方式

(1) 订单分别拣选方式。

订单分别拣选方式是指作业人员巡回于仓库内，按照每一张订单，将客户所订购的商品逐一从仓储存区中挑出、集中的方式，是较传统的拣选方式。

订单分别拣选方式的优点如下：

1) 按订单拣选，易于实施，而且配货准确度较高，不易出错；

2) 对各客户的拣选相互之间没有约束，可以根据客户需求的紧急程度调整配货的先后次序，订单处理前置时间短；

3) 拣选完一个订单，货物便配齐，因此拣选后不必再进行分类作业。该种方式适用于大量少品项订单的处理，有利于简化工序，提高作业效率；

4) 拣选作业人员数量也可随时调整，作业高峰时可临时增加作业人员，有利于开展即时配送；

5) 对机械化、自动化没有严格要求，不受设备水平的限制。

订单别拣选方式的缺点如下：

1) 商品品项多时，拣选行走路径加长，拣选效率会降低；

2) 拣选区大时，搬运系统设计较困难；

3) 少量多次拣选时，拣选路径重复费时、效率会降低。

订单分别拣选方式适用于以下几种情况。

1) 客户不稳定、波动较大，不能建立相对稳定的客户分货货位和分货线；

2) 客户之间的共同需求不是主要的，且差异很大；

3) 客户需求的种类很多，增加了统计和共同取货的难度；

4) 仓库向配送中心过渡。

(2) 批量拣选方式。

批量拣选方式是指把多张订单集合成一个批次，依商品品项分别将数量汇总后再进行拣选，之后依客户订单另做分类处理的拣选方法。

批量拣选方式的优点如下。

1）可以缩短拣选时行走搬运的距离，增加单位时间的拣选量；

2）由于各客户的配送请求需同时完成，可以同时对各客户所需货物进行配送，因此有利于车辆的合理化调配及规划配送线路，与按订单分别拣选相比可以更好地发挥规模优势。

批量拣选方式的缺点如下。

1）由于是集中取出共同需要的货物，再按货物货位分放，这就需要在收到一定数量的订单后再进行统计分析，安排好各客户的分货货位之后才能反复进行分货作业。因此，这种工艺难度较高、计划性较强，与按订单分别拣选相比错误率较高；

2）对订单无法做出及时反应，必须等订单达到一定数量后才能做一次处理，因此会有停滞时间。只有对订单的到达情况作等候分析，决定出适当的批量大小，才能将停滞时间减至最低。

批量拣选方式适用于以下几种情况。

1）订单数量庞大；

2）客户的需求有限且有很大程度的共同性。为了配合批次作业，可以要求商店按品类和货架商品群定期向配送中心补货；

3）客户需求种类有限，易于统计，且拣选时间不至于太长；

4）客户对配送时间没有严格的要求；

5）适合对效率和作业成本要求较高的配送中心；

6）专业性强的配送中心，容易形成稳定的客户需求，货物种类有限，适合采用批量拣选方式。

（3）变通拣选方式。

此外，还有根据订单分别拣选和批量拣选变通出来的两种方式——整合按订单拣选和复合拣选。

整合按订单拣选主要应用于一天中每一张订单只有一种品项的情况。为了提高配送效率，将某一地区的订单整合成一张拣选单，做一次拣选后，集中捆包出库，其属于按订单分别拣选的一种变通方式。

复合拣选是指按订单分别拣选与批量拣选的组合应用。根据订单品项、数量和出库频率决定哪些订单适合按订单分别拣选、哪些订单适合批量拣选。表5-1-2所示为4种拣选方式的比较。

表5-1-2　4种拣选方式的比较

拣选方式	优点	缺点	适用场合
订单分别拣选	作业方法简单、订货提前期短、作业弹性大、作业人员责任明确、作业容易组织、拣选后不必再进行分类作业	商品品种多时，拣选行走的路径变长、拣选效率低、必须配合货架货位号码	多品种、小批量的订单

续表

拣选方式	优点	缺点	适用场合
批量拣选	合计后拣选，效率高、人力成本较小	种类多时实施困难，增加出货前的分货作业，必须全部作业完成后才能发货	小品种批量出货且订单的重复率较高
整合按订单拣选			一天中每一个订单只有一种品项的拣选方式
复合拣选			订单密集且订单量大

讨论：
还有哪些常用的拣选方式?

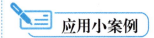 **应用小案例**

20世纪90年代中后期，一家大型零售企业，为了提高物流效率，为其配送中心购买了一套自动拣选设备。但是购买后发现由于规模、技术等原因不能有效使用该设备，出现了手工拣选成本低于自动拣选成本的情况。因此，该设备被闲置起来。请用配送中心设备选择的相关要点对该案例予以分析。

（要点省略）

该公司的问题主要体现在：①在设备选择时盲目追求先进性；②没有充分了解自动拣选设备的基本使用要求，即规模性，当时该类企业的日销售量不能满足要求。配送中心在进行设备选择时应遵循三项基本原则：①先进性：不买落后设备；②经济性：尽量在符合条件下，购买价格便宜的；③合理性：设备作业能力与物流需求相适应。最后应依据系统性原则，要做到先进性与经济性、合理性相结合。落实到设备选择的具体要点有：①设备的使用方法；②设备的形状、尺寸和质量；③设备的作业能力；④物流量的平衡。

微课9 拣选作业策略

三、配送中心拣选作业的策略（物流执业资格考试内容）

拣选策略是影响拣选作业效率的重要因素，根据不同的订单需求应采取不同的拣选策略。决定拣选策略的4个主要因素是分区、订单分割、订单分批及分类。

1. 分区策略

分区是指对拣选作业场地做区域划分。按分区原则的不同，可分为4种分区方法。

（1）商品特性分区。

根据商品原有的性质，将需要特别储存、搬运或分离储存的商品进行分区，以保证商品在储存期间的品质。

（2）拣选单位分区。

将拣选作业区按拣选单位进行分区。

（3）拣选方式分区。

在不同的拣选单位分区中，按拣选方法和设备的不同，又可分为若干个区。通常是按商品销售的 ABC 分类法，根据出货量的大小和拣选次数的多少作 ABC 分类，然后选用合适的拣选设备和拣选方式。

（4）工作分区。

在相同的拣选方式下，将拣选作业场地再次划分，由一个或一组固定的拣选人员负责拣选某个区内的商品。

以上的拣选分区可同时存在于一个配送中心内，或者单独存在。除接力式拣选外，在分区拣选完成后仍需将拣出的商品按订单加以集合。

2. 订单分割策略

订单分割的原则是按分区策略而定的。一般来说，订单分割策略主要用于配合拣选分区的结果，因此在拣选单位分区、拣选方式分区及工作分区完成后，应决定订单分割的范围大小。订单分割既可以在原始订单上做分离设计，也可以在订单接收之后做分离的信息处理。订单分割策略必须与分区策略联合运用才能有效发挥作用。

实操视频 2
电子标签
拣选实操

3. 订单分批策略

订单分批是为了提高拣选作业效率而把多张订单集合成一个批次，进行批次拣选作业，其目的是缩短拣选时平均行走搬运的距离和时间。若再将每批订单中的同一商品品项加总后拣选，然后再把商品分类给每一个客户订单，则形成批量拣选，这不仅缩短了拣选时平均行走搬运的距离，也减少了重复寻找货位的时间，从而使拣选效率得到提高。如果每批订单的数目过多，则必须耗费较多的分类时间，甚至需要强大的自动拣选系统的支持。

实操视频 3
整箱货物
拣选实操

订单分批的适用情况如表 5-1-3 所示。

表 5-1-3　订单分批的适用情况

	配送客户数量	订货特点	需求频率
总合计量分批	数量较多且稳定	差异小而数量大	周期性
固定订单量分批	数量较多且稳定	差异小且数量不大	周期性或非周期性
时窗分批	数量多且稳定	差异小且数量小	周期性
智能型分批	数量较多且稳定	差异大	非即时性

4. 分类策略

采用批量拣选方式时，拣选完成后还必须进行分类，因此需要与之相配合的分类策略。分类策略大致可分为以下两类。

（1）拣选时分类；

（2）拣选后集中分类。

 拓展阅读

不同拣选方式的设备配置

（1）全自动方式的设备配置。

全自动方式的设备配置如表 5-1-4 所示。

表 5-1-4　全自动方式的设备配置

保管→出货	设备模式
P→P	托盘式自动仓储系统+输送机（穿梭车）
P→C	自动仓储系统+托盘车+输送机
P→C	自动仓储系统+穿梭车+机器人
C→C	流动式货架+拣选机+输送机
C→B	流动式货架+机器人+输送机
B→B	自动拣选机+输送机

（2）半自动方式的设备配置。

半自动方式的设备配置如表 5-1-5 所示。

表 5-1-5　半自动方式的设备配置

保管→出货	设备模式
P→C	自动仓库+输送机
C→B	水平旋转自动仓库+输送机
B→B	垂直旋转自动仓库+手推车

（3）人工方式的设备配置。

人工方式的设备配置如表 5-1-6 所示。

表 5-1-6　人工方式的设备配置

保管→出货	设备模式
P→P	托盘式货架+叉车
P→C	托盘式货架+叉车（托盘车）
P→C	托盘式货架+笼车
P→C	托盘式货架+手推车
P→C	托盘式货架+输送机
C→B	流动式货架+笼车

续表

保管→出货	设备模式
C→B	流动式货架+手推车
C→B	流动式货架+输送机
C→B	箱式平货架+手推车
B→B	箱式平货架+输送机

相关问题答案可在本部分正文内容中找到答案。

任务二　配送包装与配送加工

引 例分析 > > > > > > > > > > >

李明发现在华能商业有限公司配送中心的作业中，有很多装卸搬运活动，这些活动都会参照商品包装上的标识进行操作，所以包装对于配送中心装卸搬运活动、配送加工活动以及增值服务有着十分重要的作用。

问题1：配送包装安全标记有哪些？

问题2：配送包装技术有哪些？

问题3：李明发现在配送中心里有如下配送加工活动。通过用20枚包装的鸡蛋包装盒可使鸡蛋破损率由原来的9%降为现在的1%（破损情况只在包装时产生），每盒鸡蛋可卖10元。现有一家加工企业接到一份订单需要将41万枚鸡蛋进行包装，每枚鸡蛋进价为0.3元，每个包装进价为1元。可否对此次配送加工活动进行评估（如果鸡蛋单价为0.5元，又该如何评估）？

思考：

你能举例说明包装的保护性体现在什么地方？

任 务资讯 > > > > > > > > > > >

我国国家标准GB4122.1—2008《包装术语第1部分：基础》中将包装明确定义为在流通过程中保护产品，方便储存，促进销售，按一定技术方法而采用的容器、材料及辅助物等的总体名称，也指为了达到上述目的而采用容器、材料和辅助物的过程中施加一定方法等的操作活动。

商品包装包括两方面含义，一方面是指盛装商品的容器，通常称作包装物，如箱、袋、筐、桶、瓶等；另一方面是指包装商品的过程，如装箱、打包等。

一、包装的作用

1. 商品包装的特征和功能

商品包装具有以下3大特征。

（1）对商品的保护性；

思考：

你能举例说明包装的单位集中性体现在什么地方？

（2）单位集中性；

（3）方便性。为产品配送、消费提供方便是合理包装必备的特征。

基于商品包装的这3个特征，使包装具有4个功能，即保护商品、方便物流、促进销售和方便消费。

 **拓展阅读**

包装的保护性主要体现在以下几个方面。

（1）防止产品破损变形。

产品包装必须能够承受在装卸、运输、储存等过程中的各种冲击、振动、颠簸、压缩、摩擦等外力的作用，形成对内装产品的保护。

（2）防止产品发生化学变化，影响产品的使用价值。

产品在配送、消费过程中易受潮而发生发霉、生锈等化学变化，影响产品的正常使用。这就要求包装能在一定程度上起到阻隔水分、潮气、溶液、光线中有害气体的作用，避免外界环境对产品的不良影响。

（3）防止有害生物对产品的影响。

鼠、虫及其他有害生物对产品有很大的破坏性。包装封闭不严，会给细菌、虫类等造成侵入之机，导致变质；鼠、白蚁等生物会直接吞蚀纸张、木材等。这就要求包装能够具有阻隔霉菌、虫、鼠等侵入的能力，形成对内装产品的保护作用。

（4）防止异物混入、污物污染、丢失、散失和盗失等作用。

2. 包装在配送中的作用

（1）包装和配送运输的关系。

1）合适的包装能够增加物品在配送运输环节中的安全性。

2）在不同的配送运输环节，对于商品的包装有不同的要求。

3）特殊的商品对于包装和配送运输条件、运输过程中的防护措施，有更高的要求，需要采用特殊的包装，以及与之相对应的特殊的运输条件等，如一些药品、化工产品等。

（2）包装与配送搬运及装卸的关系。

1）合适的包装能够增加物品在配送搬运及装卸过程中的安全性。

2）不同的配送搬运及装卸方式需要不同的包装进行配合。

（3）包装和配送储存的关系。

1）合适的包装能够使商品在配送及储存过程中避免受到损害。

2）配送及储存环节又受到包装的制约。

（4）包装与配送中心物流信息的关系。

商品包装与商品条码、物流条码等信息相结合，构成了现代商品信息的重要部分。

> **知识提示：**
>
> 　按包装在配送中的作用分类，包装可分为工业包装和商业包装。按产品的经营习惯分类，包装可分为内销商品包装、出口商品包装和特殊商品包装。按包装层次不同分类，包装可分为内包装、中包装、外包装。

 **拓展阅读**

在堆垛的过程中，过高的堆垛可能会使底层的货物受压变形甚至被压碎，因此需要强度较大的外包装。以10 kg的货箱为例，如果货物码放8层，那么，最底层箱子的最低承重量应为70 kg。又如，在仓库存放的过程中，绝大多数的商品在潮湿的环

境中都会受到不同程度的损害。因此，除了仓库中必要的防护措施以外，防水防潮功能的包装也是所需的。

如果纸箱的设计承重为 70 kg，那么，即使仓库很高，货物能够堆垛很多层，也只能码放 8 层。这样就有可能造成仓库空间的浪费。

二、配送包装的材料

包装材料是指用于制造包装容器和包装运输、包装装潢、包装印刷、包装辅助材料及与包装有关材料的总称。包装材料与包装功能存在着不可分割的联系。

1. 包装材料应具备的性能

从现代包装具备的使用价值来看，包装材料应具备以下几个方面的性能。

（1）保护性能；

（2）加工操作性能；

（3）外观装饰性能；

（4）方便使用性能；

（5）节省费用性能；

（6）易处理性能。

2. 配送包装材料的选用

（1）金属材料。

金属包装材料是指把金属压制成薄片，用于产品包装的材料，主要指钢材和铝材，其形式为薄板和金属箔，前者为刚性材料，后者为软性材料。

（2）玻璃。

玻璃是一种比较传统的包装材料，其主要成分为硅酸盐。

玻璃本身具有优良的特性，其加工制造技术不断进步，是现代包装的主要材料。

玻璃瓶和玻璃罐是常见的玻璃包装形式，可用于存放酒、饮料、食品、药品、化学试剂和化妆品等。

（3）木材。

木材作为包装材料的历史悠久。几乎所有的木材都可以用于包装材料，特别用于外包装材料更显优势。由于木材资源有限，且用途比较广泛，不断有被替代（塑料、复合材料、胶合板等）的趋势。木材作为包装材料的比重在不断下降，但是在一定范围内，木材在包装中的使用还占有十分重要的地位。

（4）纸和纸板。

在包装材料中纸的应用最为广泛。纸是由植物纤维经过一系列加工过程，加入适当的胶料、填料、色料制成的，其主要成分为纤维素。纸属于软性薄片材料，无法形成固定形状的容器，常用于做衬垫和口袋。纸板属于刚性材料，能形成固定形状的容器。

图 5-2-1 所示为牛皮纸和金属包装材料。

讨论：

　　为下面的物品设计合适的包装材料：茶叶、啤酒、书本、膨化食品、衣服、高档皮鞋、水果硬糖。

（a）　　　　　　　　　　　　　（b）

图 5-2-1　牛皮纸和金属包装材料

（a）牛皮纸；（b）金属包装材料

拓展阅读

　　瓦楞纸板由瓦楞原纸加工而成，先将瓦楞原纸压成瓦楞状，再用胶粘剂将两面粘上纸板，使纸板中间呈空心结构，从平面上能承受一定质量的压力，富有弹性，能起到防振和保护商品的作用。

　　瓦楞纸是包装工业中应用最广泛的包装材料，可应用在包装工业产品和各类民用商品上，且随着国际市场对货物木材包装检疫的限制，在很多情况下取代了木箱和金属箱。

　　瓦楞纸的特性如下：

（1）良好的抗压性能；

（2）缓冲力强；

（3）印刷效果好；

（4）节省成本。

　　随着物流行业的逐步发展，针对微型瓦楞纸板硬度好、强度高、质量轻、成本低、便于印刷的优点，一些企业采用了 E 楞微型瓦楞纸板取代过去采用的 B 楞、C 楞等单瓦楞纸包装。改进后的包装，不仅能够达到产品的安全运输要求，而且每年还降低了包装物料和运输成本。在制作海报式瓦楞纸板展示架时，不只在支架处采用瓦楞纸板，甚至大量应用 G 楞、N 楞、F 楞等微型瓦楞纸板替代传统的 PVC 板材，使整个海报式瓦楞纸板展示架质量更轻，不但便于运输，而且易于回收、价格更低。

应用小案例

　　请分析表 5-2-1 中的几种常用包装材料的特点，比较它们的优缺点并完善该表。

表 5-2-1　几种包装材料的特点

包装材料	保护性能	材料成本	加工成形	方便装卸	装饰性能
纸、纸板					
金属					
木材					
塑料					
玻璃、陶瓷					

三、配送包装的标识

包装标志有如下 4 种。

（1）运输标志，即唛头。

（2）指示性标志。

对于易碎、需防潮和防颠倒等商品，在包装上用醒目图形或文字标明"小心轻放""防潮""此端向上"等标识。

（3）警告性标志。

对于危险物，如易燃、有毒或易爆炸等物品，在外包装上必须醒目地标识，以示警告。

（4）危险品标志。

危险品标志是用来表示危险品的物理、化学性质，以及危险程度的标志。它可提醒人们在运输、储存、保管、搬运等活动中引起注意。

根据国家标准 GB 190—2009《危险货物包装标志》规定，在水陆、空运危险货物的外包装上拴挂、印刷或标打不同的标志，如爆炸品、遇水燃烧品、有毒品、剧毒品、腐蚀性物品、放射性物品等。图 5-2-2 所示为各种包装标识。

动画 10　包装标识

图 5-2-2　各种包装标识

四、配送包装技术

常用配送包装操作技术如下。

（1）充填技术。

充填是将商品装入包装容器的操作，分为装放、填充与灌装 3 种形式。

（2）封口和捆扎技术。

（3）裹包。

裹包是用一层柔性材料包覆商品或包装件的操作。

（4）加标和检重。

加标就是将标签粘贴或拴挂在商品或包装件上，标签是包装装潢和标志，因此加标也是很重要的工作。检重是检查包装内容物的重量，目前大多采用电子检重机进行检测。

五、配送加工的定义

配送加工（distribution processing）是指在物品从生产领域向消费领域流动的过程中，为了满足消费者多样化需求和促进销售、维护产品质量、提高物流效率，对物品进行的加工作业的总称。

时装 RSD 服务

RSD 服务是时装的接受（receive）、分类（sort）和配送（distribution）服务。

RSD 是 TNT 澳大利亚公司下属的一家分公司开展的物流服务业务。它可以为客户提供从任何地方来，到任何地方去的时装配送加工、运输、配送的服务。

时装 RSD 服务是建立在时装仓库的基础上的。时装仓库最大的特点是具有悬挂时装的多层仓库导轨系统。一般有 2~3 层导轨悬挂的时装，可以直接传输到运送时装的集装箱中，形成时装取货、分类、库存、分送的仓储、配送加工、配送等的集成系统。在这个基础上，无论是平装还是悬挂的时装，都能以最优越的时装运输条件，进行"门到门"的运输服务。

在先进的时装运输服务基础上，公司开展 RSD 服务项目，其实质是一种配送加工业务。RSD 服务满足了时装制造厂家、进口商、代理商或零售商的需要，依据客户及市场的情况对时装的取货、分类、配送全部过程负责。

时装 RSD 服务可以完成制衣过程的质量检验等工作，并在时装仓库中完成进入市场前的一切准备工作。

（1）取货：直接到制衣厂上门取货；

（2）分类：根据时装颜色、式样进行分类；

（3）检查：检查时装颜色、脱线等质量问题；

（4）装袋：贴标签后装袋、装箱；

（5）配送：按销售计划，直接送达经销商或客户；

（6）信息服务与管理：提供相应的时装信息服务和计算机化管理。

许多属于生产过程的工作程序和作业，可以在仓储过程中完成，这是运输业务的前向和后向延伸，是社会化分工协作的又一具体体现。这样，服装生产厂家，可以用最小的空间（生产场地）、最少的时间、最低的成本来实现自己的销售计划，物流企业也有了相对稳定的业务量。

问题：案例中有哪些配送加工活动？配送加工的作用是什么？

> **讨论：**
>
> 你是否喜欢现在流行的 DIY 产品，为什么？还有哪些产品推行了 DIY？

在 GB/T 18354—2021《物流术语》中定义，流通（配送）加工是物品在从生产地到使用地的过程中，根据需要施加包装、分割、计量、分拣、刷标志、贴标签、组装、组配等简单作业的总称。

微课 10　配送
加工类型

六、配送加工的类型（物流职业资格考试内容）

按加工目的的不同，配送加工形式可以分为以下几种。

（1）为弥补生产领域加工不足的深加工。

（2）为满足需求多样化进行的服务性加工。

（3）为保护产品所进行的加工。

（4）为提高物流效率，方便物流的加工。

（5）为促进销售的配送加工。图 5-2-3 所示为蔬菜的配送加工，该活动主要对蔬菜进行削皮、筛选等简单的处理。

动画 11　配送
加工与生产
加工的区别

图 5-2-3　蔬菜的配送加工

（6）为提高加工效率的配送加工。

（7）为提高原材料利用率的配送加工。

（8）衔接不同运输方式，使物流合理化的配送加工。

（9）以提高经济效益，追求企业利润为目的的配送加工。

（10）生产-配送一体化的配送加工形式。

讨论：

你能否给不同的配送加工类型举例？

 应用小案例

天然气的液化加工

液化天然气（liquefied natural gas，LNG）是天然气的液态形式，LNG 更有利于远距离运输、储存，使天然气的应用范围更广。目前国内 LNG 的利用刚刚开始，已建成

投产了中原油田的天然气液化工厂、上海浦东的天然气液化工厂及新疆广汇集团在吐哈油田的天然气液化工厂。

LNG 是天然气的液态形式。在液化天然气工厂将油气田产出的含有甲烷的天然气经过"三脱"（即脱水、脱烃、脱酸性气等）净化处理后，采用膨胀制冷工艺或外部冷源，使甲烷变为 −162 ℃ 的低温液体。LNG 的主要成分是甲烷，还含有少量乙烷、丙烷、N_2 等物质。LNG 的密度取决于其组分，通常为 430 ~ 470 kg/m³，在常压下温度为 −162 ℃。天然气液化后体积缩小为原来的 1/600，为天然气的高效输送提供了新的途径，也扩大了天然气的利用领域。天然气在液化过程中脱除了 H_2O、重烃类、H_2S 等杂质，比一般天然气更加纯净，燃烧更完全，是最清洁的能源之一。但 LNG 温度低，使金属低温收缩，容易造成管道损坏和泄漏。

LNG 气化站是下游天然气应用时采用的主要模式，主要作用是储存、气化和输送LNG，主要包括卸车台、LNG 储罐、增压器、气化器及调压、计量和加臭装置。

LNG 通过 LNG 槽车运到气化站，槽车、储罐通过增压器进行增压，在压差作用下，通过卸车台的管道进入站内的 LNG 储罐。LNG 储罐通过增压器使储罐压力达到一定值，罐内 LNG 通过出液管道进入气化系统，使 LNG 气化升温达到设定值，再通过出站调压装置将压力降到要求值，然后通过计量和加臭装置进入燃气管网系统。城市 LNG 气化站工艺流程如图 5-2-4 所示。

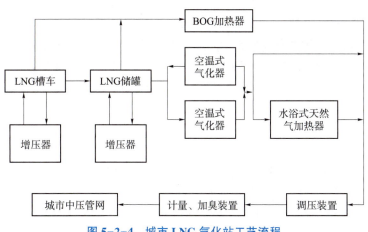

图 5-2-4　城市 LNG 气化站工艺流程

问题 1：除天然气的液化加工外，你还能举出可以对哪些工业原材料进行加工以提高物流效率、方便物流？

问题 2：实际上，对天然气进行液化加工的投资规模也相当大。请你查阅相关资料，试比较一下用管道输送天然气和用容器装运经过液态加工后的天然气，哪一个投资规模更大？

问题 3：以天然气的液化加工为例，试分析配送加工会带来哪些经济效益？

七、配送加工的合理化

（1）加工和合理运输相结合。

在干、支线运输转运点，设置配送加工，既充分利用了干、支线转换本来就必须停顿的环节，又可以大大提高运输效率及运输转载水平。

（2）加工和配送相结合。

微课11 配送加工的合理化

将配送加工设置在配送点中，一方面按客户和配送的需要进行加工，另一方面加工又是配送业务流程中的一个环节。加工后的产品直接投入配货作业，这就无须单独设置一个加工环节，而使配送加工与中转配送紧密地结合起来，使配送加工有别于独立的生产。同时，配送之前有加工，可使配送服务水平大大提高。这是当前对配送加工做合理选择的重要形式，如在对煤炭、水泥等产品的配送中已表现得较为突出。

（3）加工和配套相结合。

在配送中往往有"配套"需求，而配套的主体来自各个生产单位，但全部依靠现有的生产单位有时无法实现完全配套。如果进行适当的配送加工，即可以有效促成配套，大大提高配送的桥梁与纽带作用。

（4）加工和商流相结合。

通过加工有效促进销售，使商流合理化，也是配送加工合理化的考虑方向之一。

（5）加工和节约相结合。

节约能源、节约设备、节约人力、节约耗费是配送加工合理化考虑的重要因素，也是目前我国设置配送加工，考虑其合理化较普遍的形式。对于配送加工合理化的最终判断，是看其是否能带来社会和企业本身的效益，而且是否取得了最优效益。对配送加工企业而言，与一般生产企业一个重要不同之处是，配送加工企业更应树立以社会效益为第一的观念，只有这样才会有生存价值和发展空间。

任务实施 > > > > > > > > > > > >

问题1：配送包装的安全标记有哪些？（见本部分正文）

问题2：配送包装技术有哪些？（见本部分正文）

问题3：李明发现在配送中心里有如下配送加工活动。通过用20枚包装的鸡蛋包装盒可使鸡蛋破损率由原来的9%降为现在的1%（破损情况只在包装时产生），每盒鸡蛋可卖10元。现有一家加工企业接到一份订单需要将41万枚鸡蛋进行包装，每枚鸡蛋进价为0.3元，每个包装进价为1元。可否对此次配送加工活动进行评估（如果鸡蛋单价为0.5元，又该如何评估）？

没有进行配送加工之前的成本如下。

鸡蛋的进价：410 000×0.3＝123 000（元）

亏损的部分：410 000×0.3－410 000×0.09×0.3＝11 070（元）

卖出的部分：410 000×（1－0.01）÷20×10＝186 550（元）

进行配送加工的成本：

鸡蛋的进价：410 000×0.3＝123 000（元）

亏损的部分：410 000×0.3−410 000×0.01×0.3＝1 230（元）

卖出的部分：410 000×(1−0.01)÷20×10＝202 950（元）

加工之前与加工之后的区别：

成本上：加工之后得到 410 000×0.08×0.3＝9 840（元）的亏损减少；

利润上：得到 410 000×0.08÷20×10＝9 840（元）企业的多余利润；

形象上：使用了缓冲包装方法（模盒法），提高企业形象，增加销售利润。

任务三　智慧物流配送中心拣选作业解决方案

引 例分析 ＞＞＞＞＞＞＞＞＞＞＞

通过一段时间在华能商业有限公司配送中心的学习，李明了解了配送拣选的相关问题，能够按照客户要求和相关条件完成拣选任务，但是新建成的智慧物流配送中心拣选要求是什么样的呢？李明拿到一份拣选任务单，如表5-3-1所示。他想知道在智慧物流配送中心里怎样完成拣选任务？有什么要求？

表5-3-1　拣选任务单

订单号：		拣选员：		拣选单号码：	
客户代号：		客户名称：		日期：	
序号		商品名称		数量	备注

任 务资讯 ＞＞＞＞＞＞＞＞＞＞＞

一、智慧物流配送中心订单拣选注意事项

智慧物流配送中心订单拣选前会进行如下流程。

（1）系统推单：客户下单后，订单推送至自营仓全仓系统，仓储运营部门应监控推单的情况及进度，合理安排生产计划。若出现推单异常情况，应及时联系客户进行解决；

（2）订单组波：客户推单正常的情况下，仓储运营部门应根据各仓波次设置对订单进行组波操作，并下发任务；

（3）拣选操作：当订单任务下发后，下游开始进行拣选操作。

订单拣选注意事项如下。

1）拣选人员应使用操作人账号登录系统，严禁使用他人账号进行操作；

2）拣选时应对商品进行全面检查，商品完整不能有破损压痕，商品不能有灰尘，将符合残品标准的商品放入问题区；

3）拣选过程中应根据系统提示，拿取指定货位的需求商品数量，对于错拣或多拣商品严禁随意归位；

4）拣选完成后，应及时固定鱼丝带。拿取托盘库位商品后，把库位纸箱保持闭合状态，严禁纸箱处于打开状态；

5）拣出商品应根据系统提示放入对应容器内，严禁抛丢商品，避免以重压轻、以大压小，相似商品在容器内应进行有效隔离。

二、智慧物流配送中心订单拣选操作流程

智慧物流配送中心订单拣选操作流程如下。

（1）登录工作站，选择工作站类型——拣选。

（2）任务配置：单击页面右下角的"任务配置"。选择：操作货主——承运商快递；操作类型——优先级策略；单击"启动接单"，开始拣选。

（3）拣取商品：机器人托运货架到工作站，根据页面提示，到指定库位拿取商品、核实商品数量、扫描商品条码、放到指定库位；取完商品，固定鱼丝带；纸箱保持闭合状态。

（4）放置商品：将拣取的商品放到电子标签容器中，根据显示器或电子标签提示放入对应的数量，拍灭亮灯。根据系统提示数量放入，不可多放、少放。

（5）放置拣选容器：工作站接到任务时，电子标签亮灯，扫描拣选容器上面的条码，放到亮灯位置，拍灭亮灯。重复步骤（3）、步骤（4），直至拍灭（单击完成）所有的亮灯。

在拣选放置时要注意以下几项。

1）易碎品轻拿轻放，对所有商品不允许有抛物动作。

2）商品完整不能有破损压痕，商品不能有灰尘。

3）液体商品不能倒立或平躺放置，只能正立放置。

4）商品拣出后，在拣选容器内，按照大不压小、重不压轻、易碎品单独放置的原则整齐码放。

5）借助登高梯拣选时，需要将登高梯固定好，保持地面平坦。

6）拣选完成后，及时固定鱼丝带。

7）拣取商品的时候，根据提示数量拣取商品，不可多拣、少拣。

8）如果有托盘库位，在拿取商品后，把库位纸箱保持闭合状态，严禁纸箱处于打开状态。

9）一个库位有3个SKU，在拣选过程中，发现提示商品不正确，把此商品放到库位，再拿取下一件，严禁不归还商品就拣取下一件商品进行条码扫描。

（6）订单完成：当一个订单拣选完成时，电子标签会亮灯，拿出对应的容器，拍灭亮灯。

（7）增加拣选筐：如果在拣选过程中，有指示灯亮起，说明有新的订单进来，重

复拣选过程，放置拣选容器，继续拣选。

（8）拣选完成：当把所有任务的拣选完成后，该工作站拣选任务结束。图5-3-1所示为完成拣选之后的周转箱。

图5-3-1　完成拣选之后的周转箱

（9）交给包装人员：将完成订单的拣选容器放在流水线上（待包装区），交给包装人员。

 **拓展阅读**

智慧物流配送拣选安全要求

（1）仓库内不允许穿拖鞋、露脚指头的鞋；

（2）禁止现场用明火或抽烟等现象；

（3）电动叉车工必须佩戴安全帽，作业时穿反光马甲；

（4）员工指甲保持干净整洁，禁止指甲太长刮到商品；

（5）禁止在库内嬉戏打闹；

（6）禁止在计算机界面安装其他网络软件；

（7）禁止人站在液压车上滑行；

（8）禁止人站立在托盘上；

（9）遵守6S要求，区分容器状态（空/满）与暂存区的摆放；

（10）完成作业后，按要求清理工作站，复原所有工具的定点摆放。

三、智慧物流配送中心包装流程

1. 注意事项

（1）包装员工应使用操作人账号登录系统，严禁使用他人账号进行操作；

（2）包装过程中应对商品进行全面检查，商品完整不能有破损压痕，商品不能有灰尘；

（3）包装过程中应严格复核商品与系统需求种类、数量是否一致，严禁手动输入商品条码进行复核；

（4）液体及易碎类商品应根据客户要求进行预包装，严禁无预包装裸发商品；

（5）包装箱选择应根据系统推荐选取正确箱型，该品牌最大纸箱无法满足时，应选用尺寸合适的供应商原箱进行包装；

（6）装入商品后，在箱内有剩余空间的情况下，气枕需要填充在商品与商品之间，且填充充分，避免商品之间互相碰撞造成残损，保证商品轻摇不晃；

（7）包装箱封箱应按照封箱要求进行封箱或封袋；

（8）包装流程应严格遵循单件流程，严禁同时操作多个订单，以免造成混货；

（9）包装环节应严格遵守客户包装需求，同时针对系统上的客户信息进行保密性查询权限管理。

图 5-3-2 所示为配送包装。

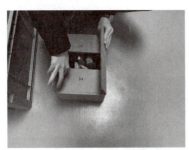

图 5-3-2 配送包装

2. 智慧物流配送中心包装流程

（1）逐单打包。

1）登录工作站，输入员工系统账号、密码，选择工作站类型——复核打包，进入复核包装操作界面后，确认摄像头显示覆盖操作区域。如出现摄像头异常情况，应向管理人员报告，正常后方可进行操作；

2）扫描复核容器条码。操作界面显示订单商品明细，逐一扫描商品条码。批量商品应逐一扫描商品条码，禁止单一商品连扫；

3）选取包装材料。根据系统推荐的材料，选择对应的包装材料，并扫描对应的材料编码。必须根据系统推荐选择包装材料。若出现无法装下的情况，应呼叫问题处理人员，严禁私自更换材料；

4）商品包装。根据商品属性，对商品进行包装，易碎品、玻璃制品等需要包裹气泡膜；

5）发货清单和赠品卡片。若订单要求打印发货清单及附赠商品卡片，则需将发货清单及附赠卡片一并放入包装材料内。商品及赠品码放应遵循大不压小，重不压轻的原则；

6）根据包装规则封箱。将商品等全部装入包装材料内后，根据包装规则进行封箱；

7）张贴快递面单。将打印出的快递面单贴在快递袋或纸箱固定位置，包裹面单应张贴平整。

思考：
　　除了以上包装注意事项，你认为在配送包装环节还要注意什么问题？

拓展阅读

智慧物流配送包装要求

（1）易碎品。

先用缠绕膜进行包裹，根据商品属性，包裹1~2圈，用胶带进行粘合固定。商品轻拿轻放。如图5-3-3所示为易碎品包装。

（2）飞机盒。

飞机盒适用于衣服等商品。商品装进去需保持飞机盒平整，不可有因商品过多造成飞机盒鼓起的现象。

（3）"一"字型封箱。

"一"字型封箱适用于装银饰品、手机壳等小型盒子。封箱两侧胶带接口处需粘合，即胶带绕纸箱一圈。图5-3-4所示为"一"字型封箱。

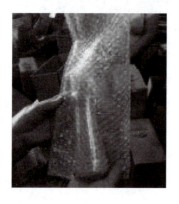

图5-3-3 易碎品包装

图5-3-4 "一"字型封箱

（4）"工"字型封箱。

"工"字型封箱适用于装纸尿裤、小家电等。封箱两侧胶带接口处需粘合，即接口处胶带宽5~10 cm。图5-3-5所示为"工"字型封箱。

图5-3-5 "工"字型封箱

（2）批次打包。

1）登录工作站，输入员工系统账号、密码，选择工作站类型为波次复核打包，进入复核包装操作界面后，确认摄像头显示覆盖操作区域。如出现摄像头异常情况，向管理人员报告，正常后方可进行操作；

2）扫描复核容器条码；

3）清点商品：根据系统界面提示的订单明细，对订单商品进行清点；

4）扫描商品条码；

5）选取系统推荐的包装材料；

6）打印快递面单；

7）订单包装；

8）商品配送；

9）手工批量包装，如图5-3-6所示。

图 5-3-6　手工批量包装

（3）播种墙打包。

1）登录工作站，输入员工系统账号、密码。选择工作站类型为"复核打包"；

2）扫描播种墙条码；

3）选取格口；

4）扫描商品条码；

5）选取系统推荐的包装材料；

6）商品包装；

7）发货清单和赠品卡片；

8）根据包装规则封箱；

9）张贴快递面单；

10）包装、配送；

11）循环操作。

图5-3-7所示为播种墙打包。

实操视频4
机器人拣选
实操

图 5-3-7　播种墙打包

任务实施 》 》 》 》 》 》 》 》 》 》 》 》

（1）拣选员启动拣选系统，登录后台，解除锁定模式，并查看机器人运行情况。图5-3-8所示为货到人拣选管理界面；

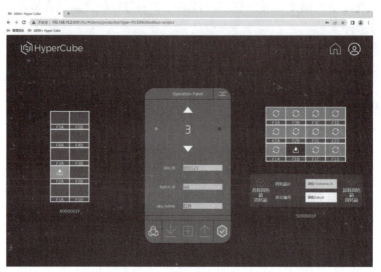

图5-3-8　货到人拣选管理界面

（2）转至拣选界面，将3层4列播种墙周转箱ID与箱位绑定。图5-3-9所示为周转箱绑定管理界面；

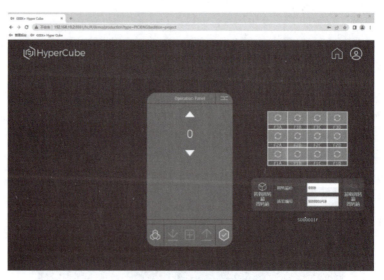

图5-3-9　周转箱绑定管理界面

（3）转至播种界面，匹配订单；

（4）可在管理员界面查看货物绑定关系和订单匹配状态；

（5）下达拣选指令，机器人将货架送至拣选工作台，拣选员根据提示拣取相应的货物，并按照客户要求进行播种。图5-3-10所示为按照指令进行播种；

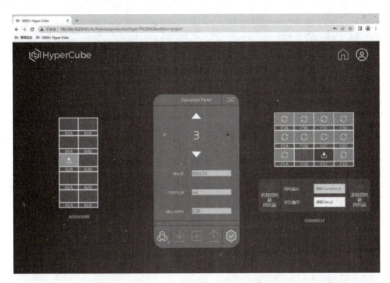

图5-3-10　按照指令进行播种

（6）系统拣选界面货架显示黄色，表示货架正在作业；播种墙显示黄色，表示播种墙正在作业。图5-3-11所示为播种系统显示界面；

（7）完成货物拣选之后系统进行确认。系统拣选界面货架显示绿色，表示该货架拣选完成，可释放货架机器人移走货架；播种墙显示蓝色，表示订单没有完成，引入下一个机器人，货架继续拣选操作，直至周转箱指示灯显示绿色，表示周转箱作业完成；

（8）单击"卸载周转箱"，将周转箱放入打包区，之后开始拣选下一份订单。图5-3-12所示为周转箱货物打包。

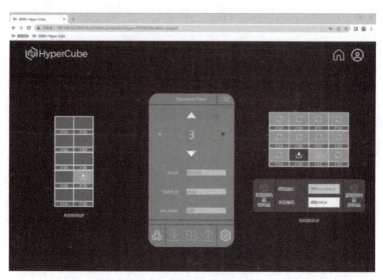

图 5-3-11　播种系统显示界面

图 5-3-12　周转箱货物打包

实践训练 拣选作业情景实训

一、实践目的

拣选作业是依据客户的订货要求或配送中心的送货计划，迅速、准确地将商品从其储位或其他区域拣取出来，并按一定的方式进行分类、集中，等待配装送货的作业过程。如何在降低拣选错误率的情况下，将正确的货物、正确的数量，在正确的时间内及时配送给客户，是拣选作业最终的目的及功能。通过本项目的实训，让学生了解拣选作业的工作目的，理解拣选作业的内容和步骤，掌握拣选作业的方法、策略及操作技能。

二、实践任务

某配送中心接到了 3 个客户的订单，客户的需求、商品种类、数量如表 5-4-1、表 5-4-2 和表 5-4-3 所示。2022 年 5 月 5 日要求进行货物拣选作业，之后为客户送货上门。请完成上述商品的拣选作业。

表 5-4-1 客户订单 1

序号	商品名称	数量	规格	单位
1	滴露香皂	50	125 g	块
2	佳洁士牙膏	60	120 g	支
3	雕牌洗衣粉	30	1 000 g	袋

表 5-4-2 客户订单 2

序号	商品名称	数量	规格	单位
1	力士香皂	20	130 g	块
2	高露洁牙膏	20	180 g	支
3	奥妙洗衣粉	25	500 g	袋

表 5-4-3 客户订单 3

序号	商品名称	数量	规格	数量
1	力士香皂	30	130 g	块
2	洁银牙膏	45	150 g	支
3	雕牌洗衣粉	35	1 000 g	袋

三、实践道具

（1）空纸箱 7 只，上面用笔分别标注为力士香皂、洁银牙膏、雕牌洗衣粉、滴露香皂、佳洁士牙膏、高露洁牙膏、奥妙洗衣粉，并在纸箱上分别标上相应的货物编码（货物编码可由学生按编码方法自由编制）。

（2）小纸盒 315 只，用笔将其中 50 只标注为力士香皂、45 只标注为洁银牙膏、

65 只标注为雕牌洗衣粉、50 只标注为滴露香皂、60 只标注为佳洁士牙膏、20 只标注为高露洁牙膏、25 只标注为奥妙洗衣粉。

（3）拣选箱 7 个。

（4）小推车。

（5）客户订单（见实训任务）。

（6）轻型货架 4 只。将标注了品名的小纸盒分别放入相应的空纸箱中，然后再将这 7 只纸箱放在货架上。

（7）拣选商品在库房中的示意图。

四、实践操作时间

4 学时。

五、实践地点

物流实训室或教室。

六、实践考核标准

考核内容	考核标准	分值	实际得分
拣选作业情景实训	拣选信息传送方式选择合理	20	
	拣选作业方法和手段选择合理	20	
	拣选策略运用得当	20	
	拣选路径设计科学	20	
	拣选作业规范、有序	20	
合计		100	

课后练习

一、选择题（单选题）

1. 根据流通配送定义，下列不属于流通配送的是（　　　）。

A. 某工厂采购布匹、纽扣等材料，加工成时装并在市场上销售

B. 某运输公司在冷藏车皮中保存水果，使之在运到目的地时更新鲜

C. 杂货店将采购的西红柿按质量分成每斤1元和每斤2元两个档次销售

D. 将马铃薯通过洗涤、破碎、筛理等工艺加工成淀粉

2. 将商品包装分为贴体、透明、开窗、收缩、提袋、易开、喷雾、蒸煮、真空等形式的是按（　　　）分类的？

A. 包装形状和材料　　　　　　　　B. 防护技术方法

C. 商业经营习惯　　　　　　　　　D. 流通领域中的环节

3. 拣选作用可以最简单地划分为订单分别拣取、（　　　）及复合拣取三种方式。

A. 摘果式拣取　　　B. 播种式拣取　　　C. 批量拣取　　　D. 指令式拣取

4. （　　　）是提供产品出库的指示资料，是作为拣选的依据。

A. 提货单　　　　　B. 拣选单　　　　　C. 送货单　　　　　D. 发货单

5. 按拣选单位分区的目的在于将（　　　）单位和拣选单位分类统一，以便拣取与搬运单元化和拣取作业的单纯化。

A. 储存　　　　　　B. 配送　　　　　　C. 运输　　　　　　D. 加工

6. 如果订单批量大、品项多，可将订单分成多张拣选单，这些拣选单采用（　　　）的方法同时进行拣选。

A. 并联拣选　　　　B. 串联拣选　　　　C. 封闭式拣选　　　D. 开放式拣选

7. （　　　）是安排拣选作业的货物数量、设备及人工使用、投入时间及出产时间，它详细规定了每一拣选环节在某一时期内应完成的拣选任务和按日历进度安排的拣选进度。

A. 拣选作业方式　　B. 拣选作业策略　　C. 拣选作业路径　　D. 拣选作业计划

8. 体积大、发货量大的物品适合的拣选作业区域布局模式是（　　　）。

A. 储存区和拣选区共用的零星拣选方式

B. 储存区与拣选区分开的零星拣选方式

C. 储存区和拣选区共用托盘货架的拣选方式

D. 分段拣选的少量拣选方式

9. （　　　）是一种计算机辅助的无纸化的拣选系统，其原理是在每一个货位安装数字显示器，利用计算机的控制将订单信息传输到数字显示器内，拣选人员根据数字显示器所显示的数字拣选，拣选完成后按确认按钮即完成拣选工作。

A. RF辅助拣选　　　　　　　　　　B. 电子标签辅助拣选

C. 拣选标签　　　　　　　　　　　D. IC卡拣选

10. 某配送中心中的商品 A 每天平均采购量为 8 箱，平均在库时间为 4 天，该商品每托盘可放 40 箱，则该商品的储存单位是（　　　）。

    A. 单件   B. 箱   C. 托盘   D. 袋

11. 如果配送客户数量较多且稳定、订货类型差异小、订货数量大、需求频率具有周期性，则可采用的订单分批方式是（　　　）。

    A. 固定订单分批   B. 时窗分批   C. 智慧型分批   D. 总合计量分批

12. 处理订单数量多、订购商品品项数少、重复订货频率较低，可采用的分类方式是（　　　）。

    A. 拣选时分类   B. 分类输送机

    C. 人工分类   D. 输送机-人工分类组合

13. 关于配送加工的理解，正确的是（　　　）。

    A. 配送加工的对象是不进入配送过程的商品，不具有商品的属性，因此配送加工的对象不是最终产品，而是原材料、零配件、半成品

    B. 一般来讲，如果必须进行复杂加工才能形成人们所需的商品，那么，这种复杂加工应专设生产加工过程。而配送加工大多是简单加工，不是复杂加工，因此配送加工可以是对生产加工的取消或代替

    C. 从价值观点来看，生产加工的目的在于创造价值及使用价值，而配送加工的目的则在于完善其使用价值，并在不做大的改变的情况下提高价值

    D. 配送加工的组织者是从事配送工作的人，能密切结合配送的需要进行这种加工活动。从加工单位来看，配送加工与生产加工都由生产企业完成

14. 将钢板进行剪板、切裁，钢筋或圆钢裁制成毛坯；木材加工成各种长度及大小的板、方等加工方式是（　　　）加工。

    A. 生产   B. 来样   C. 来料   D. 配送

15. 以下四个选项中，不属于实现配送加工的合理化的是（　　　）。

    A. 加工和配套相结合   B. 加工和配送分离

    C. 加工和合理运输相结合   D. 加工和商流相结合

16. 超市对各类肉末、鸡翅、香肠等在上架之前，进行清洗、贴条码、包装等加工是属于（　　　）。

    A. 冷冻加工   B. 分选加工   C. 精致加工   D. 分装加工

17. 在使用地区设置集中加工点，将各种煤及一些其他发热物质，按不同配方进行掺配加工，生产出各种不同发热量的燃料，称为（　　　）。

    A. 除矸加工   B. 煤浆加工   C. 配煤加工   D. 混合加工

18. 商品包装分为内销包装、出口包装、特殊包装，是按（　　　）进行分类的。

    A. 商业经营习惯   B. 包装形状和材料

    C. 防护技术方法   D. 流通领域中的环节

19. 作为销售包装材料，透明度好、表面光泽、造型和色彩美观、产生陈列效果，能提高商品价值和消费者的购买欲望，这体现了（　　　）。

    A. 保护性能   B. 操作性能

    C. 附加价值性能   D. 方便使用性能

20. 商标牌号是属于（　　　）。

A. 商品说明标志　　　　　　　　B. 制造标志

C. 品名标志　　　　　　　　　　D. 原产地标志

21. 在进行防潮包装时，不属于应注意事项的是（　　　）。

A. 防潮阻隔性材料应具有平滑均一性，无针孔、沙眼、气泡、破裂现象

B. 尽量缩小货物的体积和防潮包装的总面积、总体积

C. 采用悬浮式包装

D. 若产品有尖突部位，可能损伤防潮包装隔层，要预先采取包扎措施

22. 下面不符合绿色包装原则的是（　　　）。

A. 简化包装、节约材料，既降低了成本，又减轻了环境污染

B. 包装重复使用或回收再生，如多功能包装，这种包装用过之后，可以制成展销陈列架、储存柜等

C. 开发可分解、可降解的包装材料，如有的塑料包装能够在被埋入土壤后，成为土壤中微生物的食物，在很短时间内化为腐殖质

D. 使用塑料产品包装，降低成本，减少包装内容物的分量

二、简答题

1. 拣选的方式有哪些？怎样选择拣选方式？

2. 拣选有哪些策略？

3. 怎样选择拣选策略？

4. 请举例说明配送加工类型。

5. 配送加工和预生产加工的区别是什么？

6. 包装材料有哪些？都有什么特点？

7. 常用的包装技术有哪些？

8. 智慧物流配送中心拣选流程有哪些？

9. 智慧物流配送中心拣选注意事项是什么？

10. 智慧物流配送中心包装操作有哪些？

项目学习效果评价表

知识巩固与技能提高（40分）			得分：
计分标准：得分＝系数(20/单选题个数)×正确单选题个数+系数(20/简答题个数)×正确简答题个数			
学生自评（20分）			得分：
计分标准：自测结果A的个数×2.5+B的个数×1.5+C的个数×1（此项分值上限为20分）			
专业能力	评价指标	自测结果	要求（A掌握；B基本掌握；C未掌握）
掌握拣选作业的操作	（1）拣选的理解 （2）拣选作业方式 （3）了解拣选作业策略	A□ B□ C□ A□ B□ C□ A□ B□ C□	能够理解配送拣选的含义，掌握拣选作业方式，了解拣选作业策略
了解配送包装与加工	（1）了解配送包装 （2）熟悉配送加工	A□ B□ C□ A□ B□ C□	能够进行配送作业中的包装活动；能够对配送加工合理化进行分析和改进
了解智慧物流拣选作业	（1）智慧拣选理解 （2）智慧拣选流程 （3）智慧拣选包装	A□ B□ C□ A□ B□ C□ A□ B□ C□	能够根据教材中的提示和视频学习进行智能系统操作，完成拣选流程
职业道德思想意识	（1）认真严谨 （2）遵守职业道德 （3）团结合作	A□ B□ C□ A□ B□ C□ A□ B□ C□	专业素质、思想意识得以提升，德才兼备
小组评价（20分）			得分：
计分标准：得分＝10×A的个数+5×B的个数+3×C的个数			
团队合作	A□ B□ C□	沟通能力	A□ B□ C□
教师评价（20分）			得分：
教师评语			
总成绩		教师签字	

项目六　配送中心送货作业

职业素质导引： 在物流企业中，每个人都是全能选手，每个岗位都需要有艰苦奋斗的精神。现如今，虽然已经没有了"晴天一身灰，雨天两脚泥"，但是，冬练三九、夏练三伏，依然是物流人要面对的客观环境。没有不会搬货的物流人，也没有不怕吃苦的物流人，特别是每年的双十一，逐年攀升的巨大成交额背后是令人震惊的物流量。为了能将商品以最快的速度送达到客户手上，需要物流人发挥吃苦耐劳、爱岗敬业的精神。配送中心的送货人员也是风里来雨里去，为了将货物及时准确地送到客户手中，往往要面对和解决难以想象的困难。要想当好物流人我们要做好哪些准备吗？

【知识目标】

掌握配送中心送货作业的流程

了解配送中心送货注意事项

掌握货物配载的方法

掌握送货线路选择的方法

了解智慧物流配送中心出库作业

【技能目标】

能够制订配送中心货物出库计划

能够按照正确的流程进行货物出库操作

能够进行货物配载

能够选择最优路径

能够用最优里程法计算最优路径

能够做货到人入库计划

能够进行智慧物流出库操作

【素质目标】

培养全面看待问题的观念

培养爱岗敬业的精神

培养良好的物流职业素养

课堂小互动

大家讨论：配送工作是全天 24 h 运营的，在工作之余你是否能够帮助工作任务重的部门？部门之间互相影响吗？

任务一　送货作业

引例分析 > > > > > > > > > > > >

　　华能商业有限公司配送中心于 2022 年 6 月 15 日准备向 3 家客户送货装运。图 6-1-1 所示为客户分布，这 3 家客户在同一条配送线路上，需要按照装载的要求，将所有货物进行装载。

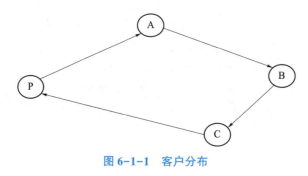

图 6-1-1　客户分布

　　假设需要装载两种货物，M 的质量体积为 0.9 m³/t，N 的质量体积为 1.6 m³/t，计划使用的车辆的载质量为 11 t，车厢容积为 15 m³。试问如何装载才能使车辆的载质量和车厢容积都被充分利用？

　　假设车辆长、宽、高分别为 1 343 cm、265 cm、243 cm，所装载货箱为长方体，长、宽、高分别为 80 cm、65 cm、30 cm，试问不考虑载质量只考虑体积，如何装载才能使车辆装载该货物的数量最多？

任务资讯 > > > > > > > > > > > >

　　将拣取分类好的商品做好出货检查，装入妥当的容器，做好标记，根据车辆调度安排的趟次等，将商品搬运到出货待运区，最后装车配送。这一连串的物流活动就是出货送货作业的内容。

一、出货作业的流程

1. 分货作业

　　在完成拣选作业之后，将所拣选的商品根据不同的客户或配送线路进行分类；对其中需要经过配送加工的商品，拣选集中后，先按配送加工方式分类，分别进行加工处理，再按送货要求分类出货。分货作业可分为人工分货和自动分货两种。分货大多以客户或配送线路为依据。分货的方式一般有以下 3 种，分货类型比较如表 6-1-1 所示。

表 6-1-1 分货类型比较

处理分类	描述
人工处理	完全由人工根据订单或传票进行分货，也就是不借助任何计算机或自动化的辅助设备，将订购商品放入已贴好客户标签的货篮中
自动分类机处理	自动分类机利用计算机及辨识系统分货，因而具有迅速、准确、不费力的优点，尤其在拣取数量或分类数量众多时，更有效率
旋转架处理	将旋转架的每一格位当成客户的出货篮，分类时只要在计算机中输入各客户的代号，旋转架即自动将货篮转至作业人员面前，让其将批量拣取的物品放入。同样地，即使没有动力的小型旋转架，为节省空间也可作为人工处理的货篮，只不过作业人员根据货架上的客户标签自行旋转寻找，以便将商品放入正确的储位中

2. 出货检查

出货检查作业包括根据客户、车次对象等对拣选商品进行产品号码和数量的核对，以及产品状态及品质的检验。

3. 出货状况调查

有效掌握出货状况等于掌握了公司营运的效益，对于作业管理及服务客户有很大的帮助。出货状况调查如表 6-1-2 所示。

思考：

你认为还有哪些需要进行出货检查？

表 6-1-2 出货状况调查

项目	平均值	极限值
出货对象数量		
日均出货客户		
日均出商品项数量		
配送车辆类型		
车辆台数/日		
每一车装货（出货）时间		
出货运送点数量		
每年出货包装箱数量		
出货所需人员数量		
日均出货的总质量或总体积		
出货形式		
出货距离		
出货时间带（每一时刻出货的车辆数调查）		

4. 出货形式

物流中心在拣取方面一般是以托盘、箱、单品为单位的，出货主要是以这 3 种形式进行的。因此，针对不同的拣选及出货方式，必须采用不同的作业方式。出货形式分订单拣取及批量拣取两种情况，如表 6-1-3 所示。

表 6-1-3　出货形式

	拣选单位	经由作业	出货单位
订单拣取	P	捆栈（用包装膜或绳索固定）	P
	P	卸栈→捆包	C
	C	捆包	C
	B	分类	B
	B	装箱	C
批量拣取	P	捆栈（托盘物属同一客户）； 卸栈→分类→叠栈→捆栈（托盘物不属同一客户）	P
	P	卸栈→分类→捆包	C
	P	卸栈→拆箱→分类→包装	B
	C	分类→捆包（整箱物属同一客户）； 拆箱→分类→装箱（整箱不属同一客户）	C
	C	拆箱→分类	B
	B	分类→装箱	C
	B	分类	B

注：（P：托盘；C：箱子；B：单品）。

动画 12　送货
运输的特点

二、送货运输

送货作业是利用配送车辆把客户订购的商品从制造厂、生产基地、批发商、经销商或配送中心，送到客户手中的过程。送货通常是一种短距离、小批量、高频率的运输形式。它以服务为目标，以尽可能满足客户需求为宗旨。

1. 送货运输方法

影响送货运输的因素较多，为了在运输方法的选择上既有利于客户的便捷性、经济性，又有利于货物的安全性，应尽量避免不合理运输。送货运输方法主要有汽车整车运输、多点分运及快件货运（快运）。

（1）汽车整车运输。

汽车整车运输是指同一收货人一次性需要到达同一站点，适合配送装运 3 t 以上的货物运输，或者货物质量在 3 t 以下，但其性质、体积、形状需要一辆 3 t 以上的车辆一次或一批运输到目的地的运输。

（2）多点分运。

多点分运是在保证满足客户要求的前提下，集多个客户的配送货物进行搭配装载，以充分利用运能、运力，降低配送成本，提高配送效率。

1）往复式行驶线路（物流职业资格考试内容）。

往复式行驶线路一般应用于由一个供应点对一个客户的专门送货。从物流优化的角度看，其基本条件是客户的需求量接近或大于可用车辆的核定载质量，需专门派一辆或多辆车一次或多次送货。往复式行驶线路具体可分为三种形式，即单程有载往复式线路、回程部分有载往复式线路、双程有载往复式线路，如图 6-1-2 所示。

图 6-1-2　往复式线路 3 种类型

2）环形行驶线路。

微课 12　送货
运输的方式

环行行驶线路是指配送车辆在由若干物流结点间组成的封闭回路上，所做的连续单向运行的行驶线路。车辆在环形式行驶线路上行驶一周时，至少应完成两个运次的货物运送任务。由于不同运送任务其装卸作业点的位置分布不同，环形式行驶线路可分为四种形式，即单环形式、交叉环形式、三角环形式、复合环形式，如图 6-1-3 所示。

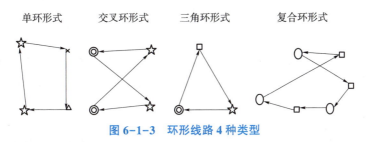

图 6-1-3　环形线路 4 种类型

3）汇集式行驶线路。

汇集式行驶线路是指配送车辆沿分布于运行线路上的各物流结点，依次完成相应的装卸任务，而且每一运次的货物装卸量均小于该车核定载质量，沿路装或卸，直到整辆车装满或卸空，然后再返回出发点的行驶线路。汇集式行驶线路可分为直线形和环形两类，其中汇集式直线形线路实质是往复式行驶线路的变形。这两种类型的线路各自都可分为分送式、聚集式、分送-聚集式，如图 6-1-4 所示。

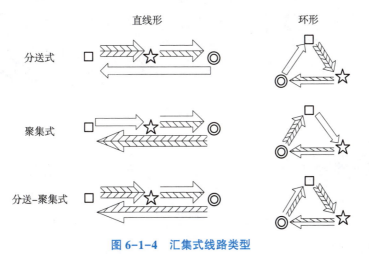

图 6-1-4　汇集式线路类型

4）星形行驶线路。

星形行驶线路是指车辆以一个物流结点为中心，向其周围多个方向上的一个或多个结点行驶而形成的辐射状行驶线路，如图6-1-5所示。

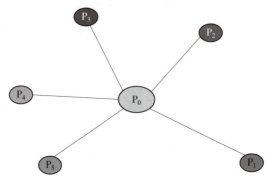

图6-1-5　星型线路

（3）快运。

根据我国道路货物运输的有关规定，快件货运是指接受委托的当天15:00起算，300 km运距内，24 h内运达；1 000 km运距内，48 h内运达；2 000 km运距内，72 h送达。图6-1-6所示为快运发货。

图6-1-6　快运发货

快运的流程

（1）快运的特点。

1）送达速度快；

2）配装手续简捷；

3）实行承诺制服务；

4）可随时进行信息查询。

（2）快运业务操作流程。

通过电话、传真、电子邮件接受客户的委托→快速通道备货→拣选→包装→发货→装车→快速运送→货到分发→送货上门→信息查询→费用结算。

微课13　送货运输流程

（3）快运的基本形式。

1）定点运输；

2）定时运输；

3）特快运输；

4）联合快运。

2. 送货运输作业的基本流程

（1）划分基本配送区域；

（2）车辆配载；

（3）暂定配送先后顺序；

（4）车辆安排；

（5）选择配送线路；

（6）确定最终的配送顺序；

（7）完成车辆配载。

明确了客户的配送顺序后，接下来就是如何将货物装车，以什么次序装车的问题，即车辆的配载问题。原则上，知道了客户的配送先后顺序，只要将货物依"后送先装"的顺序装车即可。但有时为了有效地利用空间，可能还要考虑货物的性质（怕振、怕压、怕撞、怕湿）、形状、体积及质量等作出弹性调整。此外，对于货物的装卸方法也必须依照货物的性质、形状、质量、体积等来做具体决定。

应用小案例

有一销售企业，主要对自己的销售点和大客户进行配送，配送方法为销售点和大客户有需求就立即组织装车送货，结果经常造成送货车辆空载率过高，同时往往出现所有车都派出去而其他客户需求满足不了的情况。所以销售经理一直要求增加送货车辆，但企业由于资金原因一直没有购车。

问题1：如果你是公司决策人，你会买车来解决送货效率低的问题吗？为什么？

问题2：请用配送的定义分析该案例，并提出解决办法。

三、车辆配载

根据配送运输作业本身的特点及服务范围，配载工作所需车辆一般为汽车。在配

微课14　配送车辆的配载

载货物时，主要考虑的是配送货物的容重（或比重）、体积、包装形式，以及车辆的载质量、容积，以使车辆的运力能得到有效的利用。

1. 车辆配载的原则

配送中心服务的对象是众多的客户和各种不同的货物品种。为了降低配送运输成本，需要充分利用运输配送的资源，对货物进行装车调配、优化处理，达到提高车辆在容积和载货两方面的装载效率，进而提高车辆运力的利用率，降低配送运输成本，这就是车辆配载。

（1）影响配送车辆配载的因素。

1）货物特性。如轻泡货物，由于车辆容积的限制和运行限制（主要是超高），而无法满足吨位，造成吨位利用率降低。

2）货物包装情况。如果车厢尺寸不与货物包装容器的尺寸呈整倍数关系，则无法装满车厢。

3）不能拼装运输。应尽量选派核定吨位与所配送的货物数量接近的车辆进行运输，或按有关规定而必须减载运行，如有些危险品必须减载运送才能保证安全。

4）由于装载技术的原因，造成不能装足吨位。

（2）车辆配载的原则。

1）轻重搭配的原则。车辆装货时，必须将重货置于底部，轻货置于上部，避免重货压坏轻货，并使货物重心下移，从而保证运输安全。

2）大小搭配的原则。货物包装的尺寸有大有小，为了充分利用车厢的内容积，可在同一层或上下层合理搭配不同尺寸的货物，以减少箱内的空隙。

3）货物性质搭配原则。拼装在一个车厢内的货物，其化学性质、物理属性不能互相抵触。如不能将散发臭味的货物与具有吸臭性的食品混装；不能将散发粉尘的货物与清洁货物混装。

4）到达同一地点的货物应尽可能一次配载。

5）确定合理的堆码层次及方法。可根据车厢的尺寸、容积、货物外包装的尺寸来确定。

6）装载时不允许超过车辆所允许的最大载质量。

7）装载易滚动的卷状、桶状货物，要垂直摆放。

8）货与货之间、货与车辆之间应留有空隙并适当衬垫，防止货物损坏。

9）装货完毕，应在门端处采取适当的稳固措施，以防开门卸货时，货物倾倒造成货物损坏。

10）尽量做到"后送先装"。

图6-1-7所示为配送配载作业。

2. 车辆配载容重配装的简单算法

货物在运输车辆的配装中，一般容重大（或比重大）的货物（如钢板）往往在达到车辆的载质量时，其容积空间剩余很大；容重小（或比重小）的货物（如棉纱、服装等）看似满满的，但实际并未达到车辆的载质量。上述情况均会造成运力

图 6-1-7　配送配载作业

的浪费。因此，采用容重法将两者进行配装是一种常用的减少运力浪费的配装方法。

例如：某仓库某次需运输 A 和 B 两种货物，A 质量体积为 R_A，B 质量体积为 R_B，计划使用的车辆的载质量为 W，车厢容积为 V。试问如何装载才能使车辆的载重能力和车厢容积都被充分利用？

$$W_A + W_B = W$$

$$W_A \times R_A + W_B \times R_B = V$$

式中，两种货物的配装质量为 W_A、W_B，质量体积分别为 R_A、R_B，则

$$W_A = \frac{V - W \times R_B}{R_A - R_B}, \quad W_B = \frac{V - W \times R_A}{R_B - R_A}$$

上述例子中只有两种货物的配装。在配装货种较多、车辆种类也较多的情况下，可以先从多种配送货物中选出容重最大和容重最小的两种进行配装，然后根据剩余的车辆载重与空间，在其他待装货物中，再选容重最大和容重最小的两种配装。依此类推，即可求出配装结果。

3. 车辆配载体积配装简单算法

在配送运输中为节省运输成本，应充分使用车厢容积的利用率，我们这里用车厢内装入一种包装的简单算法，解释怎样合理地进行车厢的装载。图 6-1-8 所示为货物顺装原理；图 6-1-9 所示为货物侧装原理。

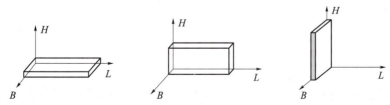

图 6-1-8　货物顺装原理

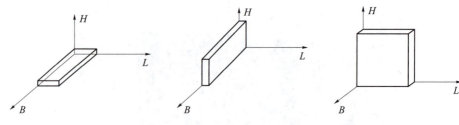

图 6-1-9　货物侧装原理

例如：某车厢长、宽、高分别为 592 cm、234 cm、241 cm，所装载货物包装箱为长方体，长、宽、高分别为 36 cm、28 cm、12 cm，试问如何装载才能使车辆装载该货物的数量最多？

（1）先计算顺装的装箱量。顺装是指将包装箱的长顺着车厢的长摆放。计算公式如下：

车厢的长向可以摆放的数量＝车厢的长÷包装箱的长（去掉余数）

车厢的宽向可以摆放的数量＝车厢的宽÷包装箱的宽（去掉余数）

车厢的高向可以摆放的数量＝车厢的高÷包装箱的高（去掉余数）

顺装时车厢内总的摆放数量＝车厢的长向可以摆放的数量×车厢的宽向可以摆放的数量×车厢的高向可以摆放的数量

代入数字得

顺装时车厢内总的摆放数量＝（592÷36－0.444 444）×（234÷28－0.357）×（241÷12－0.083 333）＝2 560（纸箱）

（2）同理，计算侧装的装箱量。侧装是指将包装箱的长顺着车厢的宽摆放。计算公式如下：

车厢的长向可以摆放的数量＝车厢的长÷包装箱的宽（去掉余数）

车厢的宽向可以摆放的数量＝车厢的宽÷包装箱的长（去掉余数）

车厢的高向可以摆放的数量＝车厢的高÷包装箱的高（去掉余数）

侧装时车厢内总的摆放数量＝车厢的长向可以摆放的数量×车厢的宽向可以摆放的数量×车厢的高向可以摆放的数量

代入数字得

侧装时车厢内总的摆放数量＝（592÷28－0.142 86）×（234÷36－0.5）×（241÷12－0.083 333）＝2 520（纸箱）

（3）最后，比较两种装法，装入最多的方式为最大装箱数量。由于 2 560＞2 520，所以这批货物用顺装方式可以最大地利用车厢的空间。

任 务实施　＞＞＞＞＞＞＞＞＞＞＞＞

假设需要装载两种货物，A 的质量体积为 0.9 m³/t，B 的质量体积为 1.6 m³/t，计划使用的车辆的载质量为 11 t，车厢容积为 15 m³。试问如何装载才能使车辆的载重能力和车厢容积都被充分利用？

解：根据车辆配载容重配装简单算法，将 $V = 15$ m³，$W = 11$ t，$R_A = 0.9$ m³/t，$R_B = 1.6$ m³/t，代入公式得 $W_A = 3.71$ t，$W_B = 2.79$ t。

假设车辆长、宽、高分别为 1 343 cm、265 cm、243 cm，所装载货箱为长方体，长、宽、高分别为 80 cm、65 cm、30cm，试问不考虑载重只考虑体积，如何装载才能使车辆装载该货物的数量最多？表 6-1-4 所示为配载体积配置表。

解：根据体积配装简单算法，将数据代入配载体积配置表，得到配载体积配置结果，如表 6-1-5 所示取余数最小的箱子摆放方式即可。

表 6-1-4　配载体积配置表

车辆内廓尺寸/cm	材料外廓尺寸/cm	车内配置件数及剩余未装满空间值 Δ					
		按车厢 H 配置/件	ΔH	按车厢 B 配置/件	ΔB	按车厢 L 配置/件	ΔL
L1 343	L80						
W265	W65						
H243	H30						

表 6-1-5　配载体积配置表结果

车辆内廓尺寸/cm	材料外廓尺寸/cm	车内配置件数及剩余未装满空间值 Δ					
		按车厢 H 配置/件	ΔH	按车厢 B 配置/件	ΔB	按车厢 L 配置/件	ΔL
L1 343	L80	3	3	3	25	16	63
W265	W65	3	48	4	5	20	43
H243	H30	8	3	8	25	44	23

任务二　配送送货线路的选择

引 例分析 > > > > > > > > > > > >

　　李明在华能零售商业有限公司配送中心实习发现配送中心经常会面对很多客户，那么当配送中心一对多进行送货时，如何才能更好地进行配送线路的优化呢？主管交给李明一个任务：配送中心 P_0 向 5 个客户配送货物，其配送线路网络、配送中心与客户的距离以及客户之间的距离如图 6-2-1 所示，配送中心有 3 台 2 t 卡车和 2 台 4 t 卡车两种车辆可供使用。利用节约里程法制订出最优的配送方案。（物流职业资格考试内容）

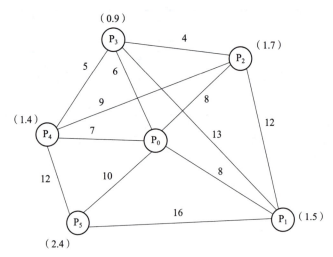

图 6-2-1　客户分布

　　问题 1：配送出货的流程是什么？
　　问题 2：你能否计算出最优配送方案？

任 务资讯 > > > > > > > > > > > >

　　选择配送线路的方法有多种，要根据配送货物的数量、特性、客户的地理位置、距离、交通状况、运送成本、客户对配送服务的时间要求等因素具体确定。下面列举几种常见的选择方法。

一、经验判断法

　　经验判断法是指利用行车人员的经验来选择配送线路的一种主观判断方法，一般以司机习惯的行驶线路和道路行驶规定等为基本标准，拟订出几个不同的方案，通过倾听有经验的司机和送货人员的意见，或者直接由配送管理人员凭经验作出判断。

二、综合评分法

能够拟订出多种配送线路方案，并且评价指标明确，只是部分指标难以量化，或对某一项指标有突出的强调与要求时，常采用这种加权评分的方式来确定配送线路。

综合评分法的步骤如下。

（1）拟订配送线路方案；

（2）确定评价指标；

（3）对方案进行综合评分。

 **应用小案例**

例如，某配送企业设立了配送线路方案评价的10项指标。（1）配送全过程的配送距离；（2）行车时间；（3）配送准时性；（4）行车难易；（5）动用车辆（台/次数）；（6）油耗；（7）车辆状况；（8）运送量；（9）配送客户数；（10）配送总费用。每个评分标准分为5个档次并赋予不同的分值，即极差（0分）、差（1分）、较好（2分）、良好（3分）、最优（4分），满分为40分，然后在表上为配送线路方案评分，根据评分情况，在各个方案之间进行比较，最后确定配送线路。表6-2-1所示为线路方案评价表。表中的线路方案得分为32分，为满分得分（理想方案）的80%，各项指标平均得分为3.2分。

表6-2-1　线路方案评价表

序号	评价指标	极差	差	较好	良好	最优
		0分	1分	2分	3分	4分
1	配送距离					√
2	行车时间					√
3	准时性			√		
4	行车难易				√	
5	动用车辆（台/次数）				√	
6	油耗				√	
7	车辆状况					√
8	运送量					√
9	客户数				√	
10	总费用			√		

三、数学计算法

配送线路的影响因素用某种确定的数学关系表达时，可采用数学计算法对配送线路方案进行优化。下面介绍3种情况下配送线路的确定方法。

（1）配送货物由一个配送中心直送某客户。

该法即由一个配送中心对一个客户的专门送货。从物流优化的角度来看，直送客户的基本条件是其需求量接近或大于可用车辆的额定载质量，需专门派一辆或多辆车一次或多次送货。因此，在直送的情况下，货物的配送追求的是多装快跑，选择最短配送线路，以节约时间、费用，提高配送效率。直送问题的物流优化，主要是寻找物流网络中的最短线路问题。目前解决最短配送线路问题的方法有很多，如破圈法、标号法、位势法、动态法等。

应用小案例

一对一配送的最短线路问题

适用方法：最短路径法。

适用条件：

（1）由配送中心向每一位客户专门送货；

（2）该客户的送货量一般必须使配送车辆满载。

配送效果：

（1）配送车辆满载运输；

（2）配送运例。求运输线路距离最短。

图6-2-2所示为一对一线路图。首先求出从1出发的一条最短路径（1-2：4），然后求次短路径（2-5：2），依次类推（5-6：8），（5-4-6：7），（5-4-3-6：6），求得的最短路径是1-2-5-4-3-6，最短距离是4+2+6=12。

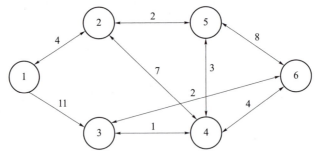

图6-2-2 一对一线路图

（2）配送货物由一个配送中心配送多个客户。

配送货物由一个配送中心配送多个客户的配送也叫分送式配送，是指由一个配送中心对多个客户的共同送货。其基本条件是所有客户的需求量总和不大于一辆车的额定载质量。送货时，由这一辆车装着所有客户的货物，沿着一条精心选择的最佳线路依次将货物送到各个客户手中，这样既保证按时按量地将客户需要的货物及时送达，又节约了车辆、节省了费用、缓解了交通紧张的压力，且减少了对环境造成的污染。在分送式配送过程中，节约里程法与邮递员问题法是两个较成熟的优化配送方法。

（3）多个配送供应点向多个客户的送货。

多个配送供应点向多个客户送货的宗旨是将货物从多个供应点分别送到多个客户

手中，既满足客户对货物的配送需要，又满足各供应点出货要求，并最终做到费用的最省。这里的多个供应点可以是配送中心，也可以是供应商的配销仓库。这类问题一般采用图上作业法、线性规划法等方法。

下面仅以节约里程法说明配送线路的优化过程。

四、节约里程法

利用节约里程法确定配送线路的主要思路是，根据配送中心的运输能力、配送中心到客户的距离和各客户之间的相对距离来确定配送方案，使总的配送车辆里程数达到或接近最小。

为便于介绍，我们做以下假设。

（1）配送的是同一种或相类似的货物；

（2）各客户的位置及需求量已知；

（3）配送中心有足够的运输能力。

如图 6-2-3 所示为节约里程原理。从配送中心 P 出发分别送货到客户 A 和客户 B，其运行距离为 $2a+2b$，如果改为从 P 出发，送货到 A 再到 B 再回到 P，则运行距离为 $a+b+c$。由于三角形两边之和大于第三边，所以第二种送货方式更短，节约行程为 $a+b-c$。

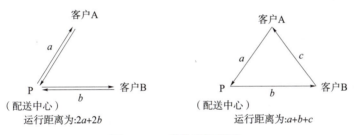

图 6-2-3　节约里程原理

如图 6-2-4 所示为配送线路。配送中心 P_0 向 5 个客户 P_j 配送货物，已知配送线路网络、配送中心与客户的距离以及客户之间的距离，配送中心有 3 台 2 t 卡车和 2 台 4 t 卡车两种车辆可供使用。利用节约里程法制订最优的配送方案。

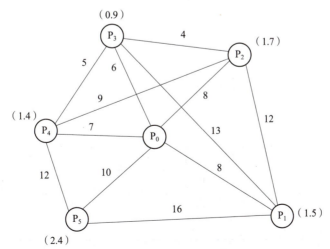

图 6-2-4　配送线路

第1步：制作运输里程表，列出配送中心到客户以及客户之间的最短距离，如表6-2-2所示。

表6-2-2　最短距离

	需求量	P_0					
P_1	1.5	8	P_1				
P_2	1.7	8	12	P_2			
P_3	0.9	6	13	4	P_3		
P_4	1.4	7	15	9	5	P_4	
P_5	2.4	10	16	18	16	12	P_5

第2步：按节约里程公式求得相应的节约里程数，如表6-2-3所示。

表6-2-3　节约里程数统计

需求量	P_0					
1.5	8	P_1				
1.7	8	12	P_2			
		4				
0.9	6	13	4	P_3		
		1	10			
1.4	7	15	9	5	P_4	
		0	6	8		
2.4	10	16	18	16	12	P_5
		2	0	0	5	

第3步：将节约里程按从大到小的顺序排列，如表6-2-4所示。

表6-2-4　节约里程数排序

序号	线路	节约里程
1	P_2P_3	10
2	P_3P_4	8
3	P_2P_4	6
4	P_4P_5	5
5	P_1P_2	4
6	P_1P_5	2
7	P_1P_3	1
8	P_2P_5	0
9	P_3P_5	0
10	P_1P_4	0

第4步：根据载质量约束与节约里程大小，顺序连接各客户结点，如图6-2-5所示。图6-2-6形成两条配送线路。

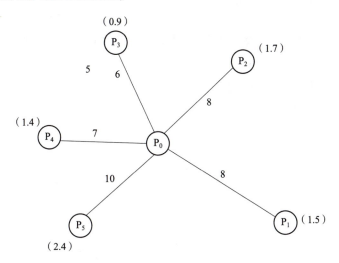

图6-2-5　初始方案

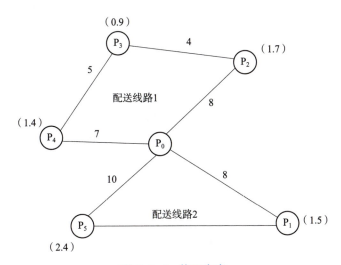

图6-2-6　修正方案

将初始方案图与优化方案图比较得到最优路线。

配送线路1：运量=1.7+0.9+1.4=4 t，运行距离=8+4+5+7=24 km，用一辆4 t车运送，节约距离=18 km。

配送线路2：运量=2.4+1.5=3.9 t<4 t，运行距离=8+10+16=34 km，用一辆4 t车运送，节约距离=2 km。

结论：初始方案的配送线路有5条，需要车5辆；配送距离=39×2=78 km。优化后的方案的配送线路有2条，需要2辆4 t车；配送距离：24+34=58 km。

配送中心 P_0 向 5 个客户配送货物，其配送线路网络、配送中心与客户的距离以及客户之间的距离如图 6-2-1 所示，配送中心有 3 台 2 t 卡车和 2 台 4 t 卡车两种车辆可供使用。能否利用节约里程法制订最优的配送方案。

解：见本部分内容。

任务三　智慧物流配送中心出库作业解决方案

引 例分析 > > > > > > > > > > > >

　　李明已经对配送中心的出货、送货流程有了一个初步的了解，华能零售商业有限公司位于 S 市的配送中心的智慧物流配送库区有两份出库任务，如表 6-3-1、表 6-3-2 所示。李明想知道，在智慧物流配送中心里出库作业应该怎样进行安排和操作呢？

表 6-3-1　A 门店需求情况

客户名称	需求商品情况				
	商品名称	规格	数量	毛质量	体积/（cm×cm×cm）
A	白糖	/袋	50 箱	11 kg/箱	85×60×45
	东北大米	50 kg/袋	40 袋	50 kg/袋	100×45×20
	雪碧	1.25 kg/瓶	65 箱	8.5 kg/箱	60×35×50
	光明牛奶	/袋	50 箱	8.5 kg/箱	70×50×35

表 6-3-2　B 门店需求情况

客户名称	需求商品情况				
	商品名称	规格	数量	毛质量	体积/（cm×cm×cm）
B	立白洗衣粉	/袋	50 箱	11 kg/箱	75×55×40
	东北大米	50 kg/袋	10 袋	50 kg/袋	100×45×20
	雪碧	1.25 kg/瓶	80 箱	8.5 kg/箱	60×35×50
	舒肤佳香皂	/块	40 箱	4.25 kg/箱	60×30×25

　　问题 1：智慧物流配送中心出库流程有哪些？

　　问题 2：智慧物流配送中心出库的注意事项是什么？

　　问题 3：你能否帮助李明完成此次出库任务？

任 务资讯 > > > > > > > > > > > >

智慧物流配送中心出库方案

1. 订单发运

包装完成后，应对完成的包裹进行发运，并根据选择的快递公司进行拣选处理。

2. 发运交接系统扫描

（1）登录 RF 枪系统，输入员工账号、密码，选择仓库，登录系统。

（2）进行商品扫描。对应包裹面单信息，选择客户公司。

（3）扫描容器条码。此容器为发运交接快递拣选筐，扫描容器条码后，不可混放，需将包裹放到指定的容器里面。

（4）扫描包裹单号。扫描包裹单号时，应仔细检查包裹单，扫描避免漏扫。

（5）包裹全部交接完成，单击"满箱"按钮，进行满箱操作。

（6）RF 枪扫描 200 件商品左右时，进行满箱操作。

（7）若客户取消订单，在发运交接时扫描面单后会产生"取消包裹"提示，按照提示绑定容器，单击"绑定"。拦截订单绑定到指定容器，不可随便绑定容器。绑定容器后单击"满箱"按钮将容器进行满箱操作。

3. 订单货物发运称重

（1）打开称重管理界面，打开摄像头，将页面最小化。操作作业过程中，该界面保持开启状态，不可关闭。

（2）打开电子秤，电子秤置零，单位选 kg。操作作业过程中，电子秤保持开启状态，不可关闭。

（3）登录管理后台，进入仓库管理，进行系统交接。选择"系统交接"，操作发运称重后需进行满箱操作，即发运交接完成；选择"线下交接"，称重完成便是发运交接完成。

（4）普通称重。选择"普通称重"，将包裹放在快手进行称重，系统自动扫描快递单号和容器号（初次扫描时需要扫描容器号）。

（5）选择批量称重。将包裹放在快手进行称重，系统自动扫描快递单号和容器号（初次扫描时需要扫描容器号）。一个批次如果有 3 个快递，使用批量扫描。每个接货公司只需要扫描一次，该批次公司的包裹全部完成扫描。

（6）作业结束时，单击"满箱"按钮，进行满箱操作。快手扫描 200 件商品左右时，进行满箱操作。

（7）将发运完成的货物放置在待发运区域，等待运输，之后进行装运配载和运输作业，并将发货联留档保存。

拓展阅读

出库管理安全要求与 6S 要求

（1）仓库内不允许穿拖鞋、露脚指头的鞋；

（2）禁止现场用明火或抽烟等现象；

（3）禁止泄露客户信息，多余/破损的快递单必须存放到指定区域，由指定人员进行销毁；

（4）员工指甲保持干净整洁，禁止指甲太长刮到商品；

（5）员工库内不允许穿短裤、裙子；

（6）禁止爬、靠、坐在传送带上；

（7）禁止站在地面叉车上面滑行；

（8）整排包裹遵循交叉码放原则，高度不超过 1.6 m；

（9）正确搬运较大体积/质量商品。

出库管理特殊操作/质量要求

（1）遵守 6S 要求，在规定范围内进行操作。

（2）待发运包裹需码放在托盘上面或者笼车内，不可将其直接放在地上。

（3）所有包裹不允许抛、扔、摔等暴力搬运。

（4）扫描容器条码后，不可混放，需将包裹放到指定的容器里面。

（5）严格区分不同公司的包裹，禁止不同公司货物混放；填写提货信息时，注意区别客户公司。

（6）拦截订单绑定到指定容器，不可随便绑定容器。

（7）PDA 枪/快手扫描 200 件商品左右时，进行满箱操作并及时做发运交接。离开前把 RF 枪扫描数据进行满箱操作。

（8）与运输人员交接时，核实包裹数量与其他信息，纸质交接单据留档存放。

实操视频 5
智慧物流配送
中心货物出
库操作

任务实施 ＞＞＞＞＞＞＞＞＞＞＞＞

智慧物流配送中心货到人出库作业相关问题可参考之前内容。

现针对表 6-3-1、表 6-3-2 所示的两份出库任务，进行简单的货到人智慧物流出库作业。

（1）出库货物包装。在包装区域将出库货物按照不同客户分别打包，然后进入第 3 工作台界面，即出库作业工作区操作系统单据管理界面，呼叫两台出库拣选机器人（S20T 型托盘式翻盖机器人），如图 6-3-1 所示。

图 6-3-1　智慧配送出库管理

（2）待机器人停靠稳定之后在系统点亮机器人托盘隔扣，将 A 客户包裹放到第 1 个机器人托盘上，如图 6-3-2 所示。

图6-3-2　点亮机器人隔扣然后放货

（3）选择客户发货区域笼车。在系统中输入笼车编号，例如 B00020，如图 6-3-3 所示。

图6-3-3　输入出货笼车编号

（4）释放机器人，机器人将货物放入对应笼车准备发货，如图 6-3-4 所示。

图6-3-4　机器人放货

（5）B客户订单出货操作可重复第（2）～（4）步。注意：如果两个客户不在一个地区要选择不同发运笼车。

（6）配送发运。打开发运工作站，将待发运笼车编号输入系统，如B00020。

（7）机器人搬运笼车。机器人将笼车搬运到指定出货区，执行出货任务，如图6-3-5所示。

图6-3-5　机器人搬运笼车到出库位置

实践训练　送货作业情景实训

一、实践目的

送货作业是利用配送车辆把客户订购的商品从制造厂、生产基地、批发商、经销商或配送中心，送到客户手中的过程。送货通常是一种短距离、小批量、高频率的运输形式。它以服务为目标，以尽可能满足客户需求为宗旨。因此，送货作业的相关工作至关重要。如何划分基本配送区域、车辆配载、车辆安排、配送线路的确定，以及最终的送货顺序等，都是非常关键的环节，每一个环节都必须与其他环节很好地协调，才能做到整体最优。

二、实践任务

上海飞翔配送中心接到 8 个客户的出货订单，8 个客户要求配送的商品名称、数量、质量、送货到达时间等如表 6-4-1 所示，飞翔配送中心与 8 个客户的位置及距离如图 6-4-1 所示。请完成这 8 个客户的送货作业。

表 6-4-1　客户送货表

客户	品名	数量	质量	体积/（cm×cm×cm）	送货到达时间
A	鸡蛋	20 箱	10 kg/箱	60×45×50	2021 年 3 月 18 日下午 5:00 前
	光明牛奶	25 箱	7 kg/箱	55×45×35	
	槐树蜂蜜	15 箱	15 kg/箱	75×50×45	
	金龙鱼大豆油	30 箱	12 kg/箱	60×30×45	
	香蕉	25 箱	8 kg/箱	60×45×35	
	苹果	15 箱	10 kg/箱	85×55×45	
B	鸡蛋	15 箱	10 kg/箱	60×45×50	2021 年 3 月 18 日下午 2:00 前
	光明牛奶	30 箱	7 kg/箱	55×45×35	
	金龙鱼大豆油	20 箱	15 kg/箱	60×30×45	
	梨	20 箱	15 kg/箱	65×40×45	
	大米	30 袋	50 kg/袋	100×55×15	
	乐百氏纯净水	15 箱	10 kg/箱	80×50×25	
C	鸡蛋	12 箱	10 kg/箱	60×45×50	2021 年 3 月 18 日下午 4:30 前
	光明牛奶	20 箱	7 kg/箱	55×45×35	
	槐树蜂蜜	12 箱	15 kg/箱	75×50×45	
	面粉	25 袋	50 kg/袋	100×55×15	
	香蕉	20 箱	8 kg/箱	60×45×35	
	橘子	10 箱	10 kg/箱	70×50×40	

客户	品名	数量	质量	体积/（cm×cm×cm）	送货到达时间
D	维维豆奶	10 箱	7 kg/箱	65×40×50	2021 年 3 月 18 日 下午 4:00 前
	光明牛奶	24 箱	7 kg/箱	55×45×35	
	金龙鱼大豆油	22 箱	15 kg/箱	60×30×45	
	苹果	20 箱	10 kg/箱	85×55×45	
	大米	30 袋	50 kg/袋	100×55×15	
	鲜橙多	15 箱	9 kg/箱	80×50×35	
E	鸡蛋	15 箱	10 kg/箱	60×45×50	2021 年 3 月 18 日 下午 2:30 前
	槐树蜂蜜	20 箱	15 kg/箱	75×50×45	
	面粉	25 袋	50 kg/袋	100×55×15	
	香蕉	12 箱	8 kg/箱	60×45×35	
	橘子	20 箱	10 kg/箱	70×50×40	
	扬可藕粉	20 箱	12 kg/箱	60×55×40	
F	光明牛奶	21 箱	7 kg/箱	55×45×35	2021 年 3 月 18 日 下午 1:30 前
	槐树蜂蜜	13 箱	15 kg/箱	75×50×45	
	面粉	26 袋	50 kg/袋	100×55×15	
	香蕉	24 箱	8 kg/箱	60×45×35	
	梨	17 箱	15 kg/箱	65×40×45	
	统一方便面	30 箱	6 kg/箱	70×48×52	
	鲜橙多	15 箱	9 kg/箱	80×50×35	
G	鸡蛋	18 箱	10 kg/箱	60×45×50	2021 年 3 月 18 日 下午 2:30 前
	金龙鱼大豆油	16 箱	15 kg/箱	60×30×45	
	梨	10 箱	15 kg/箱	65×40×45	
	大米	15 袋	50 kg/袋	100×55×15	
	乐百氏纯净水	20 箱	10 kg/箱	80×50×25	
	苹果	28 箱	10 kg/箱	85×55×45	
	维维豆奶	12 箱	7 kg/箱	65×40×50	
H	鸡蛋	12 箱	10 kg/箱	60×45×50	2021 年 3 月 18 日 下午 1:00 前
	槐树蜂蜜	14 箱	15 kg/箱	75×50×45	
	金龙鱼大豆油	20 箱	12 kg/箱	60×30×45	
	香蕉	10 箱	8 kg/箱	60×45×35	
	苹果	12 箱	10 kg/箱	85×55×45	
	面粉	20 袋	50 kg/袋	100×55×15	

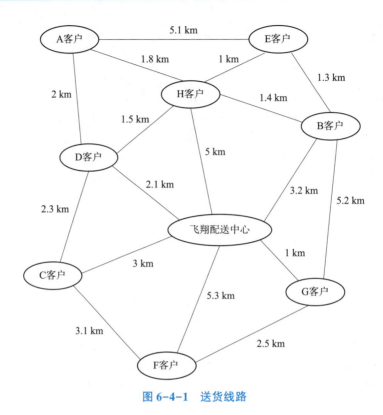

图 6-4-1　送货线路

三、实践道具

（1）60 cm×45 cm×50 cm 空纸箱 92 只，用笔标注为鸡蛋，并写上相应的质量。

（2）55 cm×45 cm×35 cm 空纸箱 120 只，用笔标注为光明牛奶，并写上相应的质量。

（3）75 cm×50 cm×45 cm 空纸箱 74 只，用笔标注为槐树蜂蜜，并写上相应的质量。

（4）60 cm×30 cm×45 cm 空纸箱 108 只，用笔标注为金龙鱼大豆油，并写上相应的质量。

（5）60 cm×45 cm×35 cm 空纸箱 91 只，用笔标注为香蕉，并写上相应的质量。

（6）85 cm×55 cm×45 cm 空纸箱 75 只，用笔标注为苹果，并写上相应的质量。

（7）65 cm×40 cm×45 cm 空纸箱 47 只，用笔标注为梨，并写上相应的质量。

（8）80 cm×50 cm×25 cm 空纸箱 35 只，用笔标注为乐百氏纯净水，并写上相应的质量。

（9）100 cm×55 cm×15 cm 空袋子 75 只，用笔标注为大米，并写上相应的质量。

（10）100 cm×55 cm×15 cm 空袋子 96 只，用笔标注为面粉，并写上相应的质量。

（11）70 cm×50 cm×40 cm 空纸箱 30 只，用笔标注为橘子，并写上相应的质量。

（12）65 cm×40 cm×50 cm 空纸箱 22 只，用笔标注为维维豆奶，并写上相应的质量。

（13）80 cm×50 cm×35 cm 空纸箱 20 只，用笔标注为鲜橙多，并写上相应的质量。

（14）60 cm×55 cm×40 cm 空纸箱 20 只，用笔标注为扬可藕粉，并写上相应的质量。

（15）70 cm×48 cm×52 cm 空纸箱 30 只，用笔标注为统一方便面，并写上相应的质量。

注：也可以准备相同规格的空纸箱及袋子，这样做车辆配装及车辆配载情景操作这一环节就得省略，只能用画图及文字来说明。

（16）送货单及送货回单。

四、实践操作时间

4 学时。

五、实践地点

物流实训室或教室。

六、实践考核标准

考核内容	考核标准	分值	实际得分
送货作业 情景实训	车辆调度合理	15	
	车辆配装科学	20	
	配送先后顺序正确	15	
	车辆配载合理，操作规范、熟练	20	
	配送线路合理	20	
	送货回单填写正确	10	
合计		100	

课后练习

一、选择题（单选题）

1. 送货作业管理的核心内容是（　　）。

A. 满足客户需求

B. 控制送货成本

C. 保证货物质量

D. 满足客户需求与送货成本两者的均衡控制

2. 国内配送中心、物流中心的配送有效距离大约在（　　）km 以内。

A. 30　　　　　　　B. 50　　　　　　　C. 80　　　　　　　D. 100

3. 送货作业流程中，送货线路及车辆配载方案确定后，下一步骤是（　　）。

A. 货物装车　　　　　　　　　　B. 车辆出发

C. 送货监控　　　　　　　　　　D. 拟定送货作业计划

4. 送货线路的选择与确定工作的核心目标应该是（　　）。

A. 效益最高　　　B. 准时性最高　　　C. 成本最低　　　D. 劳动消耗最低

5. 配送中心向一个客户进行专门送货，这种情况一般是针对（　　）。

A. 需求紧急的客户　　　　　　　B. 需求平稳的客户

C. 临时客户　　　　　　　　　　D. 优质的主要客户

6. 节约里程法的基本思想是（　　）。

A. 三角形的两边之和总是大于第三边　　B. 各点间运送的总里程最短

C. 各点间运送的总时间最少　　　　　　D. 服务的客户数量最多

7. 节约里程法计算过程中，客户之间的距离越近，而且它们距离配送中心越远，则节约的里程（　　）。

A. 越多　　　　　　　　　　　　B. 越少

C. 视客户需求而定　　　　　　　D. 不确定

8. 节约里程法计算过程中，当计算出两两客户之间的可节约距离后，下一步应该做的是（　　）。

A. 按节约距离的大小两两连接各客户之间的线路

B. 按节约距离从大到小的顺序进行排列

C. 按节约距离的大小安排送货顺序

D. 按节约距离的大小安排送货车辆的类型

9. 配载是提高运输工具（　　）的一种有效形式。

A. 装卸效率　　　B. 运输效率　　　C. 装载率　　　D. 实载率

10. 配载作业过程中，装货人员最常采用的配载方法是（　　）。

A. 经验法　　　B. 容重法　　　C. 数学模型计算　　　D. 软件模拟

11. 用经验法进行配载时，也要用简单的数学计算来验证（　　）。

A. 货物的数量

B. 是否按客户要求装载了需要的货物

C. 装载的货物是否满足车辆在载质量及容积方面的限制

D. 装载时间是否满足要求

二、简答题

1. 出货作业的流程是什么？

2. 出货检验的内容有哪些？

3. 车辆配载的原则是什么？

4. 节约里程法的原理是什么？

5. 智慧物流配送中心的出库作业内容是什么？

项目学习效果评价表

知识巩固与技能提高（40分）			得分：
计分标准：得分＝系数(20/单选题个数)×正确单选题个数+系数(20/简答题个数)×正确简答题个数			
学生自评（20分）			得分：
计分标准：自测结果A的个数×2.5+B的个数×1.5+C的个数×1（此项分值上限为20分）			
专业能力	评价指标	自测结果	要求（A掌握；B基本掌握；C未掌握）
出货送货作业	（1）出货的定义 （2）出货作业的流程 （3）送货运输	A□ B□ C□ A□ B□ C□ A□ B□ C□	能够理解配送出货的含义，掌握配送出货的流程，了解送货运输过程
明确车辆配载原则和最优线路规划方法	（1）车辆配载原则 （2）配送线路规划方法	A□ B□ C□ A□ B□ C□	能够运用车辆配载原则和最优线路规划方法进行正确的车辆配载和线路选择
了解智慧物流配送中心出货要求	（1）出货流程 （2）出货检验 （3）出货具体操作	A□ B□ C□ A□ B□ C□ A□ B□ C□	能够根据书中的提示和视频学习进行智慧系统操作，完成出库流程
职业道德思想意识	（1）认真严谨 （2）遵守职业道德 （3）团结合作	A□ B□ C□ A□ B□ C□ A□ B□ C□	专业素质、思想意识得以提升，德才兼备
小组评价（20分）			得分：
计分标准：得分＝10×A的个数+5×B的个数+3×C的个数			
团队合作	A□ B□ C□	沟通能力	A□ B□ C□
教师评价（20分）			得分：
教师评语			
总成绩		教师签字	

项目七　配送中心辅助作业

【知识目标】

掌握配送中心装卸搬运作业的内容

知道配送中心装卸搬运作业合理化的内容

掌握配送装卸搬运策略

掌握配送中心退货作业处理流程

了解配送中心退货原因

掌握配送中心补货方式

【技能目标】

能够运用装卸搬运合理化策略

能够进行配送中心装卸搬运合理化改进

能够进行退货作业处理

能够正确进行配送中心补货作业

【素质目标】

提升配送职业技能

培养诚实守信的职业道德

培养忠诚的品格

培养认真细心的工作作风

> **课堂小互动**
>
> 　　请小组讨论分析：配送中心有哪些辅助职能？他们既然不是主体职能，就真的不重要了吗？

任务一　　配送中心装卸搬运作业

2021 年 6 月 15 日，李明正在华能零售商业有限公司配送中心实习，配送中心主管告诉李明，最近配送中心成本一直居高不下，不能形成价格优势，这严重阻碍了公司业务的开拓与发展。主要原因是配送中心搬运活性指数太低。表 7-1-1 所示为配送中心商品状态，表中商品活性指数需要优化，李明需做出装卸搬运活性优化方案。

表 7-1-1　配送中心商品状态

序号	商品名称	数量	质量	体积	包装
1	橘子	—	5 t	—	散装
2	苹果	—	6 t	—	散装
3	葡萄	—	2 t	—	散装
4	鲜肉	—	5 t	—	散装
5	鸡蛋	100 箱	25 kg/箱	60 cm×55 cm×55 cm	木箱
6	冷冻对虾	60 箱	18 kg/箱	60 cm×45 cm×65 cm	纸箱
7	西瓜	—	5 t	—	散装
8	塑料拖把	150 把	1.8 kg/把	170 cm×40 cm×6 cm	散装
9	烫衣板	200 只	6.5 kg/只	150 cm×42 cm×7 cm	散装
10	硝酸钾	100 瓶	1.8 kg/瓶	75 cm×65 cm×60 cm	4 瓶/箱
11	过氧化钠	60 瓶	1.5 kg/瓶	60 cm×60 cm×25 cm	6 瓶/箱
12	四乙基铅	50 瓶	1.6 kg/瓶	55 cm×60 cm×20 cm	8 瓶/箱
13	硫酸二甲酯	70 瓶	2 kg/瓶	75 cm×50 cm×40 cm	6 瓶/箱
14	甲醇	40 瓶	1.6 kg/瓶	55 cm×60 cm×28 cm	6 瓶/箱
15	冰醋酸	50 瓶	1.8 kg/瓶	70 cm×65 cm×60 cm	6 瓶/箱
16	盐酸	45 瓶	1.6 kg/瓶	65 cm×48 cm×65 cm	6 瓶/箱
17	碳化钙	40 袋	60 kg/袋	75 cm×40 cm×15 cm	6 袋/箱
18	钠	65 袋	65 kg/袋	60 cm×65 cm×15 cm	6 袋/箱
19	酒精	40 瓶	1.5 kg/瓶	55 cm×62 cm×28 cm	6 瓶/箱
20	油漆	80 桶	25 kg/桶	86 cm×45 cm×55 cm	塑料桶
21	大白菜	—	1 t	—	散装
22	菠菜	—	1 t	—	散装
23	粉丝	60 包	15 kg/箱	55 cm×40 cm×20 cm	纸箱
24	蜂蜜	120 瓶	1.4 kg/瓶	高 20 cm，直径 9 cm	6 瓶/箱

续表

序号	商品名称	数量	质量	体积	包装
25	面包	50 箱	8 kg/箱	65 cm×45 cm×65 cm	纸箱
26	银杏叶片（药）	60 箱	5 kg/箱	60 cm×40 cm×65 cm	纸箱
27	康泰克（药）	50 箱	4 kg/箱	55 cm×40 cm×60 cm	纸箱
28	羽绒服	10 件	1.6 kg/件	60 cm×50 cm×20 cm	塑料袋
29	枕头	200 只	0.8 kg/只	80 cm×60 cm×8 cm	塑料袋
30	席子	150 只	4 kg/只	200 cm×150 cm×1 cm	纸箱
31	计算机桌	100 张	65 kg/张	120 cm×75 cm×60 cm	纸箱
32	塑料盆	150 只	0.6 kg/只	高 16 cm，直径 45 cm	纸箱
33	书	500 本	0.6 kg/本	65 cm×26 cm×6 cm	纸箱
34	热水瓶	120 只	0.5 kg/只	高 50 cm，直径 15 cm	纸箱

任务资讯 ＞＞＞＞＞＞＞＞＞＞＞＞

装卸和搬运是两个不同的概念，我国国家标准 GB/T 18654—2021《物流术语》中是这样界定的：装卸是指在运输工具与存放场地（仓库）间，以人力或机械方式对物品进行载上载下或卸下卸出的作业过程；搬运是指在同一场所内以人力或机械方式对物品进行空间移动的作业过程。

可以看出，装卸是改变物品存放、支承状态的活动；搬运是改变物品空间位置的活动，两者全称为装卸搬运。在实际操作中，装卸与搬运活动是密不可分的，两者是伴随在一起发生的。因此，在配送科学中并不强调两者之间的差别，而是常把它们作为一种活动来对待。

一、配送中心装卸搬运作业的内容

1. 装卸搬运主要的 4 种作业内容

（1）装货卸货作业。

商品装货卸货作业指的是向载货汽车、铁路货车、货船、飞机等运输工具装货以及从这些运输工具上卸货的活动。

（2）搬运移送。

搬运移送指的是对物品进行短距离的移动活动，包括水平、垂直、斜行搬运或由这几种方式组合在一起的搬运移送活动。显然，这类作业是改变物品空间位置的作业。

（3）堆垛、拆垛。

堆垛、拆垛包括车厢内、船舱内、仓库内的堆码和拆垛作业，按规定位置、形状和其他要求放置或取出成件包装货物的作业，也包括按规定的位置、形状和其他要求堆存和取出散堆货物的作业。

知识提示：

根据装卸搬运作业的特点，对装卸搬运作业组织提出了特殊的要求。因此，为有效完成装卸搬运工作，必须根据装卸搬运作业的特点，合理组织装卸搬运作业，不断提高装卸搬运的效率和效益。

微课 15　配送中心装卸搬运作业

（4）分拣配货作业。

分拣是在堆垛、拆垛作业之前发生的作业，它是将物品按品种、出入库先后顺序进行分类堆放的作业活动。配货是指把物品从所在的位置，按品种、作业先后顺序和发货对象等整理分类所进行的堆放、拆垛作业，把分拣出来的物品按规定的配货分类集中起来的作业和以一定的批量移动到一端的分拣指定位置的作业。

应用小案例

思考： 图 7-1-1 中的四幅图片是物流装卸搬运的场景，你认识他们所使用的装卸搬运设备吗？这些搬运活动属于什么类型的装卸搬运？你知道这些搬运活动的特点和用途吗？

图 7-1-1　物流装卸搬运的场景

讨论：
集装作业法与散装作业法适合于什么样的货物的装卸搬运？

2. 装卸搬运的分类

装卸搬运可以分别按作业对象，装卸搬运的作业特点，物流设施、设备对象，被装物的主要运动形式进行分类。

（1）按作业对象分类。

按作业对象（货物形态）分类，装卸搬运可分为以下 3 种方法。

1）单件作业法；

2）集装作业法；

3）散装作业法。

（2）按装卸搬运的作业特点分类。

按作业特点分类装卸搬运可分为如下两类。

1）间歇装卸；

2）连续装卸。

（3）按物流设施、设备对象分类，装卸搬运可分为如下 4 类。

1）汽车装卸；

2）铁路装卸；

3）港口装卸；

4）仓库装卸。

动画 14　集装
化作业与散装
作业

如图 7-1-2 所示为按物流设施、设备对象分类的装卸搬运活动。

图 7-1-2　按物流设施、设备对象分类的装卸搬运活动

（4）按被装物的主要运动形式分类，装卸搬运可分为如下两类。

1）垂直装卸；

2）水平装卸。

二、配送中心装卸搬运作业合理化

1. 装卸搬运的基本原则

装卸搬运的基本原则是指装卸搬运活动应当遵循的原则或要求达到的目标。根据装卸搬运活动的特征和作用，为了提高装卸搬运作业的效率和经济效益，在长期实践中总结出装卸搬运的基本原则，可以归纳如下。

（1）减少环节，简化流程。

（2）文明装卸，科学运营。

（3）协调兼顾，标准通用。

（4）步步活化，省力节能。

（5）巧装满载，牢固稳定。

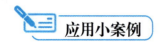 应用小案例

我国物流装卸搬运现状

（1）搬运工具。物流设备是物流系统的物质基础，伴随着物流的发展与进步，物流设备不断得到提升与发展。物流设备领域中许多新的设备不断涌现，如四向托盘、高架叉车、自动分拣机、自动引导搬运车、集装箱等，极大地减轻了人们的劳动强度，提高了物流运作效率和服务质量，降低了物流成本，在物流作业中起着重要作用，促进了物流的快速发展。但根据实地考察，大部分大规模物流公司还保留着原始的人工装卸搬运作业，绝大部分还是靠人力肩扛手提的方式，工作效率低下，互相之间缺乏协作，秩序混乱。

（2）货物损失。混乱的工作流程及负荷的工作致使货物出现搬运损失。在搬运装卸和运输阶段，不恰当的作业是引起损失的主要原因。搬运装卸作业时，没有兼顾货物的属性和包装特点，没有实行相应的保护性作业（比如轻拿轻放），造成货物损坏；运输作业时，不能将货物摆放在运输工具的恰当位置，不能正确估计运输路途中可能遇到的问题，没有相应的保护措施，造成货物损坏；另外，没有恰当避开有问题的路况，没有恰当处理路途中的紧急情况，使货物受到颠簸、相互挤压和撞击等，造成货物损坏。

（3）货物包装体积及材质对搬运的影响。由调查问卷得出57%的快递员对大件纸盒包装更加放心，29%的快递员对大件塑料包装更加放心。装卸搬运活动在整个物流过程中的比重很大，因此，装卸搬运效率高低、质量好坏、成本高低，不仅是决定物流速度的关键因素，也是影响物流成本的关键因素。

（4）装卸时间长。据我国对生产物流的统计，机械工厂每生产1 t成品，需进行60 t以上的材料搬运，其成本为加工成本的15.5%。调查问卷中，对于货物停留时间的选项，57%的物流公司选择半天到一天，18%的物流公司选择半天左右，14%的物流公司选择一天以上，仅有11%的物流公司选择2小时以下。

问题1：案例中物流业存在的问题是什么？

问题2：针对这些问题有什么样的解决方案？

问题3：根据你自己的经历思考现在我国物流业还存在哪些问题？

2. 装卸搬运合理化措施

装卸搬运的合理化措施可以从以下几方面考虑。

（1）防止无效装卸。

无效装卸的含义是消耗于有用货物必要装卸劳动之外的多余劳动。

一般装卸操作中，无效装卸具体反映在以下几方面。

1）过多的装卸次数；

2）过大的包装装卸；

3）无效物质的装卸。

（2）充分利用重力和消除重力影响，进行消耗少的装卸。

在装卸时考虑重力因素，可以利用货物本身的质量，进行有一定落差的装卸，以减少或根本不消耗装卸的动力，这是合理化装卸的重要方式。

在装卸时尽量消除或削弱重力的影响，从而减轻体力劳动及其他劳动消耗。人力装卸时如果能配合简单机械用具，做到"持物不步行"，则可以大幅减轻劳动量，做到装卸的合理化。

（3）充分利用机械，实现规模装卸。

规模效益早已是大家所接受的，在装卸时也存在规模效益问题，主要表现在一次装卸量或连续装卸量要达到充分发挥机械最优效率的水准。为了更多地降低单位装卸工作量的成本，对装卸机械来讲，也有规模问题，装卸机械的能力达到一定规模，才会有最优效果。

（4）提高货物的装卸搬运活性（物流职业资格考试内容）。

装卸搬运活性是指从物的静止状态转变为装卸搬运运动状态的难易程度。如果很容易转变为下一步的装卸搬运而不需过多做装卸搬运前的准备工作，则装卸搬运活性就高；如果难以转变为下一步的装卸搬运，则活性就低。为了对活性有所区别，并能有计划地提出活性要求，使每一步装卸搬运都能按一定活性要求进行操作，对于不同放置状态的货物做了不同的活性规定，这就是"活性指数"。它分为5个等级，如表7-1-2所示。

动画15 装卸搬运的活性

表7-1-2 装卸搬运活性指数

活性指数	物料状态
0	杂乱堆放在地面——散装状态
1	装箱或捆扎——集装状态
2	装箱或捆扎的物料下面放有衬垫——单元化
3	被放在台车上或被起重机吊钩钩住——即刻移动的状态
4	已经被启动、直接作业的状态

（5）选择最好的搬运方式，节省体力消耗。

在物流领域，即使是现代化水平已经很高了，也仍然避免不了人力搬运的配合。因此，人力搬运合理化问题也是很重要的。

（6）单元化原则。

单元化原则是指将物品集中成一个单元进行装卸搬运的原则。

（7）机械化原则。

机械化原则是指在装卸搬运作业中用机械作业代替人工作业的原则。

（8）系统化原则。

系统化原则是指将各个装卸搬运活动作为一个有机的整体实施系统化管理。也就是说，运用综合系统化的观点，提高装卸搬运活动之间的协调性，提高装卸搬运系统的柔性，以适应多样化、高标准的物流需求，提高装卸搬运效率。

思考：
你能够举例说明装卸搬运中常用的机械有哪些？

根据科学研究的结论，采用不同搬运方式和不同移动重物方式，其合理使用体力的效果不同。科学地选择搬运质量和科学地确定包装质量也可促进人力装卸的合理化。

任务实施 >>>>>>>>>>>>>>

（1）物料分类是为了便于实施装卸搬运，因此分类的原则是根据影响物料可运性（即移动的难易程度）的各种特征和影响能否采用同一种搬运方法的其他特征进行分类。在实际应用时，往往按物料的实际最小单元（瓶、罐、盒等）或按最便于搬运的运输单元（箱、包、捆等）为标准进行分类。

物料分类的基本方法主要有两种，一种是按物料的固体、液体或气体进行分类，另一种是按单件、包装件或散装物料进行分类。

（2）物料的主要特征一般从以下两个方面进行分析。

1）物理特征。

①外形尺寸：长、宽、高。

②质量：每运输单元的质量或单位体积的质量（密度）。

③形状：弯曲、扁平、紧密、可叠套及不规则等。

④损伤的可能性：易燃、易碎、易爆、易污染、有毒及有腐蚀性等。

⑤状态：黏、热、脏、湿、不稳定和配对等。

2）其他特征。

①数量：比较常用的数量或产量（总产量或批量）。

②时间性：紧迫性、经常性和季节性。

③特殊控制：操作规程、企业标准和政府法规。

物料的物理特征通常是影响物料分类最重要的因素，也就是说，物料通常是按其物理性质来划分的。当然，数量也比较重要，搬运大批量的物料和搬运小批量的物料是有差别的。

（3）物料分类的主要程序如下。

1）列表标明所有物料或分组归纳物料的名称。

2）记录物料的物理特征和其他特征。

3）分析每类物料的各项特征，并确定哪些特征是主导的，在起决定作用的特征下画出标记线。

4）确定物料的类别，把那些具有相似主导特征的物料归纳为一类。

5）写出每类物料的分类说明。

（4）运用活性指数来表示搬运活性水平的高低。例如，散放在地上的物品，要经过集中（装箱）→搬起（支垫）→升起（装车）→运走（移动）4项作业才能运走，其活性指数最低，定为0；然后，对此状态每增加一次必要的操作后，就会使物料装卸方便一些，其搬运活性指数就加上1；而处于运行状态的物品，因为不需要再进行其他作业就能运走，其活性指数最高，定为4。表7-1-3所示为活性的区分和活性指数。

表 7-1-3　活性的区分和活性指数

物料状态	作业说明	作业种类				还需要作业的数目	已不需要作业的数目	搬运活性指数
		集中	搬起	升起	运走			
散放在地上	集中、搬起、升起、运走	要	要	要	要	4	0	0
集装箱中	搬起、升起、运走（已集中）	否	要	要	要	3	1	1
托盘上	升起、运走（已搬运）	否	否	要	要	2	2	2
车中	运走（不用升起）	否	否	否	要	1	3	3
运动着的输送机上	不需要其他作业（保持运到）	否	否	否	否	0	4	4
运动着的物体	不需要其他作业（保持运到）	否	否	否	否	0	4	4

由表 7-1-3 可以看出，要运走物品，最多需要进行 4 项作业，假如其中有几项作业不需要进行，就可省去这些项的作业，此时物品的存放状态就有利于搬运，其活性指数就高。由此得出搬运活性指数的定义是搬运某种状态下的物品所需要进行的 4 项作业中"已经不需要进行的作业数目"。

从理论上讲，活性指数越高越好，但也必须考虑到实施的可能性。例如，物料在储存阶段中，活性指数为 4 的输送带和活性指数为 3 的车辆，在一般的仓库中很少采用，因为大批量的物料不可能存放在输送带和车辆上。因此，应用活性指数，还要考虑其他条件和影响因素，才能取得好的效果。

（5）对表 7-1-3 中的物料进行分类，写出分类说明，填写物料特征表，分析每一物料的活性指数，提出优化方案。

任务二　　配送中心补货作业及退货处理

引 例分析 > > > > > > > > > > > >

　　华能商业有限公司配送中心拣选区 2022 年 6 月 20 日的存货情况如表 7-2-1 所示；拣选区存货安全标准如表 7-2-2 所示；2022 年 6 月 21 日客户订货出货情况及时间要求如表 7-2-3 所示。请为该配送中心的拣选区补货。

表 7-2-1　存货情况

序号	商品名称	商品编号	积存数量
1	光明牛奶	06466.1	21 箱，60 袋/箱
2	蒙牛牛奶	06466.2	17 箱，24 袋/箱
3	卫岗牛奶	06466.6	16 箱，60 袋/箱
4	金龙鱼大豆油	04576.1	11 箱，8 桶/箱
5	葵花大豆油	04576.2	9 箱，8 桶/箱
6	喜临门大豆油	04576.6	9 箱，8 桶/箱
7	白猫洗洁精	08965.1	7 箱，10 瓶/箱
8	奥妙洗洁精	08965.2	6 箱，10 瓶/箱
9	天元饼干	02946.1	7 箱，10 袋/箱
10	维嘉饼干	02946.2	6 箱，10 袋/箱
11	新隆饼干	02946.6	5 箱，10 袋/箱
12	统一饼干	02946.4	8 箱，10 袋/箱
13	乐事薯片	05926.1	11 箱，20 袋/箱
14	波力海苔	05926.2	9 箱，20 袋/箱
15	奇多玉米棒	05926.6	10 箱，20 袋/箱
16	乐天妙脆角	05926.4	8 箱，20 袋/箱

表 7-2-2　拣选区存货安全标准

序号	商品名称	拣选区安全存货设定标准
1	光明牛奶	60 箱，60 袋/箱
2	蒙牛牛奶	24 箱，24 袋/箱
3	卫岗牛奶	18 箱，60 袋/箱
4	金龙鱼大豆油	15 箱，8 桶/箱
5	葵花大豆油	16 箱，8 桶/箱
6	喜临门大豆油	12 箱，8 桶/箱
7	白猫洗洁精	9 箱，10 瓶/箱
8	奥妙洗洁精	8 箱，10 瓶/箱
9	天元饼干	9 箱，10 袋/箱
10	维嘉饼干	8 箱，10 袋/箱
11	新隆饼干	6 箱，10 袋/箱
12	统一饼干	11 箱，10 袋/箱
13	乐事薯片	15 箱，20 袋/箱
14	波力海苔	12 箱，20 袋/箱
15	奇多玉米棒	16 箱，20 袋/箱
16	乐天妙脆角	11 箱，20 袋/箱

表 7-2-3　订货出货情况

客户名称	商品名称	订购数量	需求时间
A	光明牛奶	6 箱	2022 年 6 月 21 日 下午 2:00 前
	蒙牛牛奶	8 箱	
	葵花大豆油	6 箱	
	金龙鱼大豆油	5 箱	
	白猫洗洁精	7 箱	
	天元饼干	6 箱	
	奇多玉米棒	6 箱	
	乐事薯片	4 箱	
B	光明牛奶	6 箱	2022 年 6 月 21 日 下午 4:00 前
	蒙牛牛奶	7 箱	
	卫岗牛奶	5 箱	
	葵花大豆油	6 箱	
	喜临门大豆油	8 箱	
	天元饼干	5 箱	
	统一饼干	7 箱	
	奇多玉米棒	4 箱	
	乐天妙脆角	10 箱	

续表

客户名称	商品名称	订购数量	需求时间
C	乐事薯片	2 箱	2022 年 6 月 21 日上午 10:00 前
	波力海苔	6 箱	
	蒙牛牛奶	25 箱	
	奥妙洗洁精	5 箱	
	金龙鱼大豆油	4 箱	
	卫岗牛奶	6 箱	
	统一饼干	8 箱	
	新隆饼干	6 箱	
D	维嘉饼干	9 箱	2022 年 6 月 21 日上午 11:00 前
	新隆饼干	8 箱	
	统一饼干	10 箱	
	波力海苔	4 箱	
	奇多玉米棒	6 箱	
	光明牛奶	6 箱	
	葵花大豆油	2 箱	
	奥妙洗洁精	4 箱	

思考:

案例中 3 张表单的关系是什么?

任 **务资讯** >>>>>>>>>>>>

补货作业就是将物品从保管区转移到另一个为了做订单拣取的动管储存区,并将该转移作业进行书面处理的活动。所谓动管储存区,就是指商品在短时期内即将被拣取出货,其商品流动频率很高的区。

一般以托盘为单位的补货,其主要作业流程如图 7-2-1 所示。即使是以箱为保管单位,补货流程亦大致相同。

一、补货方式

1. 整箱补货

由料架保管区补货至流动棚架的动管区。这种补货方式在保管区为料架储存,在动管区为两面开放式的流动棚。拣选时拣选员在流动棚拣取区拣取单品放入浅箱(篮)中,而后放到输送机运至出货区。若拣取后发现动管

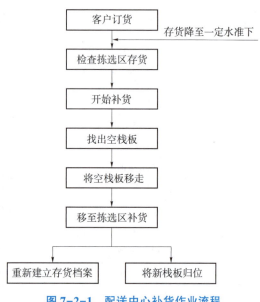

图 7-2-1 配送中心补货作业流程

区的存货已低于水准之下则要进行补货。

补货方式为作业员到料架保管区取货箱，以手推车载货箱到拣选区，由流动棚架的后方（非拣取面）补货。这种保管动管区储存模式的补货方式较适合体积小且少量多样出货的商品。

微课 16　补货作业

拓展阅读

在进行补货之前，还要先明确两个概念。

第一个是保管储存区。这是仓库中最大也是最主要的保管区，货物在这里的保管时间最长、储存单位最大，所以是整个储存区的管理重点。为了最大限度地增大储存容量，要考虑合理运用储存空间，提高使用效率。

第二个是动管储存区。它是在拣选作业时所使用的拣选区，此区的货物大多在短时期内即将被拣取出货，其货物在储位上流动频率很高，所以称为动管储存区。为了在拣取时快速找到商物，需要借助一些拣选设备。

思考：
这些补货方式适宜的货物种类有哪些？

2. 整托补货

（1）由地板堆叠保管区补货至地板堆叠动管区；

（2）由地板堆叠保管区补货至栈板料架动管区。

3. 料架上层至料架下层补货

这种补货方式为保管区与动管区属于同一料架，也就是将一料架上方便拿取的地方（中下层）作为动管区，不容易拿取的地方（上层）作为保管区。进货时将动管区放不下的多余货物放至上层保管区。在动管区进行拣选时，当发现动管区的货物量低于水准之下可用堆垛机将上层保管区的货物搬至下层动管区补货。这种保管区与动管区属于同一料架的补货方式较适合体积不大、每品项存货量不高，且出货多属中小量（以箱为单位）的货物。

动画 16　补货方式

二、补货时机

为避免拣选中途才发现动管区的货量不够去临时补货，以至于影响整体出货时间，所以在补货时要做到准确把握补货时机。

1. 批次补货

在每天或每一批次拣取前，由计算机计算得到货物总拣取量，根据这个结果查看动管拣选区的货物量，在拣取前一特定时段补足货物。这是一次补足的补货原则，较适合一日内作业量变化不大、紧急插单不多的情况。

2. 定时补货

将每天划分为若干个时段，补货人员在各时段内检视动管拣选区货架上商品存量，若不足即马上将货架补满。这是定时补足的补货原则，较适合分批拣选时间固定，且处理时间也固定的情况。

讨论：
3 种补货时机适合什么情况补货？

3. 随机补货

随机补货是指定专门的补货人员，随时巡视动管拣选区的货物存量，若有不足则随时补货的方式。这是不定时补足的补货原则，较适合每批次拣取量不大、紧急插单多、一日内作业量不易事前掌握的情况。

 **应用小案例**

2022 年 6 月 16 日下午，配送中心拣选员李雨霏拣取飘柔洗发水、绿茶和云南山泉时发现电子标签货架 3 种物品缺货。拣选单上三种物品和数量分别为飘柔洗发水 10 瓶、绿茶 15 瓶、云南山泉 15 瓶，但在电子标签货架上 3 种物品的数量分别是 5 瓶、6 瓶、8 瓶。李雨霏不能按时拣选，要求补货员及时补货，然后再另行拣选，补货单如表 7-2-4 所示。

表 7-2-4　补货单

类别			补货日期/时间：			本单编号：		
项次	储位编号	商品名称	商品编码	货源储位	单位	需要数量	实发数量	

点收：　　　　　经办：

问题：李雨霏能完成这次补货工作吗？

三、配送中心退货处理

动画 17　配送中心退货的原因

配送中心退货作业是指配送中心按订单或合同将货物发出后，由于某种原因，客户（门店）将货物退回配送中心的过程。

物流活动中，应尽可能地避免退货或换货，因为退货或换货的处理，只会大幅增加成本、减少利润。

1. 退货的原因

（1）瑕疵品回收。

由于生产厂商在设计、制造过程中所造成的有质量问题的商品，往往会在已开始销售后，才由消费者或厂商自行发现，必须立即部分或全部回收。这种情形不常发生，但却是不可避免的。

从物流企业的角度来说，必须立即将消息传达到所有客户，而且要采取最快速的方法将商品收回，集中处理。在此类事务中，物流中心虽不会有直接的成本损失，但快速地配合，可使损害减小，增进与厂商及客户间的关系，也是物流中心处理意外事件的能力展现。

（2）搬运中损坏。

由于包装不良或搬运中剧烈振动，造成商品破损或包装污损，这时必须重新研究包装材料的材质、包装方式和搬运过程中各项上、下货动作，找出真正原因并加以改善。

（3）商品送错退回。

由于物流中心本身处理不当所产生的问题，如拣选不正确或条码、出货单等处理错误，使客户收到的商品种类或数量与订单不符，必须换货或退货，这时应立即处理，以减少客户抱怨。

2. 退货处理的方法

（1）无条件重新发货；

（2）运输单位赔偿；

（3）收取费用，重新发货；

（4）重新发货或替代。

3. 退货的其他处理

微课 17 配送
中心退货作业

不论是什么原因造成的错误，除了立即回收外，配送中心还必须做出以下的相关配合处理。

（1）立即补送新货以减少客户抱怨；

（2）会计账目上也应立即修正，以免收款或付款错误，造成进一步的混乱；

（3）若有保险公司理赔，应立即按照保险理赔程序办理，包括保留现场证据或拍照存证、在规定时间内通知保险公司、准备索赔文件和损失计算，并通知本企业法律顾问一起处理。

（4）分析退货原因，作为日后的改进参考。在退货或换货的处理过程中，切记不要立即与客户争吵或追究责任。将有效期限将至的商品，立即以低价方式拍卖，也是降低回收成本的好方法。

应用小案例

2022 年 6 月 20 日，配送中心接到 A、C 两个门店的退货要求。退货原因是 A 门店需要的雪碧错送为可乐，共 65 箱；C 门店需要的可乐错送为雪碧，共 65 箱；

配送中心负责退货处理的小余收到这些退货处理单后，打电话给 A、C 两家门店的进货员，说："咱们都是一家公司的，因为退货数量刚好一致，都是 65 箱，你们两家门店互换一下可乐和雪碧，好吗？改天请你们吃饭！"

问题 1：退货的原因是什么？

问题 2：退货处理的程序是什么？

问题 3：退货处理的方法是什么？

问题 4：小余的处理方法对吗？

（1）确定现有存货水平。

对现有存货水平的检测是配送中心补货系统工作的起点。因为只有准确地知道现有存货的水平，才能确定需要补充多少货物。具体来讲，对现有存货的检测主要有两种方法，一种是定期检测，另一种是连续检测。定期检测是按照一定的周期对存货进行检查的方法，周期的具体确定可以根据实际情况而定，可以几天、一周或一个月检测一次。连续检测要求存货管理者要连续记录存货的进出，每次存货处理后都要检测各产品的数量。现有存货水平是由某产品的现货库存总数与在途订货量之和减去为客户保留的存货量，以及内部分支机构的转移订购量，这个值的确定是存货补充计算的基本元素之一。

（2）确定订购点。

订购点是补货系统的启动机制。在订购点补货系统中，只要现有库存水平低于指定的订购点，就立即发出补货指令。定期检测补货系统则根据事先制订的目标存货水平，在固定检测时将现有存货水平与目标存货水平进行比较，如果现有存货水平低于目标存货水平，则需要进行补货。

订购点的确定要考虑前置期的库存需求，以及安全库存的需要。订购点存货水平OP 一般用下面公式确定：

$$OP = 前置期内预计需求 + 安全库存$$

也就是说订购点存货 OP 由两部分组成，一部分是在等待存货补充订购到达（前置期）期间满足预计客户需求（耗用量）所需的足够存货，另一部分是应付供需变化的保守存货（安全库存）数量。

（3）确定订货数量。

订购点确定下来以后，补货系统还要决定订购的数量。订购数量既可以根据以往的经验来确定，也可以按经济订货批量模型得出。经济订货批量模型的原理是通过数学方法，对各种存货成本进行全面均衡，得出存货总成本最小时的订货批量，并将这个数量作为补货数量。在不同的补货系统中，订货数量可以是固定的，也可以是变动的。一般来讲，在固定周期订货条件下，订货周期是不变的，但订购点的现有存货水平可能是变动的，每次订货的数量也可能是变动的；固定批量订货则正好相反，订购点的现有存货水平是固定的，即都处于订购点存货水平，每次订货量是固定的，订货周期却是变化的。

另外，固定周期订货法由于按期订货，所以在订货间隔期和前置期内可能发生缺货现象；固定批量订货由于随时监控库存水平，库存水平一旦达到订购点即发出订单，所以一般不会缺货。

（4）发出采购订单和进行补货作业。

订购点和订货数量确定下来以后，补货系统的最后一个程序就是对需要补充库存的存货种类发出采购订单，进行补充库存的订货。

（5）根据上述 4 个步骤进行补货操作，先计算出需要补货的品种和数量，然后确定一个补货时机，分别用前两种补货方式进行补货操作训练（训练时，由指导教师预先在物流实训室里用粉笔画两个区，分别设为储存区和拣选区，将标注好的空纸箱堆在储存区内，然后由学生分别用手推车和手动叉车将空纸箱运至拣选区，完成补货）。补货操作结束后，要写一份补货说明书，说明书应包含补货的品种和数量（填在补货单里）、选择的补货时机及理由，以及采用的补货方式等。

实践训练　补货作业情景实训

一、实践目的

补货作业是指在配送中心的存货低于设定标准时而发出存货再订购指令的作业活动，或者是拣选区的存货低于设定标准的情况下，将货物从仓库保管区搬运到拣选区的作业活动。补货作业的目的是确保存货中的每一种商品都在目标服务水平下达到最优库存水平，或者是为了将正确的商品在正确的时间、正确的地点，以正确的数量和最有效的方式送到指定的拣选区，保证拣选区随时有货可拣，能够及时满足客户订货出货的需要，提高拣选的效率。通过本项目的实训，学生进一步了解补货的目的和作用，掌握补货的流程、方式和实际操作技能。

二、实践任务

Q 配送中心主要为市区中小型超市提供生活日用品采购配送服务。为了降低成本，配送中心根据市场调研及开业后连续 2 年的业务统计分析，为客户订购量比较大的商品都设定了最优安全库存标准，销量排名前 16 位的商品的最优安全库存标准如表 7-3-1 所示。商品订购的前置期为 48 h，2022 年 6 月 15 日上午盘点统计的现有库存如表 7-3-2 所示，在途商品如表 7-3-3 所示。客户 2022 年 6 月 18 日和 6 月 19 日订购的商品情况及需求时间如表 7-3-4 所示。请根据上述情况，为该配送中心进行补货。

表 7-3-1　配送中心主要商品最优安全库存标准

项次	商品名称	安全库存设定标准
1	光明牛奶	100 箱，60 袋/箱
2	蒙牛牛奶	80 箱，24 袋/箱
3	卫岗牛奶	60 箱，60 袋/箱
4	金龙鱼大豆油	50 箱，8 桶/箱
5	葵花大豆油	45 箱，8 桶/箱
6	喜临门大豆油	40 箱，8 桶/箱
7	白猫洗洁精	60 箱，10 瓶/箱
8	奥妙洗洁精	25 箱，10 瓶/箱
9	天元饼干	60 箱，10 袋/箱
10	维嘉饼干	25 箱，10 袋/箱
11	新隆饼干	20 箱，10 袋/箱
12	统一饼干	65 箱，10 袋/箱
13	乐事薯片	50 箱，20 袋/箱
14	波力海苔	40 箱，20 袋/箱
15	奇多玉米棒	45 箱，20 袋/箱
16	乐天妙脆角	65 箱，20 袋/箱

表 7-3-2 配送中心主要商品现有库存

项次	品名	数量
1	光明牛奶	40 箱，60 袋/箱
2	蒙牛牛奶	62 箱，24 袋/箱
3	卫岗牛奶	24 箱，60 袋/箱
4	金龙鱼大豆油	20 箱，8 桶/箱
5	葵花大豆油	18 箱，8 桶/箱
6	喜临门大豆油	16 箱，8 桶/箱
7	白猫洗洁精	12 箱，10 瓶/箱
8	奥妙洗洁精	10 箱，10 瓶/箱
9	天元饼干	12 箱，10 袋/箱
10	维嘉饼干	10 箱，10 袋/箱
11	新隆饼干	8 箱，10 袋/箱
12	统一饼干	14 箱，10 袋/箱
13	乐事薯片	20 箱，20 袋/箱
14	波力海苔	16 箱，20 袋/箱
15	奇多玉米棒	18 箱，20 袋/箱
16	乐天妙脆角	14 箱，20 袋/箱

表 7-3-3 配送中心在途商品

项次	品名	数量
1	光明牛奶	60 箱，60 袋/箱
2	蒙牛牛奶	24 箱，24 袋/箱
3	卫岗牛奶	18 箱，60 袋/箱
4	金龙鱼大豆油	15 箱，8 桶/箱
5	葵花大豆油	14 箱，8 桶/箱
6	喜临门大豆油	12 箱，8 桶/箱
7	白猫洗洁精	9 箱，10 瓶/箱
8	奥妙洗洁精	8 箱，10 瓶/箱
9	天元饼干	9 箱，10 袋/箱
10	维嘉饼干	8 箱，10 袋/箱
11	新隆饼干	6 箱，10 袋/箱
12	统一饼干	10 箱，10 袋/箱
13	乐事薯片	15 箱，20 袋/箱
14	波力海苔	12 箱，20 袋/箱
15	奇多玉米棒	16 箱，20 袋/箱
16	乐天妙脆角	11 箱，20 袋/箱

表 7-3-4　配送中心近期客户订货情况

项次	品名	数量	需求时间
1	光明牛奶	80 箱，60 袋/箱	2022 年 6 月 18 日 16 箱，6 月 19 日 64 箱
2	蒙牛牛奶	40 箱，24 袋/箱	2022 年 6 月 18 日 28 箱，6 月 19 日 12 箱
3	卫岗牛奶	30 箱，60 袋/箱	2022 年 6 月 18 日 10 箱，6 月 19 日 20 箱
4	金龙鱼大豆油	35 箱，8 桶/箱	2022 年 6 月 18 日 8 箱，6 月 19 日 17 箱
5	葵花大豆油	23 箱，8 桶/箱	2022 年 6 月 18 日 14 箱，6 月 19 日 9 箱
6	喜临门大豆油	20 箱，8 桶/箱	2022 年 6 月 18 日 10 箱，6 月 19 日 10 箱
7	白猫洗洁精	15 箱，10 瓶/箱	2022 年 6 月 18 日 7 箱，6 月 19 日 8 箱
8	奥妙洗洁精	13 箱，10 瓶/箱	2022 年 6 月 18 日 5 箱，6 月 19 日 8 箱
9	天元饼干	15 箱，10 袋/箱	2022 年 6 月 18 日 6 箱，6 月 19 日 9 箱
10	维嘉饼干	13 箱，10 袋/箱	2022 年 6 月 18 日 6 箱，6 月 19 日 7 箱
11	新隆饼干	10 箱，10 袋/箱	2022 年 6 月 18 日 5 箱，6 月 19 日 5 箱
12	统一饼干	18 箱，10 袋/箱	2022 年 6 月 18 日 10 箱，6 月 19 日 8 箱
13	乐事薯片	25 箱，20 袋/箱	2022 年 6 月 18 日 10 箱，6 月 19 日 15 箱
14	波力海苔	20 箱，20 袋/箱	2022 年 6 月 18 日 10 箱，6 月 19 日 10 箱
15	奇多玉米棒	26 箱，20 袋/箱	2022 年 6 月 18 日 10 箱，6 月 19 日 16 箱
16	乐天妙脆角	18 箱，20 袋/箱	2022 年 6 月 18 日 7 箱，6 月 19 日 11 箱

三、实践道具

（1）空纸箱 241 只，其中 27 只用笔标注为光明牛奶，22 只用笔标注为蒙牛牛奶，26 只用笔标注为卫岗牛奶，13 只用笔标注为金龙鱼大豆油，16 只用笔标注为葵花大豆油，11 只用笔标注为喜临门大豆油，9 只用笔标注为白猫洗洁精，11 只用笔标注为奥妙洗洁精，13 只用笔标注为天元饼干，11 只用笔标注为维嘉饼干，15 只用笔标注为新隆饼干，17 只用笔标注为统一饼干，14 只用笔标注为薯片，10 只用笔标注为海苔，13 只用笔标注为奇多，13 只用笔标注为妙脆角。

（2）订购单、补货单、库存表。

（3）手推车 1 辆，手动车 1 辆，托盘 1 只。

四、实践操作时间

4 学时。

五、实践地点

配送实训室或教室。

六、实践考核标准

考核内容	考核标准	分值	实际得分
补货作业 情景实训	现有存货情况检查仔细、无遗漏	10	
	订购点确定正确	30	
	订购数量计算正确	20	
	补货作业说明书内容完整	20	
	库存表、补货单、订购单填写正确	20	
合计		100	

课后练习

一、选择题（单选题）

1. 搬运装卸作为物流主要环节之一，它本身（　　）。

A. 不创造任何价值　　　　　　　　　　B. 创造较高的价值

C. 创造较低的价值　　　　　　　　　　D. 创造极高的价值

2. 长条形货物常使用（　　）输送机。

A. 棍子式　　　　B. 胶带式　　　　C. 简单式链条　　　　D. 链板式链条

3. 散装、小件货物常使用（　　）输送机。

A. 棍子式　　　　B. 胶带式　　　　C. 简单式链条　　　　D. 链板式链条

4. （　　）是指装有自动导引装置，能够沿规定的路径行驶，在车体上还具有编程和停车选择装置、安全保护装置以及各种物料移载功能的搬运车辆。

A. 自动化立体仓库　　　　　　　　　　B. 插腿式叉车

C. 自动导引搬运车　　　　　　　　　　D. 巷道堆垛起重机

5. （　　）将货架本体放置在轨道上，在底部设有行走轮或驱动装置，靠动力或人力驱动使货架沿轨道横向移动。

A. 移动式货架　　　　　　　　　　　　B. 驶入式货架

C. 倍深式货架　　　　　　　　　　　　D. 后推式货架

6. （　　）是装卸搬运机械中最常见的具有装卸、搬运双重功能的机械设备，主要以货叉为取物工具，依靠液压升降机实现对货物的存取和升降，由轮胎行走机构实现货物水平搬运的机械车辆。

A. 货架　　　　B. 起重机　　　　C. 叉车　　　　D. 输送设备

7. 作为自动化物流配送中心必不可少的重要搬运设备，（　　）是沿着一定的输送线路以连续方式运输货物的机械。

A. 滚柱式输送机　　　　　　　　　　　B. 连续输送机

C. 带式输送机　　　　　　　　　　　　D. 刮板输送机

8. 补货作业是将货物（　　）的工作。

A. 从月台搬运到仓库　　　　　　　　　B. 从仓库搬运到配送中心

C. 从仓库保管区搬运到拣选区　　　　　D. 从暂存区搬运到拣选区

9. 适合体积小且少量多样出货的商品的补货方式是（　　）。

A. 由货架保管区补货至流动货架的拣选区

B. 由地板堆叠保管区补货至地板堆叠拣选区

C. 由地板堆叠保管区补货至货架拣选区

D. 货架上层向货架下层的补货

10. 适合体积大或出货量多的商品的补货方式是（　　　）。

A. 由货架保管区补货至流动货架的拣选区

B. 由地板堆叠保管区补货至地板堆叠拣选区

C. 由地板堆叠保管区补货至货架拣选区

D. 货架上层向货架下层的补货

11. 适合体积中等或中量出货的商品的补货方式是（　　　）。

A. 由货架保管区补货至流动货架的拣选区

B. 由地板堆叠保管区补货至地板堆叠拣选区

C. 由地板堆叠保管区补货至货架拣选区

D. 货架上层向货架下层的补货

12. 适合体积不大每品项存货量不多，且出货多属中小量的商品的补货方式是（　　　）。

A. 由货架保管区补货至流动货架的拣选区

B. 由地板堆叠保管区补货至地板堆叠拣选区

C. 由地板堆叠保管区补货至货架拣选区

D. 货架上层向货架下层的补货

二、简答题

1. 用图示说明补货作业流程。

2. 整箱补货、托盘补货和货架上下层的补货方式各自的特点是什么？

3. 描述补货时机决策过程。

4. 阐述补货技术有哪些？

5. 商品退货工作在物流配送中的作用主要有哪些？

6. 商品退货有哪些原则？

7. 商品退货的主要流程是什么？

8. 索赔和理赔在物流配送中有什么作用？

9. 退货的商品应如何处理？

项目学习效果评价表

知识巩固与技能提高（40分）			得分：	
计分标准：得分＝系数（20/单选题个数）×正确单选题个数＋系数（20/简答题个数）×正确简答题个数				
学生自评（20分）			得分：	
计分标准：自测结果A的个数×2.5＋B的个数×1.5＋C的个数×1（此项分值上限为20分）				
专业能力	评价指标	自测结果	要求（A掌握；B基本掌握；C未掌握）	
掌握装卸搬运合理化	（1）装卸搬运方式	A□ B□ C□	能够正确确认装卸搬运内容，按合理化方法进行改进	
	（2）装卸搬运合理化	A□ B□ C□		
	（3）装卸搬运分析	A□ B□ C□		
能够进行补货和退货处理	（1）补货作业认识	A□ B□ C□	能够掌握补货作业、补货作业方式、退货作业方式和退货原因	
	（2）补货作业方式	A□ B□ C□		
	（3）退货作业方式	A□ B□ C□		
职业道德思想意识	（1）认真严谨	A□ B□ C□	专业素质、思想意识得以提升，德才兼备	
	（2）遵守职业道德	A□ B□ C□		
	（3）团结合作	A□ B□ C□		
小组评价（20分）			得分：	
计分标准：得分＝10×A的个数＋5×B的个数＋3×C的个数				
团队合作	A□ B□ C□	沟通能力	A□ B□ C□	
教师评价（20分）			得分：	
教师评语				
总成绩		教师签字		

项目八 配送中心管理业务

【知识目标】

掌握配送计划的内容

了解不同类型的配送计划

掌握配送计划的策略

掌握配送需求计划的方法

了解配送成本

了解配送成本与服务的关系

了解配送绩效的评价指标

【技能目标】

能够正确选择配送计划类型

能够根据条件制订配送计划

能够进行配送需求计划的解答

能够正确进行配送成本分析

能够根据客户要求进行配送绩效评价

【素质目标】

提升配送职业技能

培养忠诚的品格

培养合作精神

> **课堂小互动**
>
> 讨论：假如在同一个配送中心的其他员工操作出现了问题，对你有影响吗？当你发现其他员工的操作有问题你应该怎么做？

任务一　配送计划的制订与运行

引例分析 ＞＞＞＞＞＞＞＞＞＞＞＞

华能配送中心（简称乙方）与广东省某小家电企业（简称甲方）签订物流合作协议，合同中主要服务内容描述如下。

（1）配送货物为小家电，主要有空调、炉灶、抽油烟机、热水器4大类商品。

（2）配送服务要求。乙方按照甲方下达的订单，到工厂将货物运输到配送中心，同时能够根据终端客户下达的订单完成市内配送任务。

（3）配送质量及安全要求。乙方必须提供符合甲方要求的配送车辆（厢式货车），确保干线运输质量，并按照终端客户下达的订单，为甲方实行优质、快捷、安全的B2B配送服务。终端客户主要有国美、苏宁、人人乐、华润万家、岁宝百货等终端门店，在配送中需保证甲方的货物按规定时间保质保量地配送至目的地。

（4）工厂提货配送要求。必须能够确认提货车辆的身份，保证货物提取的安全性和有效性。同时，要求车辆安排与货量相匹配，避免浪费运力，增加运输成本。

（5）配送时间要求。从下达订单开始的36 h内完成配送。

（6）配送质量要求。包装不得破损、湿损，规格型号必须与订单相一致等。完成配送任务时必须配合终端客户完成验收及签单返单回收工作。

请参考以上的合同中的基本服务条款规定，说明作为客服人员应如何组织企业工作人员结合客户特点制订运输、配送优质服务方案以及实施路径？

提示：配送优质服务的内容较多，首先要结合业务特点确定服务内容、明确服务要求，同时还要能够结合客户的业务特点提供针对性的服务，提供增值服务，使客户满意。

讨论：
配送计划
的依据是什么？

任务资讯 ＞＞＞＞＞＞＞＞＞＞＞＞

在进行具体配送作业期间，应设计合理的物流配送计划。合理化配送计划的制订，包括资源筹措、实施时间、地点、方式等规定。在合理化配送与订单的处理时，出入库管理、货物交接、采用何种运输工具、通过什么途径、运行何种线路等都应详细周到。

一、配送计划的制订

1. 配送计划的分类

配送计划是从事配送活动的物流配送项目和物流配送运作的总称。配送计划是

微课18　配送
计划的分类

针对具体的物流服务需求制订出的，而每个物流活动所需的物流服务都是不同的，因此，每个配送计划也都应该是不同的，但它都是由具体的项目、具体的运作组成的。

配送计划包括以下两层意思。

（1）某个具体配送活动的计划，如受客户委托，对某个产品的具体配送活动做出规划和实施；

（2）解决配送活动中的问题的方法和具体运作的描述。

配送中心的配送计划一般包括配送主计划、日配送计划和特殊配送计划。

应用小案例

2022 年 6 月 21 日，Q 配送中心在配送方面通过长期的配送实践活动，最终形成了一个新的好的解决方案，针对不同商品在时间和频率方面的不同要求，制订出以下配送方案。对于有特殊要求的食品如冰淇淋，公司会绕过配送中心，由配送车辆早、中、晚三次直接从厂商送到各个店铺；对于一般商品，公司实行的是一日三次的配送制度。早上 3:00—7:00 配送前一天晚上生产的一般食品；早上 8:00—11:00 配送前一天晚上生产的特殊食品，如牛奶、新鲜蔬菜；下午 3:00—6:00 配送当天上午生产的食品。这样一日三次的配送频率，既保证了商店不缺货，同时也保证了食品的新鲜度。

配送计划的制订对配送中心的运营非常重要。

问题 1：配送中心为什么做出这样的安排？

问题 2：配送计划决策的依据是什么？

问题 3：配送计划的内容有哪些？

2. 配送计划的内容（物流职业资格考试内容）

客户提出的配送物流要求不尽相同，而且客户的产品或商品又千差万别，因此配送计划的形式和内容也不完全一样，为了满足客户的物流配送服务的个性化要求，为客户量身定做的物流配送解决方案必然各有特点。

但从宏观上看，各种配送计划都是为提供合理的、低成本、高效率的配送服务而做出的，所以各种配送计划必有共性，即有共同的基本内容。一份完整的、具有可操作性的配送计划由以下几方面构成。

动画 18　配送计划的内容

（1）资源筹措计划。

（2）合作伙伴的选择。

（3）客户订单。

（4）配送作业。它包括以下内容：

1）送货车辆、送货线路与送货人员；

2）满足客户时间性需求、结合运输距离而确定的送货提前期；

3）满足客户需求所选择的送达服务的具体组织方式和规范。

（5）配送线路的选择。

（6）配送预算方面。

 **应用小案例**

2022 年 6 月 18 日，M 配送中心需要为三家门店配送商品，配送商品名称、规格、数量及需求时间等如表 8-1-1、表 8-1-2、表 8-1-3 所示。M 配送中心与三家门店的位置如图 8-1-1 所示。请为 M 配送中心制订一份配送作业计划，要求既要满足客户的需求时间，又要使配送成本最低。

表 8-1-1　A 门店配送商品情况

客户名称	需求商品情况					需求时间
	商品名称	规格	数量	毛质量	体积/（cm×cm×cm）	
A	白糖	250 g/袋	50 箱	11 kg/箱	85×60×45	6 月 18 日上午 11:00 前
	东北大米	50 kg/袋	40 袋	50 kg/袋	100×45×20	
	雪碧	1.25 kg/瓶	65 箱	8.5 kg/箱	60×35×50	
	光明牛奶	250 g/袋	50 箱	8.5 kg/箱	70×50×35	

表 8-1-2　B 门店配送商品情况

客户名称	需求商品情况					需求时间
	商品名称	规格	数量	毛质量	体积/（cm×cm×cm）	
B	立白洗衣粉	1 000 g/袋	50 箱	11 kg/箱	75×55×40	6 月 18 日上午 10:00 前
	东北大米	50 kg/袋	10 袋	50 kg/袋	100×45×20	
	雪碧	1.25 kg/瓶	80 箱	8.5 kg/箱	60×35×50	
	舒肤佳香皂	125 g/块	40 箱	4.25 kg/箱	60×30×25	

表 8-1-3　C 门店配送商品情况

客户名称	需求商品情况					需求时间
	商品名称	规格	数量	毛质量	体积/（cm×cm×cm）	
C	雪碧	1.25 kg/瓶	50 箱	8.5 kg/箱	60×35×50	6 月 18 日上午 12:00 前
	东北大米	50 kg/袋	40 袋	50 kg/袋	100×45×20	
	可乐	1.25 kg/瓶	100 箱	8.5 kg/箱	60×35×50	
	光明牛奶	250 g/袋	50 箱	11 kg/箱	70×50×35	

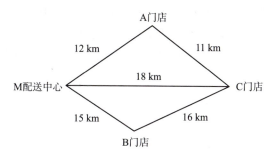

图 8-1-1　M 配送中心与三家门店的位置

该公司配送中心建筑面积 20 000 m²，配送车辆采用 1.5 t、2 t、4 t 厢式货车，充分利用车辆的载质量和容积，商品储存以纸箱为主、托盘为辅。此配送中心早上 8:00 即可发车，车辆时速为 40 km/h。

三家门店所配送的货物均为普货以及纸箱包装，可混装，无特殊配送要求，根据需求计算出总毛质量 A 门店为 3 527.5 kg，B 门店为 1 900 kg，C 门店为 3 825 kg。

假设每家门店装卸时间为 30 min，根据对 4 t 货车行驶速度的假设（行驶速度为 40 km/h），考虑当天的交通、天气等因素来确定出货及线路时间。

问题 1：试根据案例所给的相关资料，制订送货计划？

问题 2：试根据案例所给的相关资料，优化送货线路？

问题 3：如何确定出货时间和配装？

3. 配送计划的制订程序

（1）配送计划制订的依据。

1）客户订单。客户订单对配送商品的品种、规格、数量、送货时间、送达地点、收货方式等都有要求。因此客户订单是制订配送计划最基本的依据。

2）客户分布、送货线路、送货距离。客户分布是指客户的地理位置分布。客户位置离配送中心的距离长短、配送中心到达客户收货地点的路径选择，直接影响配送成本。

3）物品特性。配送货物的体积、形状、质量、性能、运输要求，是决定运输方式、车辆种类、载质量、容积、装卸设备的制约因素。

4）运输、装卸条件。道路交通状况、送达地点及其作业地理环境、装卸货时间、气候等对输送作业的效率也起着相当大的约束作用。

5）根据分日、分时的运力配置情况，决定是否要临时增减配送业务。

6）调查各配送地点的物品品种、规格、数量是否适应配送任务的要求。

拓展阅读

动画 19　配送计划的制订程序

配送计划的实施

人工编制计划的主要步骤如下。

（1）按日汇总各客户需求资料，用地图表明，也可用表格列出；

（2）计算各客户送货所需时间，以确定起送提前期；

（3）确定每日各配送点的配送计划，可用图上作业法或表上作业法完成，也可计算；

（4）按计划的要求选择配送手段；

（5）以表格形式拟定出详细的配送计划。

配送计划的实施过程，通常分为 5 个阶段或步骤：

（1）下达配送计划。通知客户和配送点，使客户按计划准备接货，使配送点按计划组织送货；

（2）配送点配货。配送点按配送计划落实货物和运力，对数量、种类等不符合要求的货物，组织进货；

（3）下达配送任务。配送点向运输部门、仓库、分货包装及财务部门下达配送任务，各部门组织落实任务；

（4）发送。理货部门按要求将各客户所需的各种货物，进行分货、配货、配装，并将送货交接单交驾驶员或随车送货人；

（5）配达。车辆按规定线路将货物送达客户，客户点接收后在回执上签章。配送任务完成后，财务部门进行结算。

（2）制订配送计划应考虑的影响因素。

配送计划作为指导配送活动的方案，在配送方案设计中具有重要意义。配送计划的制订受以下因素的影响。

1）配送对象（客户）。

客户是分销商、配送中心、个人消费者或连锁店铺、百货公司、便利店、平价商店等业态中的一种或几种。不同的客户订货量不同，出货形态也不同。例如，分销商、配送中心及连锁门店等的订货量较大，它们的出货形态可能大部分是整托盘出货（P>P），小部分为整箱出货（P>C）；超市的订货量其次，它们的出货形态可能 10% 属于整托盘出货（P>P），60% 属于整箱出货（P>C），30% 属于拆箱出货（C>B）；便利店及平价商店的订货量较小，它们的出货形态可能 30% 属于整箱出货（P>C），70% 属于拆箱出货（C>B）。

出货形态不一致，会影响到理货、拣选、配货、配装、包装、送货、服务与信息的人员、设备、工具、效率、时间和成本等方面，也就是配送计划的内容会有所不同。

2）配送物品种类。

配送中心处理的货物品项数多则几千上万种，少则数十种甚至数百种，品项数不同，复杂性与困难度也不同。另外，配送中心所处理的货物种类不同，其特性也不完全相同。目前配送的货物主要集中在食品、日用品、药品、家用电器、服饰、录音带、化妆品、汽车零件及书籍等。这些货物各有特性，配送中心的厂房硬件及物流设备的选择也不完全相同。

3）配送数量或库存量。

配送中心的配送数量、库存量、库存周期会影响配送中心的作业能力和设备的配置，也会影响配送中心的空间的需求。因此，应对库存量和库存周期进行详细的分析。

4）配送物品价值。

进行配送计划预算或结算时，配送成本往往会按物品的比例进行计算。如果物品的价值高则其比例相对会比较低，客户能够负担得起；如果货物的单价低则其比例相对会比较高，则客户会感觉负担较重。

5）物流渠道。

物流渠道大致有以下几种模式：

①生产企业→配送中心→分销商→零售商→消费者；

②生产企业→分销商→配送中心→零售商→消费者；

③生产企业→配送中心→零售商→消费者；

④生产企业→配送中心→消费者。

制订配送计划时，应根据配送中心在物流渠道中的位置和上下游客户的特点进行规划。

6）物流服务水平。

衡量物流服务水平的指标主要包括订货交货时间、商品缺货率、增值服务能力等。配送中心应该针对客户的需求，制订一个合理的服务水准，使配送服务与配送成本平衡，实现客户满意。

7）物流交货期。

物流交货期是指从客户下订单开始，经过订单处理、库存查询、集货、配送加工、拣选、配货、装车、送货到达客户手中的一段时间。物流的交货时间据厂商的服务水准不同，可分为 2 h、12 h、24 h、2 d、3 d 等。

 **应用小案例**

考虑制订配送计划要素，试着根据以下信息制订一份配送计划。

配送要求：所有送货任务只要在要求日期内送达即可，可以根据配送的 7 要素制订配送计划。

公司现有车辆信息如下：

　　东风厢式货车 3 t 型（5 800 mm×2 100 mm×2 200 mm）

　　东风厢式货车 5 t 型（7 400 mm×2 200 mm×2 200 mm）

　　东风厢式货车 8 t 型（9 800 mm×2 380 mm×2 400 mm）

请根据配送任务情况进行选择，并制订配送计划，见表 8-1-4、表 8-1-5、表 8-1-6 所示。

表 8-1-4 送货单 1

客户编码：CM001　　　　　　　客户名称：沃尔玛（××店）　　　　　　出库日期：2019.6.11

客户地址：深圳市××广场

序号	商品名称	体积/（mm×mm×mm）	质量/kg	数量	备注
1	计算机	870×650×260	50	30	
2	洗衣机	680×500×480	20	20	
3	微波炉	461×330×280	18	40	
总计				90	

表 8-1-5 送货单 2

客户编码：CM002　　　　　　　客户名称：沃尔玛（××店）　　　　　　出库日期：2019.6.11

客户地址：深圳市××区××路

序号	商品名称	体积/（mm×mm×mm）	质量/kg	数量	备注
1	计算机	870×650×260	25	20	
2	洗衣机	680×500×480	80	80	
3	微波炉	461×330×280	18	200	
总计				300	

表 8-1-6 送货单 3

客户编码：CM003　　　　　　　客户名称：沃尔玛（××店）　　　　　　出库日期：2019.6.11

客户地址：深南市××路××家园 1-2F

序号	商品名称	体积/（mm×mm×mm）	质量/kg	数量	备注
1	计算机	680×500×480	20	50	
2	微波炉	461×330×280	18	260	
总计				310	

微课 19　配送
计划的实施

二、配送需求计划（物流职业资格考试内容）

1. 配送需求计划原理

（1）配送需求计划的定义。

配送需求计划（distribution requirement planning，DRP）是一种既保证有效满足市场需要，又使物流资源配置费用最少的计划方法，是物料需求计划原理在物品配送中的运用。

物料需求计划

美国生产与库存控制协会（American Production and Inventory Control Society，API-

CS）对物料需求计划的定义：物料需求计划就是依据主生产计划（MPS）、物料清单、库存记录和已订但未交订单等资料，经计算而得到各种相关需求（dependent demand）物料的需求状况，同时提出各种新订单补充建议，以及修正各种已开出订单的一种实用技术。其主要内容包括客户需求管理、产品生产计划、原材料计划以及库存记录。其中，客户需求管理包括客户订单管理及销售预测，将实际的客户订单数与科学的客户需求预测相结合即能得出客户需要什么以及需求多少。

物料需求计划（MRP）是一种推式体系，可根据预测和客户订单安排生产计划。因此，MRP 基于天生不精确的预测建立计划，"推动"物料经过生产流程。也就是说，传统 MRP 方法依靠物料运动经过功能导向的工作中心或生产线（而非精益单元），这种方法是为最大化效率和大批量生产来降低单位成本而设计的，通过计划、调度并管理生产以满足实际和预测的需求组合。生产订单出自主生产计划（MPS）然后经 MRP 计划出的订单被"推"向工厂车间及库存。图 8-1-2 所示为 MRP 逻辑流程。

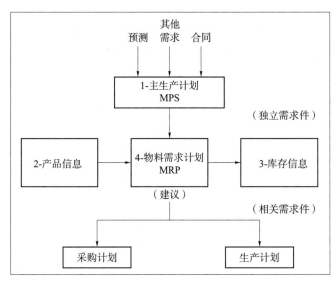

图 8-1-2　MRP 逻辑流程

制订物料需求计划前就必须具备以下基本数据。

（1）主生产计划。它指明在某一计划时间段内应生产的各种产品和备件，它是物料需求计划制订的一个最重要的数据来源。

（2）物料清单（BOM）。它指明了物料之间的结构关系，以及每种物料需求的数量，它是物料需求计划系统中最基础的数据。

（3）库存记录。它把每个物料品种的现有库存量和计划接受量的实际状态反映出来。

（4）提前期。它决定着每种物料何时开工、何时完工。

应该说，这四项数据都是至关重要、缺一不可的。缺少其中任何一项或任何一项中的数据不完整，物料需求计划的制订都将是不准确的。因此，在制订物料需求计划之前，这四项数据都必须先完整地建立好，而且保证是绝对可靠的、可执行的数据。

（2）配送需求计划的基本原理。

DRP 是在一种独立的环境下运作，由不确定的客户需求来确定存货需求，是由客

知识提示：

B2B 即 Business to Business，而 B2B 电子商务是指企业与企业之间通过互联网进行产品、服务及信息交换的电子商务活动。B2B 电子商务平台是指一个市场的领域的一种，是企业对企业之间的营销关系。

户需求引导的，企业无法加以控制。

1）输入文件。

①社会需求文件。它包括所有客户的订单、提货单和供货合同，以及下属子公司、企业的订单，此外还要进行市场预测，确定一部分需求量。所有需求按品种和需求时间进行统计，整理成需求文件。

②库存文件。它包括对自有库存物资进行统计的内容，以便针对社会需求量确定必要的进货量。

③生产商资源文件。它包括可供应的物资品种和生产商的地理位置、订货提前期等有关内容。

2）输出计划。

①送货计划。它是指对客户的送货计划。为了保证按时送达，要考虑作业时间和路程远近，提前一定的时间开始作业。对于大批量需求可实行直送，而对于数量众多的小批量需求可以进行配送。

②订货/进货计划。它是指从供应商处订货的计划。对于需求物资，如果仓库内无货或者库存不足，则需要向供应商订货。当然，也要考虑一定的订货提前期。

2. 配送需求计划的运行

 拓展阅读

配送需求计划成功实施的关键因素

（1）高层领导的支持。

这里的高层领导一般指的是销售副总、营销副总或总经理，他是项目的支持者，主要作用体现在3个方面。①他为DRP设定明确的目标；②他是一个推动者，向DP项目提供为达到设定目标所需的时间、财力和其他资源；③他确保企业上下认识到这样一个工程对企业的重要性。在项目实施过程中出现重大分歧和阻力时，方向性的决策能力是项目成功的必要条件，但实际情况往往是这样：新系统上线，短时间内，各级人员都很难适应。轻者，会有很多抱怨摆在项目组面前；重者，新系统不仅短时间内没有起到提升管理水平的作用，反而由于不适应、不熟悉等原因降低了管理效率，并引发生产指标下降。这时，如果没有高层领导高瞻远瞩，从大局和长久发展出发，如果没有高层领导充分的决心和魄力，系统将会面临搁浅的命运。

（2）要专注于流程。

成功的项目组应该把注意力放在流程上，而不是过分关注于技术。技术只是促进因素，不是解决方案。因此，好的项目组开展工作后的第一件事就是花时间去研究现有的营销、销售和服务策略，并找出改进方法。

（3）技术的灵活运用。

在成功的DRP项目中，技术的选择总是与要解决的特定问题紧密相关。如果销售管理部门想减少新销售员熟悉业务所需的时间，这个企业应该选择营销百科全书功能。选择的标准应该是，根据业务流程中存在的问题来选择合适的技术，而不是调整

动画20 配送需求计划的例题

流程来适应技术要求。

（4）组织良好的团队。

DRP 的实施队伍应具备 4 个方面的能力：①业务流程重组的能力；②对系统进行客户化和集成化的能力，特别对那些打算支持企业的客户更是如此；③对 IT 部门的要求，如网络大小的合理设计、对客户桌面工具的提供和支持、数据同步化策略等；④改变管理方式并提供桌面帮助的能力。③和④这两个方面的能力对于帮助客户适应和接受新的业务流程是很重要的。

（5）极大地重视人的因素。

在很多情况下，企业并不是没有认识到人的重要性，而是对如何做不甚明了。可以尝试如下几个简单易行的方法：①请企业未来的 DRP 客户参观实实在在的分销管理系统，了解这个系统到底能为 DRP 客户带来什么；②在 DRP 项目的各个阶段，如需求调查、解决方案的选择、目标流程的设计等，都争取最终客户积极地参与，使得这个项目成为客户负责的项目；③在实施过程中，尽量地从客户的角度出发，为客户提供方便。

（6）分步实现。

欲速则不达。通过流程分析，可以识别业务流程重组中的一些可以着手的领域，但要确定实施优先级，每次只解决几个最重要的问题，而不是毕其功于一役。

（7）系统的整合。

系统各个部分的集成对 DRP 的成功很重要。DRP 的效率和有效性的获得有个过程，它们依次是终端客户效率的提高、终端客户有效性的提高、团队有效性的提高、企业有效性的提高、企业间有效性的提高。

对配送中心来说，要决定某种商品的需求量，首先需要查询该商品的预测需求量，然后去检查该商品的库存量并计算出库存能维持多长时间的销售。如果需要维持一个安全库存，就必须将它从计算维持时间的库存中扣除。

某配送中心某种商品的库存为 500 件，安全库存为 200 件，每周的需求量在 80～120 件之间，配送需求计划如表 8-1-7 所示。配送中心怎样进货才能保证商品的供应？

表 8-1-7　配送需求计划

品种 A：订货批量为 300；送货提前期为 1 周；进货提前期为 2 周；安全库存为 200	前一个 DRP 计划期	DRP 计划周期							
		1	2	3	4	5	6	7	8
需求主计划		100	120	90	110	120	100	80	120
非订进计划的供应商自行送货在途到货									
计划期末库存	500								
进货在途到货									
订货计划到货									
订货进货计划									
配送货计划									

假如没有在途商品，这里计算的日期是仓库缺货的日期（如果考虑安全库存则是低于安全库存的日期）。如果考虑在途商品，必须将在途商品加入库存以决定库存能够维持的时间，这样库存商品与订进在途商品所需的日期，就是订货进货到达的最佳日期。商品到达配送中心的日期与中央供应点的装运配送日期可能不一致，这就需要计算供应点的订货/进货提前期。这段时间包括本配送中心将订货信息传输到中央供应点的时间，加上由中央供应点到本配送中心的装运、运输时间以及本物流中心的验货、收货时间等。进货批量应当是规定的订货批量。对配送中心送货的处理也应该参考送货提前期来确定送货日期，即由客户的需求日期倒推送货提前期，以确定本配送中心向客户的送货日期。这样，既确定了配送中心向供货方的订货进货日期和数量，又确定了配送中心向需求方送货的日期和数量，如此配送中心的工作计划就可以确定了。这个过程就是 DRP 配送中心的运作过程。表 8-1-8、表 8-1-9、表 8-1-10 所示为配送需求计划逻辑表。

表 8-1-8　配送需求计划逻辑表（1）

品种 A：订货批量为 300；送货提前期为 1 周；进货提前期为 2 周；安全库存为 200	前一个 DRP 计划期	DRP 计划周期							
		1	2	3	4	5	6	7	8
需求主计划		100	120	90	110	120	100	80	120
非订进计划的供应商自行送货在途到货									
计划期末库存	500	400	280	190	80	-40	-140	-220	-340
进货在途到货									
订货计划到货									
订货进货计划									
配送货计划									

表 8-1-9　配送需求计划逻辑表（2）

品种 A：订货批量为 300；送货提前期为 1 周；进货提前期为 2 周；安全库存为 200	前一个 DRP 计划期	DRP 计划周期							
		1	2	3	4	5	6	7	8
需求主计划		100	120	90	110	120	100	80	120
非订进计划的供应商自行送货在途到货									
计划期末库存	500	400	280	490 (190)	380 (80)	260 (-40)	160 (-140)	80 (-220)	-40 (-340)
进货在途到货									
订货计划到货				300					
订货进货计划		300							
配送货计划									

表 8-1-10　配送需求计划逻辑表（3）

品种 A：订货批量为 300；送货提前期为 1 周；进货提前期为 2 周；安全库存为 200	前一个 DRP 计划期	DRP 计划周期							
		1	2	3	4	5	6	7	8
需求主计划		100	120	90	110	120	100	80	120
非订进计划的供应商自行送货在途到货									
计划期末库存	500	400	280	490（190）	380	260	460（160）	380（80）	260（-40）
进货在途到货									
订货计划到货				300			300		
订货进货计划		300			300				300
配送货计划		120	90	110	120	100	80	120	120

 应用小案例

某配送中心某种商品的库存为 500 件，安全库存为 200 件，每周的需求量在 80~120 件之间，配送需求计划如表 8-1-11 所示。配送中心怎样进货才能保证商品的供应？

表 8-1-11　配送需求计划

品种 A：订货批量为 300；送货提前期为 1 周；进货提前期为 2 周；安全库存为 200	前一个 DRP 计划期	DRP 计划周期							
		1	2	3	4	5	6	7	8
需求主计划		100	120	90	110	120	100	80	120
非订进计划的供应商自行送货在途到货									
计划期末库存	500								
进货在途到货			300						
订货计划到货									
订货进货计划									
配送货计划									

例题中没有考虑在途库存，假如有在途库存的情况，该如何确定送货计划和订货进货计划呢？

随着互联网的快速发展，供应商与经销商更紧密地联系在一起。DRP 使配送中心合理分销物资、优化资源配置，为配送中心的业务发展及与贸易伙伴的合作提供了广阔前景。

课堂小互动

讨论：怎样在现在的学习过程中和将来的工作中体现"爱国""爱岗"精神？

任**务实施** > > > > > > > > > > > >

1. 根据客户要求确认运输、配送服务内容及标准

（1）运输客户服务内容及标准。

运输任务是根据客户下达的提货单到武汉工厂提货，运至深圳。

客户服务人员具体工作内容如下。

1）结合客户下达的提货单，计算货物体积、质量，选择合适的车辆提货；

2）为确保提货工作顺利进行，应在提货前下达派车单，告知客户何时何地将派何车辆、联系人联系电话及提货凭证等，以便客户备货，且确保货物不被误提；

3）做好车辆的跟踪及信息反馈工作，使客户可以动态了解运输情况；

4）运输服务 KPI 指标的统计与分析工作；

5）异常情况的协调处理。

（2）配送客户服务内容及标准。

配送任务是根据客户下达的送货单完成市内配送。

客户服务具体工作内容如下。

1）根据送货单单号做好跟踪与信息反馈工作；

2）做好回单管理，定期与客户进行核对；

3）做好配送服务考核指标的统计与反馈工作；

4）做好异常情况的协调处理工作。

2. 结合客户特点提供针对性服务

针对客户要求及特点，提供定制化、个性化服务，此项服务一定是进行充分调研、与客户充分沟通之后确立的。

如配送到国美电器这项业务，与客户沟通后对配送员提出了以下配送要求。

（1）一定要领取 3 张单证，即提货单、黄色的配送单、红色的配送单。配送前必须给客户打电话联系后再进行配送。

（2）一定要在配送单黄联和提货联上写清车号和司机的姓名，然后交给国美电器仓管员。配送单红联是司机送货的单证。

（3）从仓库中取到货时，先查看外观，外观无损直接配送；若外观有缺陷，则一定要打电话与厂家确认是否允许开箱查看，然后按照客户的意愿行事。

（4）货送到客户家中后，一定要与客户所持的红色的销售单核对。

（5）一定要核对机器的型号、数量、种类。若不符，则直接运回；若符合，则进行下一步工作。

（6）一定要让客户签名并注明"外观无损，附件齐全"。

（7）若客户不在则一定要贴留言条在客户家门的显眼处，留下司机电话和国美电器调度室电话，回去入正品库，收取待保管条。

所以，定制化、个性化服务应在配送服务时充分体现，确保客户满意。

3. 完成运输、配送优质服务培训

对配送客户服务人员进行培训，内容如下：

（1）结合送货单的内容进行分拣、备货及配送加工等工作的培训；

（2）结合送货地点及送货量进行线路优化，选择最佳配送线路的工作培训；

（3）业务流程及单据流转、签收等事宜培训；

（4）配送工作人员到达终端客户的接洽礼仪及工作内容培训；

（5）配送服务送货单据的信息反馈业务培训；

（6）配送过程中的异常情况处理培训；

（7）做好配送业务服务考核，定期与客户进行汇报、沟通，监督持续改进。

4. 考核评价、保持改进

根据客户最关心、最重视的几项服务指标进行服务质量考核，定期反馈，分析原因，持续改进。同时，可以提供作业照片，反馈实施情况，让客户放心。配送考核绩效表如表 8-1-12 所示。

表 8-1-12　配送考核绩效表

序号	KPI 考核指标	权重	目标值	考核值	差距原因分析
1	运输准确率	15%	100%		
2	运输任务完成率	10%	100%		
3	运输货差货损率	10%	<5%		
4	配送计划完成率	10%	100%		
5	配送及时率	10%	>98%		
6	配送准确率	10%	100%		
7	回单回收率	10%	100%		
8	客户投诉率	10%	<2%		
9	客户满意率	15%	>98%		
10	其他	100%			

任务二　配送中心绩效管理

华能商业有限公司人员数为 1 000，其中从事物流工作的人员数为 300；公司面积为 8 000 m²，其中物流部门设施面积为 2 000 m²；物流费用比率为 50%，公司供应和销售物流的共同的负担比为 1∶2。试完成表 8-2-1 配送成本的填写。

表 8-2-1　配送成本表

项目	管理费用	物流成本	计算基准	备注
车辆租赁费	100 080			
包装材料费	30 184			
工资津贴	631 335			
水电暖费	12 645			
保险费	10 247			
修缮维护费	19 596			
折旧费	39 804			
办公费	19 276			
易耗品费	21 316			
资金占用利息	23 861			
税金	33 106			
通信费	10 366			
软件租赁费	17 748			
物流成本合计	869 484			

配送成本是指在配送活动的备货、储存、拣选及配货、配装、送货、送达服务及配送加工等环节所发生的各项费用的总和，是配送过程中所消耗的各种活动劳动和物化劳动的货币表现。

配送费用包括人工费用、作业消耗、物品损耗、利息支出、管理费用等，将其按一定对象进行汇集就构成了配送成本。配送成本的高低直接关系到配送中心的利润，进而影响连锁企业利润的高低。如何以最少的配送成本"在适当的时间将适当的产品送到适当的地方"，是摆在企业面前的一个重要问题。因此，对配送成本进行控制变得十分重要。

一、配送成本概述

1. 配送成本的类别

（1）按支付形态分类。

把配送成本分别按订货费、运费、保管费、包装材料费、人工费、管理费、利息支付等支付形态记账，就可以计算出配送成本的总额。这样可以了解花费最多的项目，从而确定管理中的重点。

思考：

根据配送的操作流程和操作内容分析配送成本的具体构成。

按支付形态的不同来进行配送成本的分类主要以财务会计中发生的费用为基础，通过乘以一定的比率来核算。此时配送成本可分为以下几种。

1）材料费：因物料消耗而发生的费用，由物质材料费、燃料费、消耗性工具、低值易耗品摊销及其他物料消耗组成。

2）人工费：因人力劳务的消耗而发生的费用，包括工资、奖金、福利费、医药费、劳保费以及职工教育培训费和其他一切用于职工的费用。

3）公益费：向电力、煤气、自来水等提供公益服务部门支付的费用。

4）维护费：土地、建筑物、机械设备、车辆、搬运工具等固定资产的使用、运转和维修保养所产生的费用，包括维修保养费、折旧费、房产税、土地、车船使用税、租赁费、保险费等。

动画21　配送费用的构成

5）一般经费：差旅费、交通费、资料费、零星购进费、邮电费、城建费、能源建设税及其他税款，还包括商品损耗费、事故处理费及其他杂费等一般支出。

6）特别经费：采用不同于财务会计的计算方法计算出来的配送费用，包括按实际使用年限计算的折旧费和企业利息等。

7）对外委托费：企业对外支付的包装费、运费、保管费、出入库装卸费、手续费等业务费用。

8）其他企业支付费用：在配送成本中还应该包括向其他企业支付的费用，如商品购进采用送货制时包含在购买价格中的运费和商品销售采用提货制时因客户自己取货而从销售价格中扣除的运费。在这种情况下，虽然实际上本企业内并未发生配送活动，但发生了相关费用，故也应把其作为配送成本计算在内。

按支付形态划分的配送成本如图8-2-1所示。

（2）按功能分类。

按配送功能进行分类，配送成本大体可分为物品流通费、信息流通费和配送管理费3大类。

1）物品流通费：为了完成配送过程中商品、物资的物理性流动而发生的费用，可进一步细分为备货费、保管费、拣选及配货费、装卸费、短途运输费、配送加工费。

2）信息流通费：因处理、传输有关配送信息而产生的费用，包括与储存管理、订货处理、客户服务有关的费用。在企业内处理、传输的信息中，要把与配送有关的信息与其他信息的处理、传输区分开来往往极为困难，但是这种区分在核算配送成本时却是十分必要的。

3）配送管理费：进行配送计划、调整、控制所需要的费用，包括作业现场的管理费和企业有关管理部门的管理费。

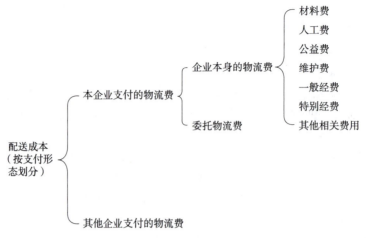

图 8-2-1　按支付形态划分的配送成本

微课 20　配送
成本与服务
的关系

1977 年，日本运输省为适应各企业物流人员提出的关于物流成本计算要有一个"标准"的要求，公布了《物流成本统一计算标准》。参照该标准中的物流成本计算方法可以很方便地计算出企业的配送成本。

根据《物流成本统一计算标准》，在计算物流成本时要注意把握住一个基本原则，就是从"按支付形态"入手，来计算物流成本。同样，配送成本的计算也应从"按支付形态"入手进行计算。

按支付形态不同分类来计算配送成本，必须首先从企业会计核算的全部相关科目中提取所包含的配送成本。诸如运输费、保管费等向企业外部支付的费用，可以全部看作配送成本，而企业内部的配送费用的计算必须从有关项目中进行提取。

2. 配送成本与配送服务的分析

（1）配送系统的产出——物流服务。

配送作为物流系统的终端，直接面对服务对象，其服务水平的高低直接决定了整个物流系统的效益。

理想的配送服务水平要求达到 6R，即适当的质量（right quality）、适当的数量（right quantity）、适当的时间（right time）、适当的地点（right place）、好的印象（right impression）；适当的价格（right price）。衡量服务水平的具体标准由以下若干因素组成。

1）服务的可靠性。

可靠的服务内容包括如下内容：

①商品品种齐全、数量充足、保证供应；

②接到客户订单后，按照要求的内容迅速提供商品；

③在规定的时间内把商品送到需要的地点；

④商品运到时，保证数量准确、质量完好。

2）缺货比率。

3）订货周期的长短。

4）运输工具及运输方式的选择。

5）特殊服务项目的提供。

6）免费服务。

配送活动通过提供高水平、高标准的服务，可以满足企业销售的需要，争取更多的客户，从而扩大企业的销售，但同时也产生了较高的成本。

3. 配送服务与配送成本的关系

配送服务水平与配送成本之间存在着二律背反的关系。配送服务水平与企业销售额及配送成本之间的关系如图8-2-2所示。

图8-2-2　配送服务水平与企业销售额及配送成本之间的关系

具体来说，配送服务与成本的关系可表述为以下4个方面。（物流职业资格考试内容）

（1）在配送服务不变的前提下，考虑降低成本。不改变配送服务，通过改变配送系统来降低配送成本，这是一种追求效益的方法，如图8-2-3所示。

（2）在成本不变的前提下提高服务质量，这是一种追求效益的方法，也是有效地利用配送成本特性的方法，如图8-2-4所示。

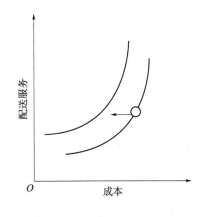

图8-2-3　配送服务一定，成本降低

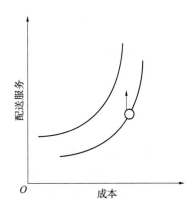

图8-2-4　配送成本一定，服务提高

（3）为提高配送服务，不惜增加成本，这是企业在特定客户或其特定商品面临竞

知识提示：

配送的各项活动之间存在着二律背反的关系。在配送成本与配送服务之间也存在二律背反的问题。一般来说，提高配送服务，配送成本即上升，成本与服务之间受收益递减法则的支配，处于高水平的配送服务时，成本增加而配送服务水平不能按比例相应提高。

争时，所采用的具有战略意义的方法，如图8-2-5所示。

（4）用较低的配送成本，实现较高的配送服务，这是增加销售、提高效益的具有战略意义的方法，如图8-2-6所示。

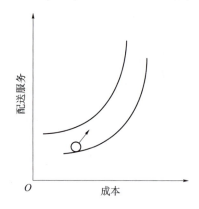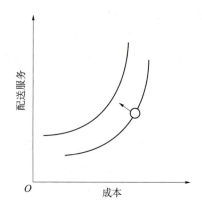

图8-2-5　成本增加，配送服务提高　　　　图8-2-6　较低的成本，实现较高的配送服务

4. 配送服务与成本合理化的策略

通过配送能最终使物流活动得以实现，而且，配送活动增加了产品价值，它还有助于提高企业的竞争力，但完成配送活动是需要付出代价的，即配送成本。对配送的管理就是在满足一定的客户服务水平与配送成本之间寻求平衡，即在一定的配送成本下尽量提高服务水平，或在一定的服务水平下使配送成本最小。一般来说，要想在一定的服务水平下使配送成本最小可考虑以下策略。

（1）混合策略。

混合策略是指配送业务一部分由企业自身完成。这种策略的基本思想是：尽管采用纯策略（即配送活动要么全部由企业自身完成，要么完全外包给第三方物流完成）易形成一定的规模经济，并使管理简化，但由于产品品种多变、规格不一、销量不等情况，采用纯策略的配送方式超出一定程度不仅不能取得规模效益，反而还会造成规模不经济。而采用混合策略，合理安排企业自身完成的配送和外包给第三方物流完成的配送，能使配送成本最低。

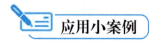 应用小案例

一家干货生产企业为满足遍及全美的1 000家连锁店的配送需要，建造了6座仓库，并拥有自己的车队。随着经营的发展，企业决定扩大配送系统，计划在芝加哥投资7 000万美元再建一座仓库，并配以新型的物流处理系统。该计划提交董事会讨论时，却发现这样不仅成本较高，而且就算仓库建起来也还是满足不了需求。于是，企业把目光投向租赁公共仓库，结果发现，如果企业在附近租用公共仓库，增加一些必要的设备，再加上原有的仓储设施，企业所需的仓储空间就足够了，但总投资只需20万元的设备购置费，10万元的外包运费，加上租金，也远没有700万元。

问题1：为什么不再建议做仓库？

问题2：自营物流与第三方物流的优缺点是什么？

（2）差异化策略。

差异化策略的指导思想是产品特征不同，客户服务水平也不同。差异化势必降低配送资源利用效率，提高配送成本。因此，当企业拥有多种产品线时，不能对所有产品都按同一标准的服务水平来配送，而应按产品的特点、销售水平来设置不同的库存、不同的运输方式以及不同的储存地点。

（3）合并策略。

合并策略包含两个层次，一个是配送方法上的合并，另一个则是共同配送。

1）配送方法上的合并。配送成本形成的一个原因在于配货时由于货物的体积、质量、包装、储运性能及目的地各不相同导致一定的车辆空载率。

车上如果只装容重大的货物，往往是达到了载质量，但容积空余很多；只装容重小的货物则相反，看起来车装得满，实际上并未达到车辆载质量。这两种情况实际上都造成了浪费。实行合理的轻重配装、容积大小不同的货物搭配装车，就可以不但在载质量方面达到满载，而且也充分利用车辆的有效容积，取得最优效果。最好是借助计算机计算货物配车的最优解。

2）共同配送。共同配送是一种产权层次上的共享，也称集中协作配送。它是几个企业联合，集小量为大量，共同利用同一配送设施的配送方式。具体执行时由于共同使用配送车辆，提高了车辆实载率和配送效率，有利于降低配送成本。表8-2-2所示为传统配送与协同配送的比较。

讨论：
协同配送的优缺点是什么？

动画22　配送成本的策略

表8-2-2　传统配送与协同配送的比较

物流企业	质量/kg	运输工具	客户	配送方式
A	150	0.6 t 车	A1	点对点
B	100	0.6 t 车	B1	点对点
C	50	0.6 t 车	C1	点对点
D	1 000	1.5 t 车	D1	点对点
E	200	0.6 t 车	E1	点对点
数据统计	1 500	5 辆车	5 个客户	5 辆车的运作成本支付
A	150		A1	
B	100		B1	
C	50	1.5 t 车	C1	协同配送
D	1 000		D1	
E	200		E1	
数据统计	1 500	1 辆车	5 个客户	1 辆车的运作成本支付

（4）延迟策略。

传统的配送计划安排中，大多数的库存是按照对未来市场需求的预测设置的，这样就存在着预测风险，当预测量与实际需求量不符时，就出现库存过多或过少的情况，从而增加配送成本。延迟策略的基本思想就是对产品的外观、形状及其生产、组装、配送应尽可能推迟到接到客户订单后再确定，一旦接到订单就要快速反应。因此，采用延迟策略的一个基本前提是信息传递要非常快。一般说来，实施延迟策略的企业应具备以下几个基本条件。

1）产品特征：模块化程度高、产品价值密度大、有特定的外形、产品特征易于表述、定制后可改变产品的容积或质量；

2）生产技术特征：模块化产品设计、设备智能化程度高、定制工艺与基本工艺差别不大；

3）市场特征：产品生命周期短、销售波动性大、价格竞争激烈、市场变化大、产品的提前期短。

拓展阅读

配送中的延迟策略

实施延迟策略常采用两种方式：生产延迟（或称形成延迟）和物流延迟（或称时间延迟）。配送中往往存在着加工活动，所以实施配送延迟策略既可采用形成延迟方式，也可采用时间延迟方式。具体操作时，常常发生在贴标签（形成延迟）、包装（形成延迟）、装配（形成延迟）和发送（时间延迟）等领域。美国一家生产金枪鱼罐头的企业就通过采用延迟策略改变了配送方法，降低了库存水平。历史上这家企业为提高市场占有率曾针对不同的市场设计了几种标签，产品生产出来后运到各地的分销仓库储存起来。由于客户偏好不一，几种品牌的同一产品经常出现由于某种品牌的畅销而缺货，而另一些品牌却滞销压仓。为了解决这个问题，该企业改变以往的做法，在产品出厂时都不贴标签就运到各分销中心储存，当接到各销售网点的具体订货要求后，才按各网点指定的品牌标志贴上相应的标签，这样就有效地解决了此缺彼滞的矛盾，从而降低了库存。

（5）标准化策略。

标准化策略就是尽量减少因品种多变而增加的配送成本，尽可能多地采用标准部件、模块化产品。如服装制造商按统一规格生产服装，直到客户购买时才按客户的身材调整尺寸大小。采用标准化策略要求厂家从产品设计开始就要站在消费者的立场去考虑怎样节省配送成本，而不要等到产品定型生产出来了才考虑采用什么技巧降低配送成本。

二、配送中心绩效管理

配送中心管理实务绩效评价（distribution center performance evaluation）是企业管理和提高生产力的重要手段和工具。它是一种监督手段，也是一种激励手段。它本身是对计划、任务执行情况的检查监督，同时一般也会与各种利益挂钩，因此具有激励作用。

配送中心绩效一般是指在一定的经营区间内配送中心的经营效益和经营者的业绩。具体来说，配送中心绩效评价是运用数量统计和运筹学方法，采用特定的指标体系，对照统一的评价标准，按照一定的程序，通过定量、定性分析，对配送中心在一定经营区间内的经营效益和经营者的业绩，作出客观、公正和准确的综合判断。

配送中心绩效评价的作用主要表现在以下 4 个方面。

（1）对整个配送中心的运行效果作出评价。其目的是通过绩效分析评价获得整个配送中心运营状况，找出配送中心运作方面的不足，及时采取措施予以纠正，为配送中心在市场中的生存、运行、重组和撤并提供客观依据。

（2）对配送中心各职能部门的工作作出评价。配送中心各职能部门支撑着配送中心的正常运转，其工作状态直接关系着配送中心的经营效益。因此，通过评价，来进一步完善对各职能部门的激励措施，以充分调动各职能部门的积极性。

（3）对配送中心内部部门间的合作关系作出评价。各部门之间的配合状况如何，会表现在配送中心对客户提供的产品和服务的质量上面。通过客户满意度的评价，将有助于发现团队战斗力的强弱，提高团结协作精神。

（4）对配送中心员工素质作出评价。在瞬息万变的市场大潮中，员工素质在很大程度上决定着企业的成败。通过绩效评价，发现员工存在的问题，以便配送中心决策层及时调整奖惩、激励政策，正确引领企业文化的发展方向。

1. 配送运输的评价指标

商品最终流入客户手中，运输成本构成了其价格的一部分。降低运输成本可以达到以较低的成本来提供优质客户服务。表 8-2-3 所示为配送运输的评价指标。

表 8-2-3　配送运输的评价指标

序号	考核项目	考核内容说明
1	计划执行率	在规定计划响应时间内承运方当月计划执行数与当月实际发运总数的比率。计划响应时间指从客户下达发货计划之日至承运方将货物发出之日（以送货清单上发货时间为准，铁运为车皮发出之日），承运方发货时应遵循先急后缓的原则
2	准点交货率	当月准点交货台数与当月发运总台数的比率（或称为送货及时率）。由于不可抗力因素造成的逾期不纳入考核
3	完好交货率	完好交货台数与发运总台数的比率，或者采用货损率来表示
4	回单回收率	考核承运方每月回单是否能按时完好地回收
5	单证及时、准确率	考核各种单证、报表等运作信息是否按照客户的要求及时、准确地传递给客户的相关人员
6	信息录入及时、准确率	考核对信息系统相关操作的及时、准确性
7	客户满意度	主要是从客户的有效投诉次数进行考评，另外还从总体运作质量、服务意识和服务态度等方面进行综合考虑

总之，运输是物流的一项重要活动，主要完成实物从供应地到需求地的移动问题，因此进行运输的绩效评价与分析，将有利于提高运输的效率和经济效益。

应用小案例

微课 21　配送中心的绩效

在网络上查找选择 1~2 家较好的承运人并填入表 8-2-4 中。

表 8-2-4　承运人信息

运输方式	优点	缺点	选择的承运人	选择原因
公路				
铁路				
水路				
航空				

2. 配送仓储的评价指标

仓储是物流运营过程中的节点，它担负着配送中心中的货物收发、储存、保管保养、控制、监督和保证生产需要等多项业务职能。因而，利用指标考核管理手段，对加强仓储工作意义重大。从仓储活动的成本、效率、风险及质量 4 个方面进行度量的绩效评价指标见表 8-2-5。

表 8-2-5　配送仓储的评价指标

序号	作业类别	评估要素	评估指标
1	进出货作业	空间利用	月台面积的利用率
		人员负担	每人每小时处理的进货量
			每人每小时处理的出货量
		设备移动	每台进出货设备每天的装卸货量
			每台进出货设备每小时的装卸货量
		时间耗费	进货时间
			出货时间
2	储存作业	设施空间利用度	地产利用率
			可供保管面积
			储位容积使用率
			单位面积保管量
		存货效益	库存周转率
		成本花费	存货管理费
3	盘点作业	盘点品质	盘点数量的误差率
			盘点品项的误差率
			平均盘差品的金额

3. 配送中心的绩效衡量方法

（1）标杆法。

标杆法是由美国施乐公司确立的经营分析方法。它将那些出类拔萃的企业作为企业测定的基准，定量分析并比较本公司与其他企业的经营现状，以它们为学习对象，迎头赶上进而超过它们。该方法广泛地应用于建立绩效标准、设计绩效过程、确定度量方法和管理目标上。

企业应用标杆法时通常会综合使用 3 种基准方法。

1）使用专业顾问、期刊和科研机构出版的有用的物流数据。这类数据容易获得，但由于其公开的性质很难提供竞争的信息。

2）针对行业内部相关行业的非竞争性企业，形成企业专用的基准。

3）通过构建组织联盟得到系统性地共享风险基准数据。这类方法需要更多的努力协作，通常也更能为企业提供重要信息。

（2）差距分析法。

差距分析法就是根据"差距＝现实－标准"的原理，分析客户与企业各自对客户需求的认识之间的差距，以及企业实践中的运营结果与客户和企业自身的预期之间存在的差距，并从差距分析中认识到企业运营中存在的缺点和不足，从而采取相应的措施提高企业绩效。图8-2-7所示为产品/服务质量差距模型。

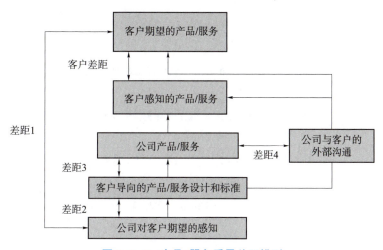

图8-2-7　产品/服务质量差距模型

通过差距分析法，企业可以采取以下措施完善企业的物流绩效。

1）继续监督和关注客户的需求和客户满意度；

2）使企业雇员明确自己在客户服务中所承担的角色和责任；

3）使员工有的放矢地为客户服务，并给员工提供相应的服务客户的工具和资源；

4）增强企业以客户服务为中心的团队合作精神；

5）改进企业对客户和有关市场的研究方法；

6）开发出一套适当的客户服务标准；

7）增强企业与客户之间的交流；

8）提高关于客户需求方面的内部交流和沟通程度等。

（3）关键绩效指标（KPI）评估。

在管理中经常遇到的一个很实际的问题就是很难确定客观、量化的绩效指标。其实，对所有有效指标进行量化并不现实，也没有必要这么做。通过行为性的指标体系，也同样可以衡量企业绩效。关键绩效指标是通过对组织内部流程的输入端、输出端的关键参数进行设置、取样、计算、分析，衡量流程绩效的一种目标式量化管理指标，是用于评估和管理被评估者绩效的定量化或者行为化的标准体系。关键绩效指标通常用于供应链绩效衡量。配送中心系统KPI的重要性因客户需求、市场竞争形势、

思考：

当你在网上购买一件产品时你对物流服务有什么样的期待？对于实际的物流服务你是否满意？实际与你理想的差距在哪里？

目前企业所处的行业和相应供应链的能力的不同而不同。企业 KPI 与客户需求和既定运营目标相一致，它通常被看成企业财务数据的延伸，为预测和解决企业中潜在的问题提供了有效的方法。

配送作业的评价指标如表8-2-6所示。

表8-2-6　配送作业的评价指标

序号	考核项目	考核内容说明
1	配送及时率	在合同约定的时限内完成的配送单数占所有下达的配送单数总量的比率。送货清单上客户签收时间与配送方接收配送单据的时间间隔，不得大于合同约定时限（或称为送货及时率）
2	完好交货率	完好无损交付货物数量和配送货物总量的比率（由于不可抗力造成的事故不纳入考核）或产品破损率（产品运输过程中的破损数量占总运输量的百分比）
3	回单回收率	客户收货后在规定的时间内将货物签收单回收的数量，承运方每月回单是否能按时完好地回收
4	信息及时、准确率	包括回单回收、信息系统维护和单据报表传递的及时、准确程度，综合衡量配送方在信息传递方面的服务质量
5	客户满意度	主要是从客户的有效投诉次数进行考评，另外还从总体运作质量、服务意识和服务态度等方面进行综合考虑
6	客户投诉次数	客户对由于运输质量或服务态度等原因而引起的投诉次数

任务实施 > > > > > > > > > > > >

例题中的成本分析理论来自日本配送企业物流成本的核算方式。这种方法是从"销售费及一般管理费"等各个经费项目中，取出一定数值乘以一定的计算单位，计算出物流部门的费用。物流部门的比率，分别按"人数平均""台数平均""面积平均""时间平均"等计算出来。从中可了解到物流成本的总额，也可以了解到什么经费项目花费最多。

（1）人数比率＝物流部门人员数/公司总人数＝36/127＝0.283

（2）面积比率＝物流部门设施面积/公司总面积＝309/5 869＝0.527

（3）物流费用比率＝1~8项物流费用/1~8项管理财务费用

车辆租赁费用为公司运输部门所发生的费用。本月运输部门提供物流运输劳务3 200 t/km，其中采购材料耗用1 200 t/km，产品销售耗用2 000 t/km。

（1）供应物流负担额＝100 080×1 200/3 200＝37 530（元）

（2）销售物流负担额＝100 080×2 000/3 200＝62 550（元）

（3）供应和销售共同的分配比为1:2

由此，配送成本分析表如表8-2-7所示。

表 8-2-7 配送成本分析表

项目	管理费用/元	物流成本/元	计算基准/元	备注
车辆租赁费	100 080	100 080	100.0	金额
包装材料费	30 184	30 184	100.0	金额
工资津贴	631 335	178 668	28.3	人数比率
水电暖费	12 645	6 664	52.7	面积比率
保险费	10 247	5 400	52.7	面积比率
修缮维护费	19 596	10 327	52.7	面积比率
折旧费	39 804	20 977	52.7	面积比率
办公费用	19 276	8 115	42.1	物流费用比率
易耗品费	21 316	8 974	42.1	物流费用比率
资金占用利息	23 861	10 045	42.1	物流费用比率
税金	33 106	13 937	42.1	物流费用比率
通信费	10 366	4 364	42.1	物流费用比率
软件租赁费	17 748	7 472	42.1	物流费用比率
物流成本合计	869 484	405 273	46.6	比率

假如：包装作业 6 人、运输作业 12 人、保管作业 4 人、装卸作业 10 人，物流管理人员 4 人。

（1）包装作业的工资津贴：178 668×6/36＝29 778（元）

（2）运输作业的工资津贴：178 668×12/36＝59 556（元）

（3）供应物流负担额：59 556×1/3＝19 852（元）

（4）销售物流负担额：59 556×2/3＝39 704（元）

请你做出该公司的物流员工津贴表。

实践训练 配送作业计划的编制

一、实践目的

配送计划是在配送过程中关于配送活动的周密计划。作为一种全局性的事前方案，它对于整个配送活动具有客观上的指导性和过程上的规定性，是有效开展配送的第一步。本项目的实训，旨在让学生掌握配送的基本流程，了解配送过程中的各种要求。

二、实践任务

家乐配送中心地处嘉定区南翔镇，需要在 2022 年 2 月 16 日为杨浦区的三家公司配送商品，配送商品名称、规格、数量及需求时间等如表 8-3-1 所示。家乐配送中心与三家公司的位置如图 8-3-1 所示。请为该配送中心制订一份配送作业计划，要求计划既要满足客户的需求时间，又要使配送成本最低。

表 8-3-1　配送商品情况

客户名称	需求商品情况					需求时间
	商品名称	规格	数量	毛质量	体积/（cm×cm×cm）	
A	龙井茶叶	500 g/袋	50 箱	11 kg/箱	85×60×45	2 月 16 日上午 11:00 前
	光明牛奶	250 g/袋	100 箱	8.5 kg/箱	70×50×35	
	东北大米	50 kg/袋	40 袋	50 kg/袋	100×45×20	
	可口可乐	1.25 kg/瓶	65 箱	8.5 kg/箱	60×35×50	
	雪碧	1.25 kg/瓶	65 箱	8.5 kg/箱	60×35×50	
B	雕牌洗衣粉	1 kg/袋	50 箱	11 kg/箱	75×55×40	2 月 16 日上午 10:00 前
	力士香皂	125 g/块	40 箱	4.25 kg/箱	60×30×25	
	天元饼干	1 kg/盒	100 箱	6.5 kg/箱	90×80×70	
	可口可乐	1.25 kg/瓶	80 箱	8.5 kg/箱	60×35×50	
C	喜多毛巾	70 cm×40 cm	20 箱	10.5 kg/箱	75×45×50	2 月 16 日上午 12:00 前
	可口可乐	1.25 kg/瓶	100 箱	8.5 kg/箱	60×35×50	
	光明牛奶	250 g/袋	100 箱	8.5 kg/箱	70×50×35	
	雪碧	1.25 kg/瓶	100 箱	8.5 kg/箱	60×35×50	
	东北大米	50 kg/袋	20 袋	50 kg/袋	100×45×20	

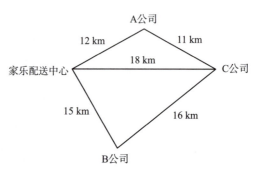

图 8-3-1　家乐配送中心与三家公司的位置

三、实践道具

无。

四、实践操作时间

2 学时。

五、实践地点

物流实训室或教室。

六、实践考核标准

考核内容	考核标准	分值	实际得分
配送计划编制情景实训	车辆配载合理	10	
	配送先后顺序合理	10	
	车辆安排科学	10	
	配送线路合理	20	
	最终送货顺序正确	20	
	车辆装载方式正确	15	
	配送计划书内容全面，具有可操作性	15	
合计		100	

课后练习

一、选择题（单选题）

1. 作业管理人员主要的工作内容应该是（　　）。

A. 制订作业计划　　　　　　　　　B. 安排送货线路

C. 安排送货人员　　　　　　　　　D. 合理制订送货作业计划并调度实施

2. 属于车辆调度应遵循原则的是（　　）。

A. 先近后远　　　　　　　　　　　B. 先重后轻

C. 先重点，后一般　　　　　　　　D. 先高价，后低价

3. 送货作业进行过程中必须进行有效的控制，以下不属于需要控制的内容的是（　　）。

A. 监督和指导货物的配载装运过程

B. 监控车辆按时出车

C. 监控汽车按时到达装卸货地点

D. 送货人员的一举一动

4. 管理部门获得必要统计资料的一个重要途径是（　　）。

A. 调度人员每日填写的调度日志　　B. 调度部门的每日例会

C. 送货人员的送货单回执　　　　　D. 客户的反馈意见

5. 企业岗位绩效指标从根本上应服务于（　　）。

A. 员工利益　　B. 主管利益　　C. 客户利益　　D. 企业战略

6. 关于绩效评价，叙述正确的是（　　）。

A. 是按一定评价程序进行的定性分析　B. 仅针对员工的工作业绩进行评价

C. 企业绩效评价工作周期是一年　　D. 能调动各部门与人员的积极性

7. 关于配送作业绩效评价指标，描述有误的是（　　）。

A. 是配送企业加强内部流程作业管理的工具

B. 是配送企业提高对外服务水平的管理工具

C. 对于特定配送企业，该指标体系是稳定不变的

D. 是绩效考核双方共同商榷、沟通的结果

8. 以下对于关键绩效指标 KPI 的叙述，不正确的是（　　）。

A. 应当符合"二八原理"　　　　　B. 是目标式量化管理指标

C. 能抓住业绩评价的重心　　　　　D. 评价全面

9. 企业为了使确定好的评价指标更趋合理，将其提交给领导、专家会议及咨询顾问并征求意见，该环节为（　　）。

A. 要素调查　　B. 理论验证　　C. 考核前修订　　D. 考核后修订

10. 送货准确率属于（　　）方面的指标。

A. 配送作业效率　　　　　　　　　B. 配送作业安全

C. 客户服务效果   D. 配送作业质量

11. 客户服务效果是外部客户和市场对配送企业（   ）的直接反馈。

A. 配送作业质量   B. 配送作业成本

C. 配送作业效率   D. 配送作业安全

12. 绩效管理是企业战略目标实施的有效工具，因此（   ）指标被赋予战略责任。

A. 企业级   B. 部门级   C. 员工级   D. 以上都是

13. 关于配送作业评价指标的选择，下列说法错误的是（   ）。

A. 评价对象应该对指标事件高度可控

B. 控制指标数量，不一定要面面俱到

C. 工作流程绩效是相关个体绩效的总和

D. 要将市场需求转化为企业内部作业指标

14. 在进出货作业环节，反映进出货时间集中度控制问题的指标为（   ）。

A. 每人每小时处理出货量   B. 进出货时间率

C. 站台使用率   D. 站台高峰率

15. 存货管理环节评价指标不包括（   ）。

A. 储位容积使用率   B. 站台使用率

C. 库存周转率   D. 呆废商品率

16. 在订单处理作业环节，实施客户 ABC 分类管理可以改善（   ）。

A. 紧急订单响应率   B. 订单延迟率

C. 订单货件延迟率   D. 订单缺货率

17. 拣选时间、拣选精确度及（   ）对接单出货时间和出货质量影响较大。

A. 拣选成本   B. 拣选策略   C. 拣选单数   D. 拣选质量

18. 送货作业绩效评价指标不包括（   ）。

A. 空驶率   B. 外车比例

C. 每千米送货成本   D. 缺货率

二、简答题

1. 配送计划的内容是什么？

2. 配送计划的制订依据是什么？

3. 配送计划的制订流程是什么？

4. 配送成本的定义是什么？

5. 配送成本计算的意义是什么？

6. 配送成本的内容是什么？

7. 配送需求计划的内容是什么？

8. 配送需求计划的执行过程是什么？

9. 配送绩效的衡量方法是什么？

10. 配送运输的考核指标是什么？

项目学习效果评价表

知识巩固与技能提高（40分）			得分：	
计分标准：得分＝系数（20/单选题个数）×正确单选题个数+系数（20/简答题个数）×正确简答题个数				
学生自评（20分）			得分：	
计分标准：自测结果 A 的个数×2.5+B 的个数×1.5+C 的个数×1（此项分值上限为20分）				
专业能力	评价指标	自测结果	要求（A 掌握；B 基本掌握；C 未掌握）	
掌握配送计划的内容	（1）配送计划的定义 （2）配送计划的内容 （3）配送计划的制订程序	A□ B□ C□ A□ B□ C□ A□ B□ C□	能够理解配送计划的含义，掌握配送计划制订流程	
熟悉配送绩效	（1）配送成本 （2）配送绩效	A□ B□ C□ A□ B□ C□	能够熟悉掌握配送绩效和配送成本分析的内容	
了解配送需求计划的意义和方法	（1）配送需求计划 （2）配送需求计划的制订 （3）配送需求计划分析	A□ B□ C□ A□ B□ C□ A□ B□ C□	能够进行配送需求计划的制订和运行	
职业道德思想意识	（1）认真严谨 （2）遵守职业道德 （3）团结合作	A□ B□ C□ A□ B□ C□ A□ B□ C□	专业素质、思想意识得以提升，德才兼备	
小组评价（20分）			得分：	
计分标准：得分＝10×A 的个数+5×B 的个数+3×C 的个数				
团队合作	A□ B□ C□	沟通能力	A□ B□ C□	
教师评价（20分）			得分：	
教师评语				
总成绩		教师签字		

项目九　配送中心设计

　　职业素质导引：大学生是最具活力和创造性的群体，蕴含着巨大的创造热情和创业潜能。各级政府要把鼓励和引导大学生创业摆在重要位置，积极营造良好的环境，加大政策扶持和引导力度，为大学生自主创业构建绿色通道。而要想成功创业，正确的选址是其中最重要的要素。例如，根据中国加盟网近十年来的数据分析，选址影响加盟成功概率占比在60%左右，可以说选址的成功，直接影响加盟创业是否成功，而总部对于选址的支持程度，也往往反映了总部的经营实力。自20世纪50年代以来，随着经济全球化的发展，现代物流作为企业的第三利润源泉已经成为一个新的经济热点。在物流的发展过程中，我们发现物流合理化在很大程度上又取决于运输（配送）的合理化，物流网络节点的科学布局是促进物流合理化发展的关键。因此，区域物流配送中心选址问题成为物流规划中的重要课题。

【知识目标】

掌握配送中心组织结构类型

了解不同组织结构的适用性

掌握配送中心岗位以及岗位职责

了解配送中心设备设施的用途

了解配送中心选址的相关问题

【技能目标】

能够正确规划配送中心组织结构图

能够正确使用配送中心常用的设备设施

能够进行配送中心的合理规划

能够使用重心法进行配送中心选址规划

【素质目标】

树立在配送操作中的安全意识

培养全面看待问题的观念

培养创新精神

培养忠诚信实的品格

> **课堂小互动**
>
> 　　党的二十大报告指出，引导广大人才爱党报国、敬业奉献、服务人民。
>
> 　　讨论：为什么做好配送工作首先要热爱祖国、热爱岗位？

任务一　配送中心组织结构

微课 22　组织结构

引 例分析 >>>>>>>>>>>>

2021 年 6 月 20 日华能零售商业有限公司配送中心公布了组织机构及人员配置，如表 9-1-1 所示。

表 9-1-1　机构部门表

部门	科室	小组
物流部 （经理：1 名） （副经理：1 名）	服务支持科 （科长：1 名） （副科长：1 名）	单据组（主管：1 名）（单据员：5 名）
		客服组（主管：1 名）（客服：10 名）
		系统维护支持组（主管：1 名）（系统维护员：1 名）
	仓管科 （科长：1 名） （副科长：2 名）	叉车组（组长：1 名）（叉车员：8 名）
		拣选组（组长：1 名）（拣选员：24 名）
		收货组（主管：1 名）（收货员：10 名）
		补货组（组长：1 名）（补货员：4 名）
		出货理货组（主管：1 名）（理货员：20 名）
		退货组（主管：1 名）（退货理货：3 名）
	配送科（科长：1 名） （副科长：1 名）	配送调度组（主管：1 名）（调度员：3 名）
		运输组（主管：1 名）（驾驶员：10 名）
综合部 （经理：1 名） （副经理：1 名）	后勤科（科长：1 名） （副科长：1 名）	防损组
		安保组
		物业管理组
	行政科（科长：1 名） （副科长：1 名）	办公室
		人事室
		培训室
市场部（经理：1 名） （副经理：1 名）	市场开发科	
	市场维护科	
财务部（经理：1 名） （副经理：1 名）	会计科	
	审计科	

（总经理（1 名）统辖上述各部门）

问题 1： 什么是配送中心组织结构？

问题 2： 组织结构设计有哪些？

问题 3： 配送中心岗位有哪些？

现代组织是一个由多种元素构成的复合体，如果没有一套分工明确、权责清晰的组织结构，组织的各种资源就得不到合理配置，组织目标就难以高效实现。因此，建立合理高效的组织机构就成为管理工作的一项重要内容。

一、组织结构设计的基本含义

1. 组织结构设计的有关概念

（1）组织。组织就是把管理要素按目标的要求结合成的一个整体。它是动态的组织活动过程和静态的社会实体的统一。具体来说，组织包含以下4个方面。

1）动态的组织活动过程。即把人、财、物和信息，在一定时间和空间范围内进行合理有效组合的过程。

2）相对静态的社会实体。即把动态组织活动过程中合理有效的配合关系相对固定下来所形成的组织结构模式。

3）组织是实现既定目标的手段。

4）组织既是一组工作关系的技术系统，又是一组人与人之间的社会系统，是两个系统的统一。

（2）组织结构设计。组织结构是表现组织各部分排列顺序、空间位置、聚集状态、联系方式以及各要素之间相互关系的一种模式，它是执行任务的组织体制。具体来说，组织结构设计包含以下4个方面。

1）组织结构设计是管理者在一定组织内建立最有效的相互关系的一种有意识的过程。

2）组织结构设计既涉及组织的外部环境要素，又涉及组织的内部条件要素。

3）组织结构设计的结果是形成组织结构。

4）组织结构设计的内容包括工作岗位的事业化、部门的划分，以及直线指挥系统与职能参谋系统的相互关系等方面的工作任务组合；建立职权、控制幅度和集权分权等人与人相互影响的机制；开发最有效的协调手段。

微课23 配送中心岗位

2. 组织结构设计的具体内容

（1）劳动分工。劳动分工是指将某项复杂的工作分解成许多简单的重复性活动（称为功能专业化）。它是组织结构设计的首要内容。

（2）部门化。部门化是指将专业人员归类形成组织内相对独立的部门，它是对分割后的活动进行协调的方式。部门化主要有4种类型：功能部门化、产品或服务部门化、客户部门化和地区部门化。

（3）授权。授权是指确定组织中各类人员需承担的完成任务的责任范围，并赋予其使用组织资源所必需的权力。授权发生于组织中两个相互连接的管理层次之间，责任和权力都是由上级授予的。

（4）管理幅度和管理层次。管理幅度是指一位管理人员所能有效地直接领导和控制的下级人员数。管理层次是指组织内纵向管理系统所划分的等级数。一般情况下，管理幅度和管理层次成反比关系。扩大管理幅度，有可能减少管理层次；反之，缩小管理幅度，就有可能增加管理层次。

 **应用小案例**

　　某民营企业是一个由仅几十名员工的小作坊式机电企业发展起来的，目前已拥有三千多名员工，年销售额达几千万元，其组织机构属于比较典型的直线职能制形式。随着本行业的技术更新和竞争的加剧，高层领导者开始意识到，企业必须向产品多元化的方向发展。其中一个重要的决策是转产与原生产工艺较为接近、市场前景较好的电信产品。恰逢某国有电子设备厂濒临倒闭，于是他们并购了该厂，在对其进行技术和设备改造的基础上，组建了电信产品事业部。

　　然而，企业在转型过程中的各种人力资源管理问题日益显现出来。除了需要进行组织结构的调整之外，还需要加强企业人力资源管理的基础工作，调整不合理的人员结构，裁减一批冗余的员工，从根本上改变企业人力资源管理落后的局面。

　　此外，根据并购协议要求安排在新组建的电信产品事业部工作的原厂18名中低层管理人员，与公司新委派来的12名管理人员之间的沟通与合作也出现了一些问题。如双方沟通交往较少，彼此的信任程度就有待提高；沟通中存在着障碍和干扰，导致了一些误会、矛盾，甚至是冲突。他们希望公司能够通过一些培训来帮助他们解决这些问题。

　　问题1：与企业原来的直线职能制相比，新的电信产品事业部的组织结构具有哪些优点和缺点？

　　问题2：在组织结构设计合理化的基础上，企业应当采取哪些措施加强基础工作，使人力资源管理纳入正确轨道？

二、常见的企业组织结构类型

企业组织结构的主要类型有以下几种。

1. 直线制

直线制是企业发展初期一种最简单的组织结构。直线制组织结构如图9-1-1所示。

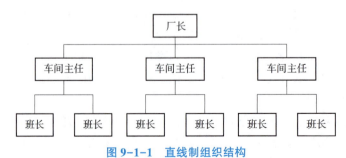

图9-1-1　直线制组织结构

　　（1）特点：领导的职能都由企业各级主管一人执行，上下级权责关系呈一条直线。下属单位只接受一个上级的指令。

（2）优点：结构简化、权力集中、命令统一、决策迅速、责任明确。

（3）缺点：没有职能机构和职能人员当领导的助手。在规模较大、管理比较复杂的企业中，主管人员难以具备足够的知识和精力来胜任全面的管理，因而不能适应日益复杂的管理需要。

这种组织结构形式适合于产销单一、工艺简单的小型企业。

2. 职能制

思考：
职能制组织结构适合什么类型的组织？

职能制与直线制恰恰相反。职能制组织结构如图 9-1-2 所示。

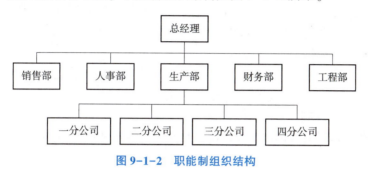

图 9-1-2　职能制组织结构

（1）特点：企业内部各个管理层次都设职能机构，并由许多通晓各种业务的专业人员组成。各职能机构在自己的业务范围内有权向下级发布命令，下级都要服从各职能部门的指挥。

（2）优点：不同的管理职能部门行使不同的管理职权，管理分工细化，从而大大提高管理的专业化程度，能够适应日益复杂的管理需要。

动画 23　组织结构的类型

（3）缺点：政出多门、多头领导、管理混乱、协调困难，导致下属无所适从；上层领导与基层脱节，信息不畅。

3. 直线职能制

直线职能制吸收了以上两种组织结构的长处，弥补了它们的不足。

思考：
直线职能制组织结构适合什么类型的组织？

（1）特点：企业的全部机构和人员可以分为两类。一类是直线机构和人员，另一类是职能机构和人员。直线机构和人员在自己的职责范围内有一定的决策权，对下属有指挥和命令的权力，对自己部门的工作要负全面责任；职能机构和人员，则是直线指挥人员的参谋，对直线部门下级没有指挥和命令的权力，只能提供建议和在业务上进行指导。

（2）优点：各级直线领导人员都有相应的职能机构和人员作为参谋和助手，因此能够对本部门进行有效的指挥，以适应现代企业管理比较复杂和细致的特点。而且每一级又都是由直线领导人员统一指挥，满足了企业组织的统一领导原则。

（3）缺点：职能机构和人员的权利、责任究竟应该占多大比例，管理者不易把握。

动画 24　配送中心的部门

直线职能制在企业规模较小、产品品种简单、工艺较稳定又联系紧密的情况下，优点较突出。但对于大型企业，因为产品或服务品种繁多、市场变幻莫测，所以就不适用了。

4. 事业部制

事业部制是目前国外大型企业通常采用的一种组织结构。

（1）特点：把企业的生产经营活动，按照产品或地区的不同，分别建立经营事业部。每个经营事业部都是一个利润中心，在总公司领导下，独立核算、自负盈亏。

（2）优点：有利于调动各事业部的积极性，事业部有一定经营自主权，可以较快地对市场做出反应，一定程度上增强了适应性和竞争力；同一产品或同一地区的产品开发、制造、销售等一条龙业务属于同一主管，便于综合协调，也有利于培养有整体领导能力的高级人才；公司最高管理层可以从日常事务中摆脱出来，集中精力研究重大战略问题。

（3）缺点：各事业部容易产生本位主义和短期行为；资源的相互调剂会与既得利益发生矛盾；人员调动、技术及管理方法的交流会遇到阻力；企业和各事业部都设置职能机构，机构容易重叠，且费用增大。

事业部制适用于企业规模较大、产品种类较多、各种产品之间的工艺差别较大、市场变化较快及要求适应性强的大型联合企业。

5. 模拟分散管理制

模拟分散管理制又叫模拟事业部制，是介于直线职能制与事业部制之间的一种组织结构。

（1）特点：它并不是真实地在企业中实行分散管理，而是进行模拟式独立经营、单独核算，以达到改善经营管理的目的。具体做法是：按照某种标准将企业分成许多"组织单位"，将这些单位视为相对独立的"事业"，它们拥有较大的自主权和自己的管理机构，相互之间按照内部转移价格进行产品交换并计算利润，进行模拟性的独立核算，以促进经营管理的改善。

（2）优点：简化了核算单位，在一定程度上能够调动各组织单位的积极性。

（3）缺点：各模拟单位的任务较难明确，成绩不易考核。

它一般适用于生产过程具有连续性的大型企业，如钢铁联合公司、化工公司等。这些企业由于规模过于庞大，不宜采用集权的直线职能制，而其本身生产过程的连续性又使经营活动的整体性很强且不宜采用分权的事业部制。

6. 矩阵制

矩阵制组织结构如图 9-1-3 所示。

> **思考：**
> 矩阵制组织结构适合什么类型的组织？

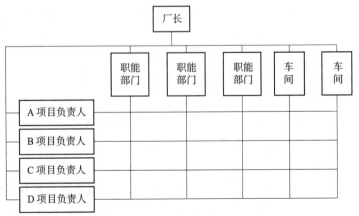

图 9-1-3 矩阵制组织结构

（1）特点：既有按照管理职能设置的纵向组织系统，又有按照规划目标（产品、工程项目）划分的横向组织系统，两者结合，形成一个矩阵。横向系统的项目组所需工作人员从各职能部门抽调，这些人既接受本职能部门的领导，又接受项目组的领导，一旦某一项目完成，该项目组就撤销，人员仍回到原职能部门。

（2）优点：加强了各职能部门间的横向联系，便于集中各类专门人才加速完成某一特定项目，有利于提高成员的积极性。在矩阵制组织结构内，每个人都有更多机会学习新的知识和技能，因此有利于个人发展。

（3）缺点：由于实行项目和职能部门双重领导，当两者意见不一致时令人无所适从，工作发生差错也不容易分清责任；人员是临时抽调的，稳定性较差，且容易产生临时观念，影响正常工作。

它适用于设计、研制等创新型企业，如军工、航空航天等工业企业。

7. 多维立体制

多维立体制是在矩阵制的基础上发展起来的。多维立体制组织结构如图 9-1-4 所示。

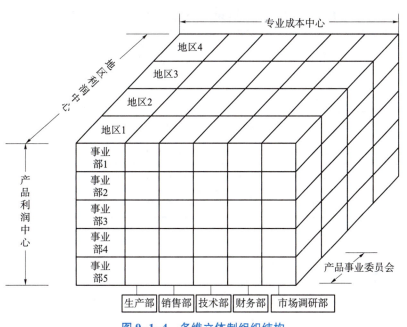

图 9-1-4 多维立体制组织结构

多维立体制组织结构是系统理论在管理组织中的一种应用。它主要包括以下 3 个方面：

（1）按产品划分的事业部——产品事业利润中心；

（2）按职能划分的专业参谋机构——专业成本中心；

（3）按地区划分的管理机构——地区利润中心。

采用多维立体结构，可以把产品事业部经理、地区经理和总公司参谋部门这三者较好地统一和协调成管理整体。该种组织结构形式适合于规模巨大的跨国公司或跨地区公司。

任务二　配送中心设计

引 例分析 > > > > > > > > > > >

配送计划员交给李明一个任务。假如，华能商业有限公司有 P_1 和 P_2 两个工厂向配送中心供货，由配送中心供应 M_1、M_2 和 M_3 3 个需求地，产品 A 由 P_1 负责供应，产品 B 由 P_2 负责供应，这些产品随后再被运到 3 个需求地。工厂和需求地的坐标、货物运输量和运输费率如表 9-2-1 所示。要求李明用合理的方法寻找使总运输成本最小的单一配送中心的位置。

表 9-2-1　工厂和需求地的坐标、货物运输量和运输费率

地点	i	产品	总运输量 V_i/担[1]	运输费率/ （美元/担/英里[2]）	坐标	
					X_i	Y_i
P_1	1	A	2 000	0.050	3	8
P_2	2	B	3 000	0.050	8	2
M_1	3	A&B	2 500	0.075	2	5
M_2	4	A&B	1 000	0.075	6	4
M_3	5	A&B	1 500	0.075	8	8

任 务资讯 > > > > > > > > > > > >

一、配送中心选址

配送中心是连接供应商与消费者之间的桥梁，是整个供应链环节中不可或缺的一环，而配送中心的选址则是实现产品的流通价值、降低流通成本的关键。

配送中心选址是以提高物流系统的经济效益和社会效益为目标，根据供货状况、需求分布、运输条件、自然环境等因素，用系统工程的方法，对配送中心的地理位置进行决策的过程，对物流系统的合理化具有决定性的意义。

---

[1]　1 担=50 kg。
[2]　1 英里=1.609 km。

配送中心选址的原则

一个物流系统只设置一个配送中心，称单中心选址问题；如果设置多个配送中心，则称多中心选址问题。

配送中心选址属企业战略层的决策问题，对物流系统的合理化具有决定性的意义。

配送中心选址合理与否会直接影响到配送系统的服务水平、作业效率和经济效益。所以配送中心选址的目标是服务好、效率高、费用低。

配送中心数量与库存成本和运输成本的关系如图 9-2-1、图 9-2-2 所示。

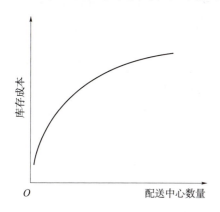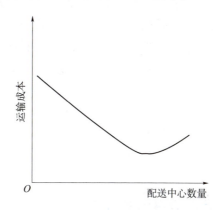

图 9-2-1 配送中心数量与库存成本之间的关系 **图 9-2-2 配送中心数量与运输成本之间的关系**

由图 9-2-1 和图 9-2-2 可以看出，配送中心数量对库存成本和运输成本的影响是互相矛盾的。这就存在一个合理性的问题。

1. 配送中心选址应考虑的因素

影响物流配送中心选址的因素众多，以下 7 个方面是评价物流配送中心选址合理与否必须重点考虑的因素。

（1）客户分布。配送中心是为客户服务的，首先要考虑客户分布。对于商业配送中心，其客户主要是超市和零售店，分布在城市内人口较密集的地区。为提高服务水平，同时也考虑其他条件的影响，配送中心通常设置在城市边缘地区。

（2）供应商分布。

（3）交通条件。

（4）土地条件（可得性、土地成本）。配送中心需要占用一定数量的土地，用地必须符合国家的土地政策和城市规划。土地成本也是影响物流成本的重要因素。

（5）人力资源因素。配送中心需要不同层次的人员，一般操作属劳动密集型作业形态，用人较多，其工资待遇应与当地工资水平相适应，因此配送中心选址应考虑人工来源和人工成本。

动画 23 配送中心选址要素

讨论：
你认为影响配送中心选址的最主要的因素是什么？

讨论：
如果在你所在的城市（或者家乡）建立配送中心，你认为有哪些优势？

（6）地区或城市规划。配送中心规划属地区或城市规划的一部分，必须符合城市规划的要求，包括布局、用地，以及与其他行业规划的协调。

（7）自然条件。配送中心需要存放货物，自然环境中的湿度、盐分、降雨量、台风、地震、河川等都会对货物带来风险，也会增大物流成本。

2. 配送中心选址的方法

配送中心选址的方法直接关系着一个配送中心从规划到建设再到运营的成功与否，对配送中心的选址起着至关重要的作用。配送中心的选址方法主要有 3 种。

（1）加权因素分析法。

加权因素分析法是使用最为广泛的一种，因为它以简单易懂的模式将各种不同的因素综合在一起。加权因素分析法的具体步骤如下。

1）决定一组相关的选址因素。

2）对每一因素赋予一个权重以反映这个因素在所有权重中的重要性，每一种因素的分值根据权重来确定，权重则要根据成本的标准差来确定，而不是根据成本值来确定。它是一种满足数理统计上的科学分配方法。

3）对所有因素的打分设定一个共同的取值范围，一般是 1~10，或 1~100。

4）对每一个备选地址，根据所有因素按设定范围打分。

5）用各个因素的得分与相应的权重相乘，并把所有的因素加权值相加，得到每一个备选地址的最终得分值。

6）选择总分最高的地址作为最佳的选址。

 应用小案例

日本配送中心建立的时机

日本店铺专家认为，配送中心应建立在连锁店铺发展到相当规模的时候，而不是一开始就建立。10 000 m² 左右的综合商店（GMS）拥有 10 家相同店铺时，可考虑建立分货配送（TC）、配送库存（DC）、加工（PC）3 大功能齐全的配送中心。此种店铺常位于商圈 10 万人左右的地域，销售额比例为：服装、日用品占 40%，居住品占 15%，食品占 45%。1 000 m² 左右的超市连锁店发展到 10 家时，可考虑建立具有分货配送、配送库存功能的配送中心，而将鲜活商品的加工移置于超市店内。300~500 m² 的食品型超市发展到 30 家时，可考虑建立分货配送、配送库存型配送中心，而鲜活商品加工在店内进行。当店铺数量达到 100 家时，加工量与配送量趋于稳定，可考虑建立以加工功能为主的配送中心。

问题：试分析一下案例中日本配送中心建立时考虑的因素有哪些？

（2）CFLP 方法。

CFLP（capacitated facility location problem）方法是一种启发式方法。启发式方法不是精确式算法，不能保证给出的解决方案是最优的，但只要处理得当，获得的可行解与最优解是非常接近的。而且启发式算法相对最优化方法，计算简单、求解速度快。

（3）重心法。

重心法是利用求平面物体重心的原理求物流系统中配送中心的设置位置而得名的。是一种精确解析方法，适于单中心选址问题。

该模型比较简单，因为考虑的选址因素只包括运输费率和各点的货物运输量。在数学上，该模型属于静态连续选址模型。

下面我们将用一道例题讲解重心法的思路。

单一中心选址问题：设有一系列的点分别代表生产地和需求地，这些点各自有一定量货物 V_i 需要以一定的运输费率 R_i 运送位置待定的配送中心 (X_0, Y_0)，或从配送中心运出，它们各自的坐标是 (X_i, Y_i)（$i = 1, 2, \cdots, n$），其网络图如图9-2-3所示。那么配送中心该位于何处呢？

题中，储存费用与运输费用相比已不是主要因素，运输费用是主要考虑的因素。由配送中心向多个客户配送货物，仅考虑发货的配送费用时适于采用重心法。配送中心到客户的运输费用等于货物运输量与两点之间运输距离以及运输费率的乘积。

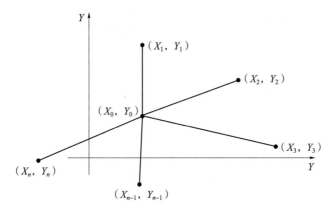

图9-2-3　配送中心网络

在此以该点的运量乘以位置待定的配送中心到该点的运输费率，再乘以位置待定的配送中心到该点的距离，求出上述乘积之和（总运输成本）最小的点，即为配送中心应该设置的位置。即

$$\min T_C = \sum_i V_i R_i d_i \tag{9-1}$$

式中　T_C——总运输成本；

　　　V_i——i 点的运输量；

　　　R_i——i 点到配送中心的运输费率；

　　　d_i——i 点到配送中心的距离。

分别求 T_C 关于配送中心坐标 X_0、Y_0 的一阶偏导数，并令其为0，这样可以得到两个方程式。解这两个方程，可以得到配送中心位置的坐标值。其精确重心的坐标为

$$X_0 = \frac{\sum_i V_i R_i X_i / d_i}{\sum_i V_i R_i / d_i} \tag{9-2}$$

微课24　配送中心的选址

$$Y_0 = \frac{\sum_i V_i R_i Y_i / d_i}{\sum_i V_i R_i / d_i} \qquad (9\text{-}3)$$

式中　X_0，Y_0——位置待定的仓库的坐标；

$\quad\quad X_i$，Y_i——产地和需求地的坐标。

$\quad\quad d_i$——距离，可以由式（9-4）估计得到

$$d_i = K\sqrt{(X_i - X_0)^2 + (Y_i - Y_0)^2} \qquad (9\text{-}4)$$

式中，K 代表一个度量因子，是将坐标轴上的一单位指标转换为更通用的距离度量单位（如 mi 或 km）时的转换系数。

精确重心坐标公式右边还含有 d_i，即还含有要求的未知数 X_0、Y_0，而要从两式的右边完全消去 X_0、Y_0，计算起来很复杂，故采用迭代法来进行计算。求解的过程包括下列几个步骤。

1）确定各产地和需求地点的坐标值 X_i、Y_i，同时确定各点货物运输量和直线运输费率。

2）不考虑距离 d_i 因素，用重心公式估算初始选址点 X_i、Y_i。

3）根据式（9-2）、式（9-3）和式（9-1），用步骤 2）得到的 X_0、Y_0 来计算 d_i 及与 X_0、Y_0 对应的总运输成本 T_{C0}。

4）将 d_i 代入式（9-2）和式（9-3），解出修正的 X_{01}、Y_{01} 的坐标值。

5）根据修正的 X_{01}、Y_{01} 坐标值，再重新计算 d_i 及与修正的 X_{01}、Y_{01} 对应的总运输成本 T_{C1}。

$$X_0 = \frac{\sum_i V_i R_i X_i}{\sum_i V_i R_i} \qquad (9\text{-}5)$$

$$Y_0 = \frac{\sum_i V_i R_i Y_i}{\sum_i V_i R_i} \qquad (9\text{-}6)$$

6）比较 T_{C1} 和 T_{C0}，如果 $T_{C1} \geqslant T_{C0}$，则说明（X_0, Y_0）就是最优解。如果 $T_{C1} < T_{C0}$，则说明计算结果得到改善，并且有待更进一步优化，返回步骤 4），计算配送中心的再改善地点（X_{02}, Y_{02}）。

这样反复计算下去，直到 $T_{Ck} + 1 \geqslant T_{C0}$，求出最优解（$X_{0k}, Y_{0k}$）为止。

应用小案例

假设配送中心有 3 家主要客户 A、B、C，其位置坐标是 A（5,20）、B（25,25）、C（20,5）。其中，配送中心到 A 的运输量为 100 单位，运费为 10 元/单位；配送中心到 B 的运输量为 200 单位，运费 8 元/单位；配送中心到 C 的运输量为 150 单位，运费为 10 元/单位。

问题：该配送中心如何选址？

二、配送中心的内部结构与布局

1. 订单、品项、数量规划法分析

订单、品项、数量规划法这一规划法是从客户订单、品项、数量（order entry, item, quantity, EIQ）等数据出发，进行出货特性的分析，其观念在于掌握入出库订单，从订单特性分析物流状态，得出从物流中心规格分布及 ABC 分类、入出库频次及时间特征等内容，并依此进行系统平面布局、出入库设备能力计算、自动化程度等要素的设计，是规划出适合该物流系统的一套行之有效的方法。

EIQ 分析可以对客户订货订单信息数据，分别进行 IQ、IK、EQ、TIQ、TIk、TEN 等项目的分析。其具体指标的解释有如下内容。

（1）品项数量（IQ）分析。它分析每一品种规格出货总数量的情况，用于 ABC 分类。IQ 的分布趋势越明显，品种分区储存、分区拣选的策略越容易应用。同时 IQ 曲线也能用来选择设备。

（2）品项受订次数（IK）分析。它分析每一品种规格出货次数的情况。出货次数的重要性不亚于出货量，它是确定是否是常用品种、A 类品种的重要依据，也是考虑如何分配储存位置的重要依据。

（3）订单量（EQ）分析。它分析单张订单出货数量的情况。了解零售客户每次订货的数量分布，决定着送货包装的单位，以及拣选系统和配送系统的效率。

（4）出货量（TIQ）分析。它是对一定时间内的出货数量总量的分析，如每日、每月、高峰日、高峰月等。它分析系统能力需求，用于确定拣选系统能力、搬运设备能力、各暂存区能力等。

（5）出商品项数（TIN）分析。它是对一定时间内的出货总品项数的分析，如每日、每月、高峰日、高峰月等，不管是对于手工拣选线、半自动拣选线、还是全自动拣选线的数量确定。

（6）品项受订次数（TEN）分析。它是对一定时间内的订单个数的分析。

（7）品项受订次数（TK）分析。它是对一定时间内的配送客户数的分析。

EQ、EN、IQ、IK 主要分析项目及意义如表 9-2-2。

表 9-2-2　EQ、EN、IQ、IK 主要分析项目及意义

分析项目	说明	目的
订单量分析	单张订单出货数量的分析	研究订单对货物搬运作业能力的要求
订商品项数分析	单张订单出商品项数的分析	研究订单对拣选设备及作业能力的要求
品项数量分析	每单一品项出货总数量的分析	研究出货的拆零比例
品项受订次数分析	每单一品项出货次数的分析	对拣选作业频率的统计，主要决定拣选作业方式和拣选作业区的规划

2. 配送中心的内部结构

配送中心虽然是在一般中转仓库基础上演化和发展起来的，但配送中心内部结构

及布局和一般仓库有较大的不同。一般配送中心的内部工作区域结构配置如图 9-2-4 所示。

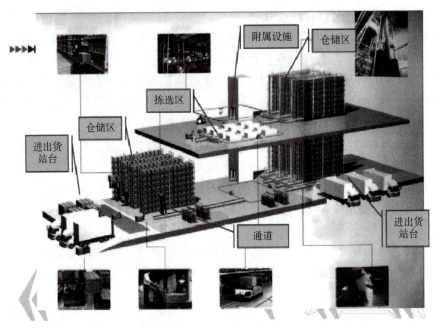

图 9-2-4　一般配送中心的内部工作区域结构配置

（1）接货区。

在这个区里完成接货及入库前的工作，如接货、卸货、清点、检验、分类、入库准备等。接货区的设施主要是进货铁路或公路、装卸货站台、暂存检验区。

（2）储存区。

在这个区里储存或分类储存所进的物资。由于这是个静态区，进货要在这个区中有一定时间的放置，所以和不断进出的接货区比较，这个区所占的面积较大。在许多配送中心中，这个区往往占总面积的一半左右。

（3）理货、备货区。

在这个区里进行分货、拣选、配货作业，以及为送货作准备。这个区的面积依配送中心的不同而有较大的变化。例如，对多客户、多品种、小批量、多批次商品进行配送（如中、小件杂货）的中心，要进行复杂的分货、拣选、配货工作，这部分区域占配送中心很大一部分面积。

（4）分放、配装区。

在这个区里，按客户需要将配好的货暂放暂存等待外运，或根据每个客户货物状况决定配车方式、配装方式，然后直接装车或运到发货站台装车。这个区的货物是暂存的，存放时间短、周转快，所以所占面积相对较小。

（5）外运发货区。

在这个区将准备好的货物装入外运车辆发出。外运发货区结构和接货区类似，有站台、外运线路等设施。有时候，外运发货区和分放配装区还是一体的，被分好的货物就直接通过传送装置进入装货场地。

（6）加工区。

有许多类型的配送中心还设置有配送加工区，在这个区将货物进行分装、包装、切裁、下料、混配等各种类型的加工。加工区在配送中心所占面积较大，但设施装备随加工种类不同而有所区别。

（7）管理指挥区（办公室）。

微课25　配送中心布局设计

这个区可以集中于配送中心的某一位置，有时也分散设置于其他区。其主要功能是营业事务处理场所、内部指挥管理场所、信息场所等。

3. 配送中心的内部布局与配送流程的关系

配送流程是指配送中心的活动过程和运动时所形成的基本工作顺序。配送中心作业流程一般表现为进货→进货验收→入库→储存→拣选→包装→分类→出货→检查→装货→送货。因此，为保证配送作业的有序进行，在对配送中心的内部分区进行规划时必须根据物流作业量的大小和作业工艺流程的合理性确定内部各作业区的位置和面积。

例如，配送中心商品作业流程基本计划如表9-2-3所示，由该表可以看出A、B、C、D 4种商品的作业流程各不相同，如A商品物流流程为入库→验收→分类→配送，而B商品物流流程为入库→验收→保管→分类→配送。

表9-2-3　配送中心商品作业流程基本计划

	商品类别	A	B	C	D
作业类别	入库	1	1	1	1
	验收	2	2	2	2
	分类	3	4	4	
	配送加工			3	
	保管		3		
	特殊作业				3
	配送	4	5	5	4
	作业量				
	比率				

之后根据数据分析，按照作业量定额分布情况可作出配送中心内部区域划分和流程布局。表9-2-4所示为配送中心各类作业区作业量定额分布。

表9-2-4　配送中心各类作业区作业量定额分布

作业区名称	单位面积作业量/（t·m⁻²）
收货验货作业区	0.2~0.3
拣选作业区	0.2~0.3
储存保管作业区	0.7~0.9
配送理货作业区	0.2~0.3

三、配送中心的作业设备（物流职业资格考试内容）

实操视频6
叉车的操作

配送中心设备设施，就是指进行各项配送活动和物流作业所需要的设备与设施的总称。它既包括各种可供长期使用的机械设备、器具等，并在使用中基本保持原有实物形态的物质资料，也包括运输通道、货运站场和仓库等基础设施。配送中心设备设施如图9-2-5所示。

配送中心设备设施是组织物流活动和物流作业的物质技术基础，也是物流服务水平的重要体现。

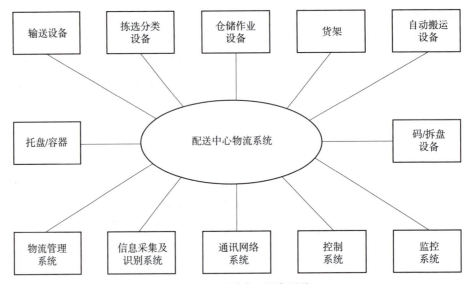

图 9-2-5　配送中心设备设施

1. 容器设施

容器设施主要有托盘、集装箱和其他集装单元器具。

货物经过集装单元器具进行集装和组合包装后，提高了搬运活动性，货物随时处于准备流动的状态，便于储存、装卸搬运、运输等环节的合理组织，便于实现物流作业的机械化、自动化、标准化。图9-2-6所示为各种类型的托盘。

图 9-2-6　各种类型的托盘

2. 储存设备

储存设备是指在储存区进行作业活动所需要的设备，主要包括各种类型的货架、起重堆垛机、商品质量检验器具和商品保管维护工具等。表9-2-5所示为配送中心主要的储存设备。

表 9-2-5 配送中心主要的储存设备

自动仓储设备	单元负载式 垂直旋转式 轻负荷式 梭车式	水平旋转式 可拣取式 窄道式 其他
大型仓储设备	重型托盘钢架 重量型流动棚架 开放式棚架 积层式棚架 其他	直入式钢架 移动式钢架 悬背式棚架 积叠架
多种少量储存设备	轻型移动储柜 轻量型流动棚架 其他	轻型料架 角钢架

微课26 配送中心设备设施介绍

3. 物料搬运设备

是指用于搬移、升降、装卸和短距离输送物料的机械。它是物流系统中使用频率最大、使用数量最多的一类机械设备，是物流机械设备的重要组成部分。表 9-2-6 所示为配送中心主要的装卸搬运设备。

表 9-2-6 配送中心主要的装卸搬运设备

自动化配合搬运设备	自动仓储存取车 轴驱动式搬运台车 单轨式悬吊搬运台车 其他	无人搬运车
输送带搬运设备	皮带式 链条式 其他	滚筒式 箕斗式
分类输送设备	箕盘式 浮出式 其他	推臂式 滑块式
机械化搬运设备	堆高机 电动油压拖板车 轨道式牵曳车	油压拖板车 台车 牵曳车
垂直搬运设备	垂直输送带 升降梯（客货两用）	升降梯（载货） 其他

4. 拣选设备

在整个拣选作业过程中使用到的设备非常多，主要有储存设备、搬运设备、分类设备和信息处理设备等。

（1）人至物的拣选设备。

这是指物品固定，拣选人员到物品位置把物品拣选出来的工作方式。拣选设备大概分为以下几类。

1）储存设备：包括托盘货架、轻型货架、储柜、流动货架、高层货架、数位显示货架等。

2）搬运设备：包括无动力台车、动力台车、动力牵引堆垛机、拣选车、搭乘式存取机、无动力输送机、动力输送机、计算机辅助台车等。

（2）物至人的拣选设备。

这与人至物的拣选方法相反，拣选人员固定位置，等待设备把物品运至拣选人面前进行拣选。这种拣选设备的自动化水平较高，本身附有动力，所以能移动物品储位或把物品取出。

1）储存设备：包括单元负载自动仓库、轻负载自动仓库、水平旋转自动仓库、垂直旋转自动仓库、梭车式自动仓库等。

2）搬运设备：包括堆垛机、动力输送带、AGV 等。

5. 物流信息设备

（1）条码。

条码是由一组规则排列的条、空和相应的字符组成的标记，用来表示一定的信息。这种条、空组成的数据编码可以供机器识读。是利用光扫描阅读并实现数据输入计算机的一种特殊代码，它是由一组粗细不同、黑白或彩色相间的条、空及相应的字符、数字、字母组成的标记，用以表示一定的信息，并能为特定设备识读，转换成计算机兼容的二进制和十进制代码。"条"指对光线反射率较低的部分，"空"指对光线反射率较高的部分。图 9-2-7 所示为各种类型的条码。

图 9-2-7　各种类型的条码

（2）无线射频识别设备。

无线射频识别（rad frequency identification，RFID）技术是 20 世纪 90 年代开始兴起的一种自动识别技术，与其他自动识别系统一样，无线射频识别系统也是由信息载体和信息获取装置组成的。

射频标签相当于条码技术中的条码符号，用来存储需要识别传输的信息。与条码不同的是，标签必须能够自动或在外力的作用下，把存储的信息主动发射出去，标签一般是带有线圈、天线、存储器与控制系统的低电集成电路。

（3）电子标签。

在每一个货位上安装数字显示器，利用计算机的控制将订单信息传输到数字显示器内，拣选人员根据数字显示器所显示的数字拣选，拣选之后按"确认"按钮即完成拣选工作的一种拣选设备。

电子标签的优点如下：

1）降低错误率，可少至 0.02%；

2）拣选速度提高 30%~50%；

3）不识商品的生手也能拣选。

（4）掌上终端。

利用掌上计算机终端、条码扫描器及 RF 控制装置之组合，将订单资料由计算机主机传输到掌上终端，拣选人员根据掌上终端所指示的货位，扫描货位上的条码，可进行货物、货位信息的接收和发送。

它是一种无纸化的拣选设备，也是即时的处理系统，尤其适合于商品品项很多的场合，故常被应用在多品种少量订单的拣选上。

6. 配送加工设备

配送加工设备是完成配送加工任务的专用机械设备，按照加工对象的不同，可分为金属加工机械、木材加工机械等。表 9-2-7 所示为配送中心主要的配送加工设备。

表 9-2-7 配送中心主要的配送加工设备

设备类型	设备名称	
裹包集包设备	裹包机	装盒机
外包装配合设施	钉箱机 打带机	裹包机 其他
印贴卷标条码设备	网印设备 条码打印机	喷印设备 其他
拆箱设备	拆箱机 其他	拆柜工具
称重设施	称重机	地磅

任 务实施 > > > > > > > > > > > >

根据表 9-2-8 所示的配送中心信息中的工厂和需求地的坐标，计算货物总运输量和运输费率等。

表 9-2-8　配送中心信息

地点	i	产品	总运输量 V_i/担	运输费率/（美元/担/英里）	坐标	
					X_i	Y_i
P_1	1	A	2 000	0.050	3	8
P_2	2	B	3 000	0.050	8	2
M_1	3	A&B	2 500	0.075	2	5
M_2	4	A&B	1 000	0.075	6	4
M_3	5	A&B	1 500	0.075	8	8

计算得到配送中心初始位置，如表 9-2-9 所示。

表 9-2-9　配送中心初始位置

i	X_i	Y_i	V_i	R_i	V_iR_i	$V_iR_iX_i$	$V_iR_iY_i$
1	3	8	2 000	0.050	100.00	300.00	800.00
2	8	2	3 000	0.050	150.00	1 200.00	300.00
3	2	5	2 500	0.075	187.50	375.00	937.50
4	6	4	1 000	0.075	75.00	450.00	300.00
5	8	8	1 500	0.075	112.50	900.00	900.00
Σ	—	—	—	—	625.00	3 225.00	3 237.50

之后得到与配送中心初始位置相关的总运输成本，如表 9-2-10 所示。

表 9-2-10　与配送中心初始位置相关的总运输成本

i	X_i	Y_i	V_i	R_i	d_i/英里	$V_iR_id_i$/美元
1	3	8	2 000	0.050	35.52	3 552
2	8	2	3 000	0.050	42.63	6 395
3	2	5	2 500	0.075	31.65	5 935
4	6	4	1 000	0.075	14.48	1 086
5	8	8	1 500	0.075	40.02	4 503
Σ	—	—	—	—	—	21 471

配送中心修正后的位置坐标如表 9-2-11 所示。

表 9-2-11　配送中心修正坐标

i	V_iR_i	$V_iR_iX_i$	$V_iR_iY_i$	d_i	V_iR_i/d_i	$V_iR_iX_i/d_i$	$V_iR_iY_i/d_i$
1	100.00	300.00	800.00	35.52	2.815	8.446	22.523
2	150.00	1 200.00	300.00	42.63	3.519	28.149	7.037

续表

i	V_iR_i	$V_iR_iX_i$	$V_iR_iY_i$	d_i	V_iR_i/d_i	$V_iR_iX_i/d_i$	$V_iR_iY_i/d_i$
3	187.50	375.00	937.50	31.65	5.924	11.848	29.621
4	75.00	450.00	300.00	14.48	5.180	31.077	20.718
5	112.50	900.00	900.00	40.02	2.811	22.489	22.489
$\sum$	—	—	—	—	20.249	102.009	102.388

与配送中心修正位置相关的总运输成本为 $T_{C1} = 21\,431$ 美元。

因为 $T_{C1} < T_{C0}$，说明计算结果得到改善，接着，计算配送中心的再改善地点（X_{02}，Y_{02}）。使用 LOGWARE 中的 COG 计算机软件模组，可以完成 100 次上述的迭代过程。计算结果见表 9-2-12。

表 9-2-12　COG 软件 100 次迭代得出的配送中心位置坐标和总运输成本

迭代轮次	X_0	Y_0	总运输成本/美元
0	5.160	5.180	21 471.00
1	5.038	5.057	21 431.22
2	4.990	5.031	21 427.11
3	4.966	5.032	21 426.14
4	4.951	5.037	21 425.69
5	4.940	5.042	21 425.44
6	4.932	5.046	21 425.30
7	4.927	5.049	21 425.23
8	4.922	5.051	21 425.19
9	4.919	5.503	21 425.16
10	4.917	5.054	21 425.15
11	4.915	5.055	21 425.14
⋮	⋮	⋮	⋮
100	4.910	5.058	21 425.14

值得注意的是，在该问题中，总成本在第 11 次迭代以后就不再下降，选址位置的坐标变化也很小。这是这一具体问题的特点，在其他问题中可能会出现截然不同的特点。

在实际中，为了减少计算量，可以在迭代过程中确定一个中止准则：①根据经验和以前的试验结果，直接设置一个确定的迭代轮次 N（如本例）；②将每一次的迭代结果 T_{Ci} 与前一次的迭代结果 $T_{C(i-1)}$ 相比较，当两次的迭代得到的结果变化小于某一阈值 ΔT_C 时，迭代过程结束。

实践训练　配送中心的结构设计

一、实践目的

建立配送中心虽然能够有效利用资源、降低经营成本、提高作业效率、缓解城市交通、减少环境污染、实现规模经济、创造巨大的社会效益，但如果配送中心的结构设计不合理，就会影响作业效率、增加作业成本、降低服务水平，使配送中心的作用难以得到有效发挥，严重时还可能发生安全事故，使企业遭受巨大的经济损失和人员伤亡。因此，做好配送中心的结构设计，是配送中心高效运行的一项重要工作。本项目的实训使学生了解配送中心结构设计的基本内容，掌握配送中心结构设计的基本方法。

二、实践任务

上海某公司决定投资建立一个配送中心，该配送中心主要为全市的药店提供配送服务。配送中心占地东西长 50 m，南北宽 40 m，预计建筑面积 3 800 m²。配送车辆统一采用 5 t 厢式货车，日装卸处理量最高达 40 车左右，平均达 32 车左右。每车装满，充分利用车辆的载质量和容积。药品储存以纸箱为主、托盘为辅。请为该配送中心进行区域布置、库房设计、地面负荷设计、立柱跨度与建筑物通道设计，以及装卸平台设计。

三、实践道具

无。

四、实践操作时间

2 学时。

五、实践地点

物流实训室或教室。

六、实践考核标准

考核内容	考核标准	分值	实际得分
配送中心的结构设计	区域布置科学、合理，图面简洁	25	
	库房设计科学、合理，图面简洁	25	
	装卸平台设计科学、合理，图面简洁	25	
	立柱跨度与建筑物通道设计、地面负荷设计和储存空间设计科学、合理，图面简洁	25	
合计		100	

课后练习

一、选择题（单选题）

1. 直线型组织结构一般只适用于（　　）。

A. 大型组织

B. 小型组织

C. 需要职能专业化管理的组织

D. 没有必要按职能实现专业化管理的小型组织

2. 职能型组织结构的最大缺点是（　　）。

A. 横向协调差　　　　　　　　　B. 多头领导

C. 不利于培养上层领导　　　　　D. 适用性差

3. 没有实行管理分工的组织结构是（　　）。

A. 直线型　　　　B. 矩阵型　　　　C. 职能型　　　　D. 多维立体结构

4. 事业部制组织结构产生于20世纪（　　）。

A. 20年代　　　　B. 30年代　　　　C. 40年代　　　　D. 50年代

5. 采用"集中政策，分散经营"的组织结构是（　　）。

A. 直线型　　　　B. 职能型　　　　C. 事业部型　　　　D. 矩阵型

6. 组织中主管人员监督管辖其直接下属的人数越适当，就越能够保证组织的有效运行是组织工作中（　　）的内容。

A. 目标统一原理　　　　　　　　B. 责权一致原理

C. 管理宽度原理　　　　　　　　D. 集权与分权相结合原理

7. 组织系统图的水平形态表示（　　）。

A. 层次关系　　　B. 职权关系　　　C. 业务关系　　　D. 分工或部门化

8. 部门划分主要是解决组织的（　　）。

A. 纵向结构问题　　　　　　　　B. 横向结构问题

C. 纵向协调问题　　　　　　　　D. 横向协调问题

9. 层次划分主要是解决组织的（　　）。

A. 纵向协调问题　　　　　　　　B. 横向结构问题

C. 纵向结构问题　　　　　　　　D. 横向协调问题

10. 管理宽度小而管理层次多的组织结构是（　　）。

A. 扁平结构　　　　　　　　　　B. 直式结构

C. 直线型组织结构　　　　　　　D. 直线-参谋型组织结构

11. 按（　　）来划分部门是最普遍采用的一种划分方法。

A. 产品　　　　B. 地区　　　　C. 职能　　　　D. 时间

12. 适合评价任何一种职位，特别是对主管人员职位来说最有创建和最有前途的方法之一是（　　）。

A. 比较法 　　　 B. 职务系数法 　　　 C. 时距制定法 　　　 D. 四象限法

13. 管理学中的人员配备，是对（　　　）的配备。

A. 全体人员 　　　 B. 主管人员 　　　 C. 非主管人员 　　　 D. 高层管理者

14. "对主管职务及其相应人员的要求越明确，培训和评价主管人员的方法越完善，主管人员工作的质量也就越有保证"是人员配备工作的（　　　）原理。

A. 用人之长 　　　　　　　　　　 B. 职务要求明确

C. 责权利一致 　　　　　　　　　 D. 公开竞争

15. 主管人员的用人艺术之一是知人善任，这也反映了人员配备工作的（　　　）原理要求。

A. 公开竞争 　　　 B. 责权利一致 　　　 C. 不断培养 　　　 D. 用人之长

16. 组织中各层次领导负责行使该层次全部管理工作，不设职能机构，这样的组织结构形式称为（　　　）。

A. 直线制 　　　 B. 直线-参谋制 　　　 C. 分部制 　　　 D. 矩阵制

17. 下列组织结构中分权程度最高的是（　　　）。

A. 直线型 　　　　　　　　　　 B. 直线-参谋型

C. 直线-职能参谋型 　　　　　　 D. 事业部制

18. （　　　）是指进行各项物流活动所需的，可供长期使用，并在使用过程中基本保持原来实物形态的生产资料。不包括建筑物、场站等物流基础设施和运输工具。

A. 物流功能性设施 　　　　　　 B. 物流基础设施

C. 物流技术装备 　　　　　　　 D. 物流资料

19. 具体地说，（　　　）就是指主要用于各类仓库、配送中心进行货物的存取的各种机械设备和器具，例如货架、堆垛机、自动导引搬运车、搬运机器人、拣选设备、提升机、货物出入库辅助设备等。

A. 装卸机械 　　　 B. 仓储机械 　　　 C. 搬运设备 　　　 D. 配送加工机械

20. （　　　）具有结构简单、经济、适用性强等特点。它便于货物的收发，但存放物资数量有限，是人工作业仓库的主要储存设备。

A. 重力式货架 　　　 B. 驶入式货架 　　　 C. 层架 　　　 D. 阁楼式货架

21. 以下选项中，（　　　）不是轮胎式集装箱龙门起重机的特点。

A. 机动灵活，不受轨道限制 　　　 B. 场地利用率高

C. 作业跨距大，堆高能力强 　　　 D. 倒箱率较高，作业环节增加

22. （　　　）不属于自动引导搬运车特点。

A. 无人驾驶 　　　 B. 高度柔性 　　　 C. 清洁生产 　　　 D. 装载质量大

23. （　　　）是指用于物品包装、分割、计量、分拣、组装、价格贴付、标签贴付、商品检验等作业的专业机械设备。

A. 包装设施 　　　 B. 运输设施 　　　 C. 配送加工设施 　　　 D. 仓储设施

二、简答题

1. 组织结构类型有哪些？

2. 划分组织结构图的依据是什么？

3. 怎样画出组织结构图？

4. 配送中心的岗位有哪些?

5. 配送中心的管理岗位有哪些?

6. 什么是职业道德?

7. 职业素养包括哪些内容?

8. 配送中心有哪些内部布局区域?

9. 储存区的作用是什么?

10. 智慧物流配送中心设备有哪些?

项目学习效果评价表

知识巩固与技能提高（40分）			得分：	
计分标准：得分＝系数（20/单选题个数）×正确单选题个数＋系数（20/简答题个数）×正确简答题个数				
学生自评（20分）			得分：	
计分标准：自测结果A的个数×2.5＋B的个数×1.5＋C的个数×1（此项分值上限为20分）				
专业能力	评价指标	自测结果	要求（A掌握；B基本掌握；C未掌握）	
掌握配送中心岗位	（1）组织结构 （2）组织结构设计 （3）配送中心岗位以及职能	A□ B□ C□ A□ B□ C□ A□ B□ C□	能够理解组织结构的含义，能够绘制组织结构图，明确工作岗位内容	
配送中心选址	（1）配送中心选址原则 （2）配送中心选址方法	A□ B□ C□ A□ B□ C□	能够掌握配送中心选址原则和配送中心选址方法，运用已知条件进行配送中心选址问题的解答	
能够进行简单的配送中心设计	（1）配送中心区域 （2）EIQ分析 （3）配送中心设备	A□ B□ C□ A□ B□ C□ A□ B□ C□	能够根据教材中的提示和视频学习进行配送中心简单设计	
职业道德思想意识	（1）认真严谨 （2）遵守职业道德 （3）团结合作	A□ B□ C□ A□ B□ C□ A□ B□ C□	专业素质、思想意识得以提升，德才兼备	
小组评价（20分）			得分：	
计分标准：得分＝10×A的个数＋5×B的个数＋3×C的个数				
团队合作	A□ B□ C□	沟通能力	A□ B□ C□	
教师评价（20分）			得分：	
教师评语				
总成绩		教师签字		

参考文献

[1] 钱芝网. 配送管理实务实训 [M]. 北京：电子工业出版社，2010.

[2] 沈文天. 配送作业管理 [M]. 3 版. 北京：高等教育出版社，2021.

[3] 马俊生，王晓阔. 配送管理 [M]. 2 版. 北京：机械工业出版社，2022.

[4] 魏学将，王猛，张庆英. 智慧物流概论 [M]. 北京：机械工业出版社，2020.

[5] 蒋亮，王志山，李庆斌，等. 物流设施与设备 [M]. 2 版. 北京：清华大学出版社，2021.

[6] 深圳市职业技能训练中心. 物流岗位技能手册 [M]. 上海：同济大学出版社，2015.

[7] 陈百建. 物流实验实训教程 [M]. 北京：化学工业出版社，2016.

[8] 刘彦平. 仓储和配送管理 [M]. 北京：电子工业出版社，2016.

[9] 郑彬，程明. 仓储与配送实务 [M]. 北京：高等教育出版社，2020.

[10] 郑玲. 配送中心管理与运作 [M]. 北京：机械工业出版社，2017.

[11] 张念. 仓储与配送管理 [M]. 2 版. 大连：东北财经大学出版社，2018.

[12] 阮喜珍. 仓储配送管理 [M]. 武汉：华中科技大学出版社，2020.